U0840405

本册撰著者：林孟蓉

福建省社会科学研究基地
莆田学院妈祖文化研究中心

总主编：宋建晓　黄志源
主　编：方宝璋　曾　伟

林孟蓉◇著

海峡出版发行集团
THE STRAITS PUBLISHING & DISTRIBUTING GROUP
鹭江出版社
2023年·厦门

图书在版编目（CIP）数据

闽台岁时年俗中的“福”文化 / 林孟蓉著 ; 宋建晓, 黄志源总主编; 方宝璋, 曾伟主编. —厦门: 鹭江出版社, 2023. 8
（闽台“福”文化研究）
ISBN 978-7-5459-2063-5

Ⅰ. ①闽… Ⅱ. ①林… ②宋… ③黄… ④方… ⑤曾… Ⅲ. ①地方文化—研究—福建②地方文化—研究—台湾 Ⅳ. ①G127.5

中国版本图书馆CIP数据核字（2023）第108773号

闽台“福”文化研究
宋建晓　黄志源　总主编
方宝璋　曾　伟　主编

MINTAI SUISHI NIANSU ZHONG DE “FU” WENHUA
闽台岁时年俗中的“福”文化
林孟蓉　著

出版发行：鹭江出版社
地　　址：厦门市湖明路22号　　**邮政编码**：361004
印　　刷：福州德安彩色印刷有限公司
地　　址：福州金山工业区浦上园B区42栋　　**联系电话**：0591-28059365
开　　本：700mm × 1000mm　1/16
插　　页：4
印　　张：14.5
字　　数：195千字
版　　次：2023年8月第1版　　2023年8月第1次印刷
书　　号：ISBN 978-7-5459-2063-5
定　　价：52.00元

如发现印装质量问题，请寄承印厂调换。

总序

学术界有关文化研究的成果可谓汗牛充栋，其对文化的内涵与外延的理解也不尽相同，据不完全统计，达成百上千种观点。据我目前的认知，文化大致可分为物态文化、行为文化、制度文化、心态文化四个层次，闽台民俗中的“福”文化大致也可以分为这四个层次。闽台民俗主要包括食衣住行习俗，岁时年节节俗，婚育、丧葬、交往礼俗，宗教、民间信俗等四个方面。总体说来，食衣住行习俗、岁时年节节俗“福”文化中蕴含着较多的物态文化和行为文化的内容，而婚育、丧葬、交往礼俗“福”文化中蕴含着较多的制度文化的内容，宗教、民间信俗“福”文化中蕴含着较多的心态文化的内容。除此之外，闽台工艺美术和民间音乐基本上属于俗文化的范畴，其大多蕴含着物态文化和行为文化的内容，当然，当代学术界对其发掘分析，其中自然也蕴含有制度文化与心态文化的内涵。

中华文化源远流长，已经有五千多年的历史，而且底蕴深厚，丰富多彩。“福”文化孕育于其中，自然也是根深蒂固，枝繁叶茂。先秦时期，儒家的经典《诗经》就已经记载了先民对美好幸福生活的向往和追求。如在《楚茨》《信南山》《甫田》《螽斯》《文王》等篇中，就有先民“报以介福，万寿无疆”，对追求长寿之福的祈愿；也有“螽斯羽，诜诜兮。宜尔子孙，振振兮”，对多子多福的祝福；

还有“永言配命，自求多福”以及孔子“不义而富且贵，于我如浮云”（《论语·述而》）中对追求幸福进行哲学意义上的思考和选择。

以黄河中下游为中心的华夏文化是古代东亚最先进的文化，其随着与周边地区的不断交往而传播开来。魏晋南北朝时期，由于中原地区不断战乱，人们被迫南迁，其中西晋永嘉年间“八姓入闽”，大批中原衣冠士族进入福建。尔后，在唐末五代和两宋时期，北方仍然战乱不已，许多北方汉人源源不断迁徙入闽。移民的迁徙过程，其实也是一种重要的文化传播途径。大量的北方汉人带着黄河流域的农耕民俗文化入闽，与当地的越族海洋民俗文化碰撞融合，最终在两宋时期形成了以农耕民俗文化为主、海洋民俗文化为辅的海滨民俗文化，其中也包含了福建民俗中的“福”文化。明清时期，福建地少人多，大量民众为了谋生，移民台湾。据多次统计，近代台湾人中，有80%左右为福建籍的移民。这些人到台湾后，仍然讲家乡的方言，沿袭家乡的生活习惯，祭拜家乡的神祇，传唱家乡的戏剧，不言而喻，在整个台湾，福建的民俗居于主体地位。福建与台湾成为同一民俗文化区，是中华传统文化一体多元中的“一元”。换言之，闽台民俗中的“福”文化源于中华传统文化，是中华传统文化的一个分支。

闽台民俗中的“福”文化源远流长，丰富深厚，不是三言两语就能道清楚说明白的。简言之，文化不是静态的，而是随着时代的变化不断发展的，不同历史时代有不同的文化，“福”文化也是如此。本系列著作主要探讨闽台地区流传至近现代传统民俗中的“福”文化。从广义上说，“福”文化就是人们对美好幸福生活的追求，如在食衣住行习俗中追求丰衣足食、安居乐业之福，在岁时年节节俗中遵循顺应自然、感恩奉献之福，在婚姻、生育、丧葬、交往礼俗中体现尊礼重情、安康和谐之福，在宗教、民间信俗中崇奉立德为本、大爱行善之福。从“福”文化角度来说，追求幸福贯穿着每个人的一生。当一个小生命呱呱落地，人们就为他（她）祈福、求福，当他（她）长大成人、成家立业之后，就意味着福至、享福。但是人的一生不可能是一帆风顺的，往往祸福相倚，所以应该懂得惜福，学会趋福避祸。从儒家推己及人的价值观来看，一个人、一家人幸福是不够的，应该“老吾老以及人之老，幼吾幼以及人之幼”（《孟子·梁惠王上》），自己幸福了，还要为广大民众、社会谋福、造福，甚至自己离开这个世界后，还要为后人荫福。闽台的“福”文化还蕴含着一种大度豁达的人生态度，如吃亏是福，在经商中吃了亏，算不了什么，不必太认真计较。因为如果你不计较，大家了解到你的大度、厚道，以后就会有更多的人愿意与你做生意，你的生意就会越做越大，最终发财致富。这不就是吃亏是福吗？又如闽台民间宣扬“积善之家，必有余庆”，“积德之家，福泽后人”，就是劝谕世人积德行善，你的子孙也将因此而获得福报。

自1978年党的十一届三中全会以来，我国实行改革开放政策，社会经济得到快速发展，取得令世人惊叹的巨大成就，成为世界第二大经济体，广大人民生活水平不断提高。党和国家还广泛深入地对广大农村开展精准扶贫工作，至2020年，全国农村已经达到百分之百脱贫，扶贫工作取得举世瞩目的成就。全国绝大多数民众进入了小康社会，过上了幸福的生活。但是，令人遗憾的是，人们的幸福感并没有与物质生活水平的提高成正比，前者远落后于后者。一个人的幸福生活，应包含物质生活水平和精神上幸福感的共同提升。党的十八大提出，全党应把为人民谋福祉作为全面深化改革的出发点和落脚点，因此，建设当代中华“福”文化，树立社会主义幸福观，提高人们的幸福感是一项具有重大理论价值和现实意义的工作。

习近平总书记指出，“要加强对中华优秀传统文化的挖掘和阐发，使中华民族最基本的文化基因与当代文化相适应、与现代社会相协调”。在党和国家把为人民谋福祉作为全面深化改革的出发点和落脚点的重大战略决策中，建设当代中华“福”文化和树立社会主义幸福观是相辅相成的。当代的中华“福”文化是海峡两岸的中国人，甚至是全球的华侨华人都能认同的“福”文化，是中华民族共同的文化标识，是团结协作的纽带，在和平统一祖国和“一带一路”倡议促进民心相通中，发挥其应有的作用。社会主义的幸福观则是更高一个层面，即应蕴含在社会主义核心价值观之中，成为中华民族之魂、立国之本，成为党和国家实现中华民族伟大复兴、追求全国人民幸福生活的巨大动力。总之，无论是建设当代的中华“福”文化还是树立社会主义的幸福观，继承中华传统优秀的“福”文化，并将其进行创新性的发展、创造性的转化都是很有必要的。例如目前中国人民之所以物质生活水平有了很大的提高而幸福感没有得到相应的提高，一个重要的原因是缺乏一个正确的幸福观，即对幸福的主观预期与现实客观的生活有较大的落差。这是矛盾辩证的两个方面：一方面人类必须不断有更高的更多的幸福追求，才能促使人们更加努力地工作学习，去发明创新，创造出更多的物质财富和精神财富；另一方面人类也必须知足常乐，应满足于当下丰衣足食、安居乐业，尊礼重情、安康和谐的幸福生活，不要过分追求物质生活的享受，应有顺应自然、感恩奉献、立德为本、大爱行善的精神超脱。本系列著作如能给广大读者提供诸如此类的启迪，那就足以使作者欣慰了。

本人长期从事中国古代审计史和管理思想史的研究，也曾参与闽台文化、民俗的研究，但对近年兴起的“福”文化研究知之甚少。福建江夏学院党委书记宋建晓教授在莆田学院任职期间组织、指导学校中青年教师编写“闽台‘福’文化研究”丛书，我有幸受宋书记的嘱托，协助他工作，学习到一些有关闽台民俗中“福”文化的知识。在本系列著作开始陆续出版之际，又接受了作序的任务，只好勉为其难，谈一些粗浅的认识，敬请大家批评指正。

是为序。

方宝璋

2022 年 9 月 3 日

序

“福”文化是中国传统民俗文化的精髓，它超越了地区、宗教、民族和历史的时空限制，并融入中华民族的生活中。本书以闽台“福”文化为主题，贯穿历史的轴线，配以节气的变化，详加考据各种文献典籍和地方风俗，深入探讨闽台“福”文化的传统价值和现代意义。

林孟蓉教授治学严谨，在本书的撰写中，处处可看出其在资料引用上的深度和广度。在深度上，从古籍原著到现代学者的论文写作都是其参考的文献依据；在广度上，则遍及各地方的县志和其田野调查。虽说，这是一本以学术研究成果为主的著作，但孟蓉教授的文本写作风格相当平易近人，深入浅出，让人读起来不会有学术研究的艰涩之感，反而在其行云流水般的撰述过程中有欲罢不能的阅读乐趣，而且能让读者在不知不觉就融入“福”文化之中。所以这样的阅读也显示出“福”文化和民众亲近的特色，它活在世俗间，活在人们的心中。

“福”文化会因区域的时空发展而有所不同。本书以闽台为主，虽然闽台之间隔着台湾海峡，但依旧可以发现闽台“福”文化在两岸之间有诸多的共同性，不因海峡的阻隔而不同，无论各种年俗节庆和宗教神明的祭祀都可以看到闽台之间文化的共通性和历史传承性。而且本书在闽台两岸“福”文化对比性的书写细节中，可以让读者在品读的过程里再次发现两岸文化的共融性。

除此之外，本书中的照片基本都是由孟蓉教授亲自拍摄，除了令本书增加其活泼性和亲近性之外，也可以让读者了解到作者实地田野调查研究的用心，一步一脚印、一图一世界，透过这些图片直接把“福”文化的历史影像彰显在读者的眼前，一张照片、一张图片都是“福”文化最真实的面貌，也是“福”文化历史的写照。

中国有二十四节气，依四季来分，本书即是依春、夏、秋、冬之序来铺陈“福”文化在各种岁时年俗中的特色。顺着这样的章节细细读来，会让人感受到一年四季“福”文化的特色，同时也让人身历其境，沉浸在这些庆典、祭祀、习俗的文化氛围中，所以阅读这样一本著作着实令人非常享受，能够让人感受到满满的福气和福报。

“福”文化的宏伟和历史的漫长发展与传承真实活在现代中国人之中，不仅是文化记忆，更是文化生活。随着四季及二十四节气的时间流，我们更是时刻都摆脱不了“福”文化的影响。

文化就在生活中，生活日常就是文化。透过这本著作，我们了解到“福”文化的历史源流、亲近“福”文化的精神，并更进一步活在“福”文化的涵养里。

如今是信息时代，人与人之间的距离似乎是更近了，但也更疏离了，所以自我的不确定性和不幸福感也随之而来，这时候就需要“福”文化的天人关系来抚慰人的落寞和孤寂，透过“福”文化找回人们彼此间的幸福感，并在节气脉络中重新亲近“福”文化，让“福”气自在身边！

吕健吉
华梵大学劳思光研究中心主任

目录

绪言

“福”是一个会意字，在《说文解字》中有三个层面的解释，分别是“祐也”“从示”“畐声”。“祐也”，“自天祐之”“神助”之意，亦为“神享其德而助之”。“从示”，“示”上半部的“二”是古文“上”，下半部的“丅”象征祭台。三竖“小”，其左画为日，右为月，中为纵者取其星光下垂，所以“小”代表日、月、星辰。因此，“从示”之“示”在《说文解字》中的解释为“观乎天文，以察时变，示神事也”。为此，“福”在造字的意义上已经说明“福”的原始意义与祭祀和自然万象有着密不可分的关系。

人，是天地之间的一分子，人必须遵循自然法则而生存。所以，“四时”之序成为人们顺应自然的重要生活智慧。闽南有一句俚语“人不照天理，天不照甲子”，即告诫世人“人”“天”关系的“失序”“失衡”会招来天灾祸害。换句话说，也就是“人”必须“顺天”才能实现“天人”和谐，才能得到福报。同样，《周易》革卦言“天地革而四时成”，又言“顺乎天而应乎人，革之事大矣哉”，文中所说的“天地革”就是指自然运行以及四季时序的变化。常言道“顺大者昌，逆大者亡”“顺大者逸，逆大者劳”，意思是指“人”要顺从天道运行变化的生存法则，因此，人们会在四时通过“祈安”“祈福”的仪式来表达对“天”的敬畏，并遵照四季的时序开展生产活动，“春耕、夏耘、秋收、冬藏”，然后“五

谷不绝”。

“四时”是自然更迭的法则。在四季更迭中，人们透过观察气象、天文、物候等各种自然现象记录“节”“气”，并且在春、夏、秋、冬四时与二十四个节气中展开一系列祭祝祈福的活动。例如，春季的“立春”既是一个节气也是一个传统的节日，传统文化鼓励农耕的“鞭春”活动如今已演变为一种“祈福”活动，从“春祈”的敬天法祖转变成迎春祈福。而“祈天”求福中的“祈天”赐福成了人们在顺应自然和谐的一种联结。

此外，“福”除了从“示”，也有“备也”之谓。“备”者，指无所不顺，所以，“福”从“天人”发展为“人天”关系。因此，“福”文化当中的“平安”“健康”“长寿”“添丁”“添财”“功名”“爱情”“婚姻”“护子”无不与岁时相关联，例如岁时中的重数，二月二、三月三、五月五、六月六、七月七、九月九就隐含了人们各式“祈福”“安保”的寓意。

本书以四时为章，十二个月为节，以时间为脉络，将四季的岁时特征与闽台各地的“祈福”文化相结合，并对相关“福俗”进行阐释。每一节重点阐述相关岁时与“福俗”的关联，内容主要包含三个部分：一是岁时特征，物候变化；二是民间在这一时节的重要节日和相关世俗仪式；三是“月令”中的祈福文化。全书分为春、夏、秋、冬四卷，每卷包含六个节气，每一节首先阐述“节气”特征与物候，再列举闽台民间与祈福相关的活动，从而阐释闽台一年四季的岁时祈福文化的福俗。

春天，是一年之始，一年之计，古时官家借“春祈”的祈福来鼓励农耕，同时祝祷祈求来年有着丰硕的成果。相较于民间，人们透过平凡且朴素的生活习俗来象征迎春纳福。在酷热的夏季，福建的人民则用“半年节”“半年圆”等相关福俗来表达对上天的感恩与祈福。人们在制作“圆仔”的过程中，除了用行动来感谢天地三界神明以及家中祖先的庇佑外，还借由“圆仔”来表达上天的赐福以及幸福美好的生活。到秋收的季节，人们用“秋报”的祈告仪式来感谢土地，以谢土的方式来为人们祈福，借此表达人与天地自然关系的和谐。最后，岁末年终之际，人们透过“迎新”“贺岁”“添福”“纳福”“接福”的祈福活动期待富足、有余、岁岁平安、福气满满的未来。

第一章 福在人间 春之卷

中国二十四节气的名称和顺序是以春、夏、秋、冬四时来区分的，且根据天象、气候冷热的变化、降雨多寡、霜降时间长短以及农耕作物等相关信息累积而成，所以一年的时序为春（立春）、夏（立夏）、秋（立秋）、冬（立冬）四季，四季中的每一个季节为三个月，依先后分为孟、仲、季等形成“十二纪”，其中孟春以立春日为始，孟夏、孟秋、孟冬也分别以立夏、立秋、立冬为季节转化的开始，并且依昼夜长短划分出春分、夏至、秋分、冬至，从而形成“八节”。西汉《淮南子·天文训》确立了以十五日为一节，以生二十四时之变，四季以冬至为始，依序列出小寒、大寒、立春、雨水、惊蛰、春分、清明、谷雨、立夏、小满、芒种、夏至、小暑、大暑、立秋、处暑、白露、秋分、寒露、霜降、立冬、小雪、大雪、冬至二十四个节气，依此作为四时耕种的相关信息，而且每个“节气”依其时序描述六种不同的自然现象，进而形成七十二候。《夏小正》就是最早的物候历，全文以天象和物候变化来决定农耕，其内文记载了黄河流域夏都安邑关于农耕生长的夏朝历法，到了汉武帝改历法，以正月立春为一年之始。

二十四节气当中的“八节”尤为重要，其中“冬至”为周代之岁首，所以有“冬至祭天”“夏至祭地”“春分祈日”“秋分祈月”之谓，特别是冬至后的腊祭具有感恩上苍祈愿五谷丰登的寓意。汉以后改历，以正月初一为岁首，同样有“立春迎春，春分祈日”“立夏迎夏，夏至祭地”“立秋迎秋，秋分祈月”“立冬迎冬，冬至祭天”等岁时活动。例如南朝梁宗懔所撰之《荆楚岁时记》就记载了中国古代以江汉为中心楚地的岁时节令，按照月令描述年初到岁末荆楚地区的活动，其中新正的桃符、椒柏酒、五辛盘、七草羹更是保留在当前的岁时民俗中。因此，时序的变化与更迭，不仅记录了天时运行的变化规则，同时也承载了人与自然的和谐关系，而人顺天地的智慧则成为常民中重要的一环。人们依时序春耕、夏耘、秋收、冬藏，在时序生活中的生活经验、生活现象都成为具有深远意义的岁时年俗与文化。

例如民间采风中的两首二十四节气歌诀，分别是：

一月小寒接大寒，二月立春雨水连。
惊蛰春分在三月，清明谷雨四月天。
五月立夏和小满，六月芒种夏至连。
七月大暑和小暑，立秋处暑八月间。
九月白露接秋分，寒露霜降十月全。
立冬小雪十一月，大雪冬至迎新年。

另一首是：

正月立春雨水节，二月惊蛰及春分。
三月清明并谷雨，四月立夏小满方。
五月芒种并夏至，六月小暑大暑当。
七月立秋还处暑，八月白露秋分忙。
九月寒露并霜降，十月立冬小雪涨，
子月大雪并冬至，腊月小寒大寒昌。

上述两首二十四节气歌诀是以韵文方式来描述一年四季中所分

属的二十四个节气，在每个季节里依序配置了六个节气。例如在春季就有立春、雨水、惊蛰、春分、清明、谷雨等六个节气，在夏季则有立夏、小满、芒种、夏至、小暑、大暑等六个节气，秋季则有立秋、处暑、白露、秋分、寒露、霜降，冬季则是立冬、小雪、大雪、冬至、小寒、大寒等。

二十四节气歌诀是百姓生活中的智慧，通过韵文的形式让人们便于记忆季节的时序变化，随着四季的更迭悄无声息地指导着人们如何在春耕、夏耘、秋收、冬藏的时序里工耕，并在季节、月令、节气的自然运行规则下周而复始地与大自然和谐共生。

在闽南有一首岁时歌是这样唱的："正月鼓仔灯，二月落花生，三月荫豆芽，四月卖麻茶，五月来缚粽，六月青草冻，七月做普度，八月博状元，九月放风筝，十月拾稻穗，十一月买草席，十二月买粿叶。"①

这首岁时歌形容闽南地区一年十二个月的行事特色，正月张灯，二月、三月有春食落花生和豆芽，四月当季有花草麻茶，五月包粽子，六月天气热煮青草茶消暑，七月民间有中元普度，八月中秋有秋戏博状元饼，九月闽南起风适合放风筝，十月开始丰收拾稻穗，十一月、十二月准备买草席、买粿叶，除旧布新准备过新年。

除此，另一首闽南岁时歌是这样唱的："正月正，牵新娘，出大厅。二月二，土地公，搬老戏。三月三，桃仔李仔，双头担。四月四，桃子来，李子去。五月五，龙船鼓，满街路。六月六，做田人，打碌碡。七月七，芋仔地瓜，全全劈。八月八，牵豆藤，挽豆荚。九月九，风吹马马哮。十月十，三界公，来鉴纳。十一月，挨圆仔粹。十二月，卖饭春花。"

这首岁时歌是用来形容闽南地区十二个月份的年俗与农事，依照每个月的特征、生活、习俗，从岁首一月开始加以描述，例如岁首正月，岁时歌所描述的是大年初一，一对新婚夫妻，由新郎牵着

① 彭一万：《闽南饮食》，鹭江出版社，2009年，第170页。

新娘到家中明堂大厅祭拜神明和祖先。接着，农历二月初二是土地公生日，民间会演戏酬神。农历三月是桃子和李子盛产的季节，所以歌谣中“桃仔李仔，双头担”是指桃子、李子盛产，扁担一头装桃子，一头装李子。可是到了农历四月就只剩下桃子了，所以歌谣中说“桃子来，李子去”。农历五月初五是端午节，击鼓划龙舟是主要的民俗活动。农历六月是农夫农忙的季节，农夫用农具碌碡整地、打谷子。到了农历七月和八月，开始盛产芋头、地瓜、豆荚等农作物，是一个丰收的季节。九月风大，放风筝可以听到风筝呼啸的声音。农历十月十五是下元节，民间称为三界公诞，所以“十月十，三界公，来鉴纳”是形容当地下元节祭拜水官大帝的景象。接下来“十一月，挨圆仔粹”是指冬至家家户户准备搓汤圆，而岁时歌中的“挨圆仔粹”的“挨”是闽南语“磨”的意思，“圆仔粹”是指用米浆揉成的米团，所以“十一月，挨圆仔粹”是指冬至闽南民间以米团搓汤圆拜神祭祖的年俗，因为“汤圆”本就蕴含着团圆、圆满、幸福、平安的美意。最后，十二月岁末则开始准备过年，“饭春花”是当月的应景之物，“饭春花”也称作“春花”，是用于祭拜辞年饭上的装饰，所以农历十二月当市集上开始卖“饭春花”的时候就是准备过年的时候了。

第一节　正月岁时与年俗之福

一、迎春接福贺新春

（一）迎春歌谣

初一早，
初二早，
初三睏到饱。
初四神落地，

初五隔开，
初六壅肥，
初七七元，
初八完全，
初九天公生，
初十地妈生，
十一请囝婿，
十二转来拜，
十三食饮糜配芥菜。
十四搭灯棚，
十五上元暝。①

这是一首闽台民间流行的《新正歌》，歌谣的内容是描写正月初一到正月十五的新年景致。歌谣中，“初一早”“初二早”是指一年之计在于春，所以，正月初一和正月初二要早起去祈福、拜年。“初三睏到饱”的意思是初三的日子不佳，诸事不宜，在民间俗称“赤狗日”，所以可以晚起。“初四神落地”是指接回年前送走的天神返回人间，继续保佑众生。“初五隔开”是指新年的活动暂时告一段落，慢慢回归正常生活作息。所以于除夕供在神案上的春饭、甜料、年糕、柑橘等供品都会一一撤下，而商家也开始放鞭炮开市做生意。

“初六壅肥”的“壅”即“舀”，是指用勺把液体舀出来，“壅肥”的意思则是农家舀取肥料到田地灌溉或专门清除人们排泄物的粪坑。所以，“初六壅肥”是指旧时闽台住家的粪屎要正月初五隔开后才可以清理丢弃，免得福气被舀走，不过比较客观的说法是避免粪坑的肥水溢流出来。

“初七七元”的“七元”是指“人日”，《荆楚岁时记》记载，“正月七日为人日，以七种菜为羹。剪彩为人，或镂金箔为人，以

① 周长楫编著：《闽南童谣500首》，鹭江出版社，2017年，第54页。

贴屏风，亦戴之头鬓。”[①]“人日”的起源于天地初开，造物主创造万物从新年的第一天开始，依序分别创造了鸡、狗、猪、羊、牛、马、人等，所以古人称正月初七为“人日”，唐代则称之为“人胜节”。清《燕京岁时记》也有记载：“初七日谓之人日。是日天气清明者则人生繁衍。按东方朔占书：岁后八日，一日鸡，二日犬，三日豕，四日羊，五日牛，六日马，七日人，八日谷。其日清明，则所生之物育，阴则灾。”[②]。

闽台在康熙年间尚有“七元”“人日”岁时年节的习俗，据《台湾县志》的记载：“七日为人日之期，俗谓‘七元’是也。以杂蔬和羹，祀先礼神，名曰七宝羹。泉人则然，漳人则不尔矣。”文中所记载的“人日”以七宝羹祀神的礼俗则与《荆楚岁时记》“正月七日为人日，以七种菜为羹”的习俗相同，所以在台湾地区也保留了正月“人日”食用七宝羹的习俗，有健康、添福、添寿的作用。

另外，闽台地区在初七这天会特别食面线（麻油面线），有祈求长寿的意味，有的还会在神明厅点上七支蜡烛，供上生果以示虔诚。

“初八完全”，是指年的气氛慢慢结束，渐渐恢复正常作息。“初九天公生”是指正月初九是玉皇大帝诞辰，闽台民间俗称“天公生”，所以家家户户从初九凌晨子时开始拜天公祖。而史料中《台湾县志》就有“九日为天诞之期，家家烧纸，望天叩拜，浮屠之家，宣经礼忏，是之谓‘祝天诞’”的相关记载，引文中“天诞”与《帝京岁时纪胜》所记载的“天诞”近似，该文言：“初九天诞，禁屠宰。大高玄殿建皇坛，各道观设醮，拜朝天忏，锡福解厄。”[③]“初十地妈生”，“地妈生”也称“地公瞑”，是大地的生日。“十一请团婿”，是指妻子的娘家摆席盛情款待女婿，其意是希望女

① ［梁］宗懔撰，［隋］杜公瞻注，姜彦稚辑校：《荆楚岁时记》，中华书局，2019 年，第 1—11 页。

② ［清］富察敦崇：《燕京岁时记》，北京古籍出版社，1983 年，第 46 页。

③ ［清］潘荣陛：《帝京岁时纪胜》，北京古籍出版社，1983 年，第 9 页。

婿能爱花连盆，善待自己的女儿，所以在正月十一这天特别宴请女婿。“十二转来拜，十三食饮糜配芥菜”，这是说正月十二这大娘家宴请归宁的女儿回家吃饭“做客”，因为前一日才宴请女婿，所以在连续招待女婿、女儿的大鱼大肉后就要清淡饮食，故正月十三便有“食饮糜配芥菜”的说法。此外，旧时出嫁归宁的女儿回家做客不能空手归来，一般都要携带“伴手礼”“点路”作为返回娘家的礼品，外家（娘家）如果有小孩则要送红包以示祝福。当女儿要返回夫家的时候，外家（娘家）还要为女儿准备鸡腿（鸡腿有起家伙的寓意），如果有外孙，则还要准备“结衫带”（红色线串上古铜钱）挂在小孩的颈上以示祝福。

“十四搭灯棚”，也称作“结灯棚”，这是指元宵节前夕需事前准备搭建花灯的灯棚或灯架，以便元宵张灯。

“十五是上元暝”，上元暝是指上元节，也就是元宵节。

闽台《新正歌》在各地也略有差异，例如金门的唱念为“初一场，初二场，初三老鼠娶新娘，初四神落天，初五人隔开，初六倒水肥，初七七元，初八完全，初九天公生，初十有吃食，十一请囝婿，十二查某团转来拜，十三食泔糜配芥菜，十四结灯，十五上元暝，十六相公生”。

歌谣中的“初一场，初二场”的“场”是指“赌场”，这反映旧时台湾在新年期间有小赌怡情的旧俗。“初三老鼠娶新娘”取代“初三睏到饱”，由于初三老鼠娶亲，所以人们要早早就寝，不要打扰老鼠娶新娘。“十六相公生”的“相公”是指戏曲的祖师爷田公元帅，莆田当地的木偶戏团称之为“玉皇三太子”，一般而言，莆田的木偶剧团或莆仙戏团都会供奉一尊田公元帅在可移动的神龛里作为守护戏团的保护神，并且随着演出的戏团移动，每年岁末迎新开戏前或祖师爷生日，戏团或戏班则会为田公元帅特别演戏酬谢。

类似的新年行事歌还有福建安溪、厦门、漳州、泉州等地区的唱念，漳州民谣正月歌的唱念为“初一早，初二早，初三睏够饱，初四豆干炒，初五过隔开，初六拍囝仔尻穿（打屁股），初七平宵，初八摸，初九天公生，初十地公生，十一十一福，十二人拍（石国），十三点灯，十四人办敬，十五元宵暝，十六倒灯棚，十七人相找，十八拄盖睡，十九买配物，二十做功课”。①

漳州当地的新年行事歌也与前述的有些许差异，其中“初四豆干炒”又称作“咖啦炒”，意思是家中将过年的剩菜重新翻炒烹调，同时也形容大家恢复往来喧闹的景象。“初六拍囝仔尻穿（打屁股）”指小孩不乖打屁股。在台湾，新春期间为了迎来新年的好兆头，所以父母一般在新春期间不会打骂小孩，但是过了正月初五，就可以教训不乖的小孩，在台湾，该行为被称为“开正”，也就是“拍囝仔尻穿”。“初九天公生”是指天界玉皇大帝诞辰，“初十地公生”是指地神、土地神的诞辰，“十一十一福”指初九、初十祭祀天地的供品是经过天地神明加持过的福食，所以“十一十一福”是指能吃到有福气的供品，也就是“有食福”的意思。②

以上的新年歌谣大致上呈现出闽台地区各地对于新年的岁时年俗，各地的新年行事略有些许差异，但也反映出各地对于年俗的不同诠释。

另外，莆仙一带把春节称为“五日岁”，就是从正月的初一至初五日。初一早晨，开门放鞭炮，各家以线面、烛、炮祭拜神明祖先，礼毕全家吃线面，有全家长寿的寓意。另外，线面也有表示团圆或者预祝“添丁”的美意。接着，祭祖后接下来举行拜年礼，晚辈由亲疏近远的顺序给长辈拜年，长辈则回以压岁钱或红橘一对。城厢区多是在宗祠向长辈拜年，礼毕分红橘，各家亲戚朋友互相串门拜年，并以线面或粉丝招待，同样临行送对红橘以示吉祥。

初二日，各家例不相往来，称之为“探亡日”。这个习俗源于于明嘉靖四十一年（1562）农历十一月二十九日，倭寇入侵，占据兴化府城两个多月，全城死了三万余人。次年（1563）倭寇退踞平

① 杨浩存、涂堤编著：《闽南民俗》，鹭江出版社，2009年，第134页。

② 《闽南民俗》，第120—121页。

海，戚继光部队收复府城，逃亡避难的民众才陆续返家，于正月初二日互相探望伤亡情况，并在正月初四重新做岁，初五再次过年。所以正月初二大家约定成俗，互不串门，并在正月初四重新“做大岁”，初五早上重新吃寿面，重新过年，其隆重程度与除夕、春节一样。所以莆仙地区正月初二为“探亡日”，大家在初二不往来、不串门拜年，只有初一日来过者不忌。

初三日，各家各户进行“迎年”，所谓“迎年”就是类似闽南初四“接神”的习俗，将辞年返回天上的神明再次迎接回到人间。当地一般会在午夜对天摆设供品并焚香叩拜，香案摆放至次日清晨才将供品收起。改革开放后，这个习俗已经逐渐消失。

初四日则继续“迎年”，当日有“为菩萨乞草”的习俗。这个活动是由儿童捧神像，然后在车鼓队的簇拥下按户募取木柴，下午则为“娘妈请花”。所谓“娘妈请花”是指新嫁娘或年轻媳妇捐送柴火钱后，游行的队伍回赠娘妈神像头上的头花，以祈庇佑早生贵子。黄昏之际，游行队伍将募取所得的木柴在社庙前堆垒，然后举火燃烧，各家各户进行接神，并举行“夹火母”仪式，这个习俗就是将社庙前的柴火烧尽，大众用长钳争夹尚未烧烬的柴火速返家中，有“财如火发”的美意。以上莆田兴化特有的“五日岁”习俗由来已久，时至今日已有400多年。

迎春纳福（组图，林孟蓉拍摄）

2019 年台北街头写春联迎福活动（林孟蓉拍摄）

（二）吃甜甜赚大钱

在闽台新春期间常听到以闽南语祝贺的俚语，有“食甜茶赚大钱”“食甜甜给你恭喜大赚钱”“食甜甜给你贤大汉（长大）”“食甜甜给你嫁好尪（丈夫）”“食甜枣，年年好”。因此，过年期间的甜食是每家每户所必备的年节食品。传统的甜点有糕仔粒、冬瓜糖、生仁糖、橘饼、寸枣、花生糖、麻粩、米粩。

糕仔粒是用糯米磨成粉加糖印制成花朵形状的一种小糕点，有红白二色，造型讨喜，是象征财富的糕点。

寸枣、麻粩、米粩也是闽台传统甜点，其制作过程是先用糯米磨成粉，然后蒸熟做成粿干，粿干经高温油炸变成膨化米果，接着将米果裹上事先熬制好的糖浆，沾上芝麻就成为麻粩，沾上爆米花就是米粩，口感酥脆蓬松。这种传统的麻粩、米粩，随着现代饮食的多元化，裹上糖浆后除了沾上芝麻和爆米花之外，也有沾花生粉、椰蓉、抹茶等多种口味，不过这些口味也统称“麻粩”“米粩”。

寸枣是把粿干切得比较小，油炸膨化后裹上糖霜制成的。由于这些传统甜点在制作过程中不断地层层沾黏、包裹，所以这样经过沾黏包裹的甜点在台湾称为“葛福气（沾福气）”，意思是把象征的福气都沾黏过来。

另外，冬瓜糖、土豆糖（闽南语，即花生糖）、橘饼等，也都是象征吉祥的传统甜品，也都有着“食甜甜赚大钱”的寓意。

（三）年年有余的象征：春饭与饭春花

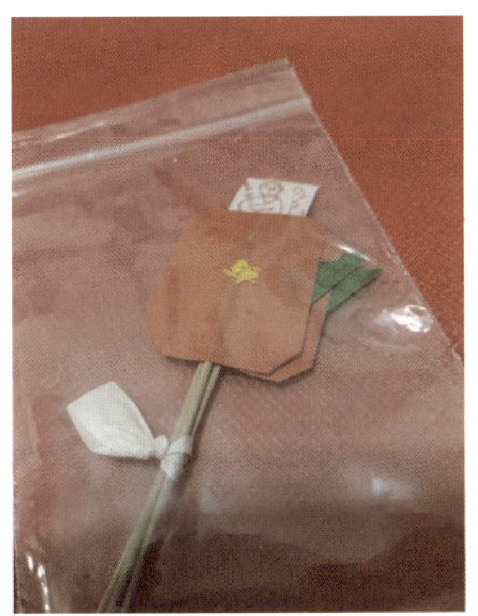

2019年台南手工饭春花和除夕准备的饭春花（组图，林孟蓉拍摄）

闽南语的“春”和“剩”同音，即“有余”。在闽台地区，除夕当天家家户户都会准备“春饭”，也就是除夕当天煮的第一锅饭用小碗分盛好后插上春仔花（红色的人造纸花），以此来供祭祀神明、祖先，这个简单而隆重的祭拜在台湾称作“拜春饭”。“拜春饭”的“春饭”也称作“饭春”，这是因为“饭春”插上春仔花的缘故，所以插在“饭春”上的春仔花也有“饭春花”或“饭剩花”的称呼。

由于闽南语“春饭”的“春”与“剩”同音，所以“春饭”“饭春”也就象征着年年“有余”，年年有“剩粮”的意思，借由“春”与“剩”的谐音来期待未来一年不论怎么吃也吃不完，永远会“有春（有剩）”“有余”的吉祥寓意。而这种“春饭”和“饭春”在“有余”“有春（有剩）”“有剩粮”的美好期待下，在泉州则称之为“过年饭”，在金门则称之为“隔年饭”，如《泉州府志》的记载，“泉人度岁，皆以米粉为糕粿，饽饽之属，留宿饭于明日，谓之过年饭”；《金门志》则为，“留宿饭于明日，曰隔年饭”。

除夕在饭上插花饰或者留“剩饭”的习俗由来甚远，《燕京岁时记》言：“年饭用金银米为之，上插松柏枝，缀之以金钱、枣、栗、龙眼、香枝，破五之后方始去之。”[①] 行文中说年饭是在除夕由金银米所成，然后将年饭用金钱、枣、栗加以装饰，到了正月初五的时候就可以收走。在台湾，正月初五之后看收下来的春饭的变化，有预测农耕的作用。特别是在台湾过去的务农时期，农民们会通过观察春饭的发霉程度来推测气象：如果春饭发霉代表气候湿润，雨量丰沛；如果没有发霉，则表示湿气不重，未来干旱无雨。收下来完好的春饭在旧时医药不发达的年代会用油炒加以保存，可以做小孩痢疾或哮喘的民间验方。

春仔花的样式因时因地而异，有大有小，旧时春仔花的制作都是由妇女们在年前制作，制作的材料为红色和金黄的纸、通草、竹片。妇女首先将通草染成红色，然后剪成一朵一朵的小花，另外用红色和金色的纸分别剪出“春”字和吉祥的图案，最后在削好的竹片上组合。民间制作的春花必须成双成对，不能是单枝，除非是新丧偶的寡妇才会制作单数。

目前在福建与台湾各地的春仔花多数是批量制作，大致上是以金色的纸制吉祥图案为底，再配上红色的海绵花，最后搭配上“春”字、元宝、龙凤等图案。而这样的春仔花通常是由香铺免费提供，香铺店认为“春”是一种有余与福气的祝福，不能买卖，所以这也为现代繁忙的社会中增添了一丝丝人情味，也体现了闽台俗谚所说的“有量才有福”的胸怀。

除此，春仔花还有其他两种不同的造型，分别是春红花和新娘

---

① 《燕京岁时记》，第 96 页。

春花。春红花是大小三公分左右的头饰，旧时新春期间，妇女会将春红花插在发髻上装饰，增添喜气。另一款新娘春花是指婚嫁时所用的头花，有迎喜纳福的寓意。还有一款和春仔花类似的金花，其造型更为华丽。金花的花型较多，中间有吉祥人偶，人偶上缀有翎羽。金花也有纳吉、招福、添喜的多元象征意义，因此，民间建醮时会在敬拜的牲礼插上金花，象征吉祥纳福。

新春供桌上的甜品（林孟蓉拍摄）

（四）甜粿过年，发粿发钱

在闽台地区过年期间常听到这样一句俗谚：甜粿过年，发粿发钱，包仔包金，菜头粿吃点心。

闽台俗谚中的甜粿就是年糕，发粿就是发糕，菜头粿就是萝卜糕，包仔包金是指包仔粿，或者称为“草仔粿”。甜粿是过年的吉祥的粿品，代表年年高升，所以旧时蒸甜粿的时候非常讲究，如在灶脚（厨房）不可打骂小孩，不可以口出恶言，要保持庄重以取其吉祥。所以，老人家会通过观察甜粿蒸得好不好来预测家运。如果甜粿蒸得好，则代表当年家运亨通。

同样的，蒸发粿在闽台也是非常讲究。发粿能不能蒸得漂亮、大发也关系着当年的家运、财运能不能兴旺，因为发粿有着年运大发的象征意义，同时也象征着财源滚滚，所以俗谚里才会有发粿发钱之说。

菜头粿就是萝卜糕。菜头粿就是取其“好彩头”，包仔粿其实就是草仔粿。早期制作包仔粿需先将糯米、粳米泡水后磨成米浆，再放到粿袋中重压并去除水分，晾干后的米浆成块状，取其部分放到热水里煮至半熟加到生米块里继续搓揉，揉成米团后就可以分块包馅。由于包仔粿的内馅馅料丰富，所以在民间就以富贵吉祥的“包金”“包银”来形容包仔粿。

另外，新年还有象征富贵吉祥长寿的红龟粿，红龟粿的制作跟包仔粿的制作类似，只是成形的糯米团需添加可食用红色色素或红曲，然后，分别包入红豆沙、绿豆沙或花生馅，最后放到有象征长寿的龟粿模中，印上图案后，放到月桃叶或香蕉叶上蒸熟就完成了。包裹甜料的红龟粿，在传统的年俗里有着福禄长寿的美好寓意。

二、迎春与鞭春的祝福

旧时的中国有鞭春牛以劝农耕的习俗，而春牛指的就是土制的牛。春牛事先在立春前造好，春祭祭典时文武百官执彩杖鞭策，借此以劝农耕，同时也象征春耕的开始。

除此，福建闽北在立春这天，各地要举行迎春牛活动，即所谓迎接春天之神，以祈保一方风调雨顺、五谷丰登。春牛一般是泥制的，牛身高四尺（表示春夏秋冬四季）、宽三尺六寸五（表示一年三百六十五天）、长八尺（寓意八大节日）、尾长一尺两寸（表示一年十二个月），牛鞭用柳枝制成，长两尺四寸（表示二十四个节气）。清末，当地改用纸扎春牛，以竹作骨，并在骨架上糊上棉纸。春牛需于立春前塑造好，立春当日则举行迎春活动。立春当天早晨进行踩街游行，队伍由郡守率领，行进中锣鼓齐鸣、彩旗飘扬，队中有各式阵头队伍，走在最后的则是披红挂绿、头插金花的土牛。当队伍回到郡守府时，土牛被迎入府堂，郡守与各乡代表轮流上香，祈求风调雨顺、五谷丰收。礼毕，一人手持彩鞭在土牛的身上抽打，直到打碎为止。在场的民众可拾其碎土带回家，将碎土撒在自家农田，象征春耕的开始，同时也有祈求丰年的意思。在鞭打春牛时，还会念诵“一打风调雨顺，二打地肥土暄，三打三阳开泰，四打四季平安，五打五谷丰登，六打六合同春，七打七星高照，八打八方吉祥，九打九域太平，十打十全十美”等祝福的吉祥语，所以，鞭打春牛活动不仅有着春天的喜悦，而且有祝祷农业丰收的意义。①

清《重修福建台湾府志》在祭祀迎春礼中就对春牛、芒神、迎春、鞭春的仪式进行详述，例如春牛的样式就有这样的记载：“土牛胎骨，用桑柘木。身高四尺（按四时）、长三尺六寸（按三百六十日）；头至尾长八尺（按八节），尾长一尺二寸（按十二月）。鞭子用柳枝，长二尺四寸（按二十四气）。牛色，以本年为法：头、角、耳、用年天干，身用年地支，蹄、尾、肚用纳音（天干：甲、乙属木，色青；丙、丁属火，色红；戊、己属土，色黄；庚、辛属金，色白；壬、癸属水，色黑。地支：亥、子属水，色黑；寅、卯属木，色青；巳、午属火，色红；申、酉属金，色白；辰、戌、丑、未属土，色黄。纳音：如甲子年立春，纳音属金，用白色；余仿此）。笼头、构、索：以立春日日干为笼头色（说见上）；构，用桑柘木；索，孟日用麻（谓寅、申、巳、亥日），仲日用苎（谓子、午、卯、酉日），季日用丝（谓辰、戌、丑、未日）。送牛，以冬至节后辰日，于岁德方取水土（甲年东方甲位，乙年西方庚位，丙年南方丙位，丁年北方壬位，戊年东南方戊位，己年东方甲位，庚年西方庚位，辛年南方丙位，壬年北方壬位，癸年东南方戊位）。”②

---

① 南平市方志委：闽北年俗，南平市人民政府，2020 年 5 月 17 日，https://www.np.gov.cn/cms/html/npszf/2013-05-17/2046562874.html，2022 年 6 月 27 日查阅。

② ［清］刘良璧纂辑：《重修福建台湾府志》卷九《典礼》。

芒神，即“牧童”的样式在文献里的记载是：“芒神服色：用立春日支辰受克为衣色，克衣神为系腰色（如立春子日属水，衣取土克水，用黄色；系腰取木克土，用青色。余日仿此）。头髻，用立春日纳音为法（金日平梳两髻，在耳前；木日平梳两髻，在耳后；水日平梳两髻，右髻在耳后、左髻在耳前；火日平梳两髻，右髻在耳前、左髻在耳后；土日平梳两髻，在顶直上）。罨耳，用立春时为法（从卯至戌八时，罨耳用手提，阳时左手提、阴时右手提；从亥至寅四时，罨耳或揭或掩，寅时揭从左边、亥时揭从右边；子、丑二时全戴。盖寅、亥时为通气，故揭一边；子、丑时为严凝，故全戴）。鞋、裤、行缠，以立春纳音为法（逢金、木，系行缠、鞋、裤：金行缠左阙，悬在腰左；木行缠右阙，系在腰右。水日俱全，火日俱无；土日着裤，无行缠、鞋子）。老少，以立春年为法（寅、申、巳、亥，老；子、午、卯、酉，壮；辰、戌、丑、未，幼。身高三尺六寸，按一年三百六十日）。”

至于迎春的仪式是在东郊外的春牛亭举行，并在立春日前需将春牛和芒神事先造好置于春牛亭，待立春前一日，各官员至春牛亭祭拜。到了立春当日，各官员则举行鞭春仪式，并象征性地鞭打土牛三下，说明农耕开始。同时，鞭春也有象征福寿延年、幸福安康的美好愿望，期待来年吉祥如意，具有无灾无病、五谷丰登的美好寓意。《重修福建台湾府志》就有对于迎春、鞭春仪式的记载。“有司预期塑造春牛并芒神于东郊外春牛亭。立春前一日，府、厅、县率属俱穿蟒袍、补服，至春牛亭。通赞导至拜位，唱：‘就位’，各官俱就拜位。‘上香’，‘鞠躬拜、兴，拜、兴’。初献爵，再献爵，三献爵，读祝文；读毕，通赞又赞‘两拜’。礼毕，簪花（各官俱簪花），上席。酒三巡，属官先行，长官次之，春牛随后，迎至府、厅、县头门外；土牛南向、芒神西向。”“本日清晨，备牲醴、果品，府、厅、县率属俱朝服。通赞导至拜位，唱：‘就位；鞠躬拜、兴，拜、兴’。初献爵，再献爵，三献爵，读祝文；读毕，通赞又赞‘两拜’，兴。导至土牛前，各官俱执彩仗排立两傍。通赞赞：

‘长官系鼓’（凡三击），遂擂鼓（鼓手自擂）；赞：‘鞭春’，各官击牛者三，‘揖、平身’。通赞导至芒神前，‘揖、平身’。礼毕。”[①]

上述祭典中的迎春、鞭春属于官方的仪式，目前已不得见，但是民间农家则保有祈求五谷丰登的古例，例如福州当地闽王祠所举办的迎春牛民俗活动就是以祭祀、踩街巡游的方式进行祈福，希望来年五谷丰登、风调雨顺、人丁兴旺。

（一）春牛图的祝福

《燕京岁时记》有一段立春打春的记载：“打春即立春，在正月者居多。立春先一日，顺天府官员至东直门外一里春场迎春。立春日，礼部呈进春山宝座，顺天府呈进春牛图。礼毕回署，引春牛而击之，曰打春。是日富家多食春饼，妇女等多买萝卜而食之，曰咬春，谓可以却春困也。”[②]

其中春牛图是春祭打春活动中由顺天府所呈，不过在民间，春牛图反而是百姓农耕时重要的图鉴。尤其是闽南和台湾地区早期大多以农耕为业，农耕生活与牛有着密切的关联，特别是流行于闽台民间的春牛图是百姓生活中利用干支、五行用来预知当年天气、降雨量、农作收成等资料的图鉴。春牛图的图鉴也多根据迎春、鞭春祭仪中的土牛式和芒神式绘制，春牛的牛身高要四尺，象征四时，牛头至牛身尾处长八尺象征八节，尾巴长一尺二寸象征十二个月。而牛头、牛身、牛腹、牛角、耳朵、牛膝胫、牛蹄的颜色则依年干及立春的干支的不同而不同，各依每年干支属性不同的五行而决定其颜色，属金则为白色，属木则为青色，属水则为黑色，属火则为红色，属土则为黄色。

牛头代表当年的天干，牛身代表地支，牛腹代表纳音，牛角、牛耳及牛尾代表立春日的日干，牛颈代表立春日的日支，牛蹄代表立春日的纳音，牛绳代表立春当日的天干，牛绳的质地代表立春当

---

① 《重修福建台湾府志》卷九《典礼》。

② 《燕京岁时记》，第 47 页。

日的地支。除此之外，牛的嘴巴如果合上，牛尾摆向右边代表阴年；反之，牛口张开，牛尾摆向左边，则代表是阳年。

而春牛图上的牧童象征芒神，芒神又叫作“句芒”，是古代掌管桠木的官吏。春牛图上的芒神身高为三尺六寸五分，象征三百六十五日。芒神的样貌因年干年支而异，有老有少。而芒神的发髻、衣服、腰带等颜色则依照立春日的日支不同而别：寅卯日，白衣红腰带；巳午日，黑衣黄腰带；申酉日，红衣黑腰带；辰戌丑未日，青衣白腰带。芒神用柳枝做的鞭杖，长二尺四寸，象征二十四节气，鞭杖上的结也因立春日的日支不同而用的材料也不同，分有苎、丝、麻，结也是有青、黄、赤、白、黑等五色。

当芒神没有穿鞋且裤管束高时就象征着该年多雨水，农作物需要防涝；当芒神双足穿着草鞋，则代表该年干旱；当芒神一只光脚，一只脚穿草鞋，则代表该年是雨量适中的好年冬；当芒神头戴草帽，象征天气阴凉，不戴帽则象征天气炎热。

至于芒神要站在春牛的前面或后面，则依据立春与春节相距的天数而定。如果相距在五日之内的话，芒神要与春牛并立；如果立春日在春节前且相距的天数多于五日，则芒神要站在春牛前面；如果立春日在春节后且相距天数多于五日，则芒神站在春牛后面。

例如 2022 年台湾的一份日历上就写道：“春牛身高四尺，长八尺，尾一尺二寸。头黑色，身青色，腹白色，牛角、耳、尾黄色，胫黑色，牛蹄红色，牛口开尾左缴，牛笼头用苎，绳拘子俱用桑柘木结青色牛踏板县门左扇。芒神身高三尺六寸五分，面如老年像，黄衣系青腰带，平梳两髻在耳前，左髻在耳后，罨耳全戴揭起左边行缠鞋裤俱无，鞭杖用柳枝长二尺四寸用苎结，俱用五彩色醮染，芒神忙与牛并立左边。”①

因此，透过壬寅年春牛图可以知道春牛与芒神的相关预示，如上所述，壬寅年的桑叶稻禾丰收，人民富乐。亦如《地母经》所

①② 田野采集文献。

言："虎首值岁头，在处好田苗。桑柘叶下贵，蚕娘免忧愁。禾稻多成实，耕夫不用忧。"②

（二）摸春牛的祝福

古时彩杖鞭打春牛的仪式是为了策励农耕，祈求丰收，现今闽台则多以摸春牛取代鞭春牛，台湾每年的元宵节就会有一些庙宇或游乐区特别请专人塑造象征吉祥的春牛供民众祈福，民众一边摸春牛，一边念"摸牛头，起大楼，好彩头""摸牛嘴，大富贵""摸牛耳，吃百二""摸牛角，赚钱稳当当""摸牛尾、大趴尾"。俚语中的"起大楼"代表家族兴旺，"吃百二"是指活到120岁，象征长命百岁的意思。"大趴尾"是指家族人丁兴旺，开枝散叶。

农耕文明时期的福建，牛是农人们重要的劳动力，因而农家为了感念牛的辛劳通常有不吃牛肉的忌讳。因此，摸春牛隐含着人们对于幸福生活的期待与寄望，也代表着人与牛之间充满着无限祝福的寓意。

（三）福建"犁春牛"闹春耕

福建"犁春牛"闹春耕流行于福建闽西连城县和三明建宁一带，当地"犁春牛"习俗由来已久。相传是在明末清初之际由中原传入，是祈求五谷丰登、风调雨顺、国泰民安的民间祈福活动。福建闽西连城县的"犁春牛"仪式主要是由化装的农夫或农妇牵着身披红彩的耕牛游街，象征祈福，接着游街后再把将耕牛引至农田下地耕作生产。所以，每年当地"犁春牛"活动除了发挥民间祈福的作用外，也活化了乡村民俗活动，增进了人与人之间的互助与关怀。①

---

① 中国新闻网：福建客家民众"犁春牛"闹元宵，台海网，2017年12月11日，http：//taihainet.com/news/fujian/cbhx/2017-02-11/1961792.html，2022年5月29日，查阅。

三、祖师公的祝福

在闽台地区流行着一首关于乌面祖师公的童谣，童谣的念唱歌词是这样的：

乌面祖师公，白目眉。（形容清水祖师爷的容貌，乌面白眉毛）

无人佮你请，家己来，家己来。（形容清水祖师爷不请自来）

一个面是笑嗨嗨。（形容清水祖师面带笑容）

笑甲一个喙丫裂狮狮。（形容清水祖师笑容开怀）

到底笑啥事，笑啥事。（祖师是到底笑什么事呢？笑什么事呢？）

揭椅头丫看目眉。（拿张板凳蹬上去看看祖师公的眉毛）

椅头丫踏无好，跋落来，跋落来。（板凳没踩好，摔下来，摔下来）

摔一个有喙齿搁没下颏。（跌倒了没摔断牙却摔疼了下巴）

大声小声唉。（大呼小叫）

无讲无人知。（没讲也没人知道）

童谣中的“乌面祖师公”指的就是清水祖师，也称为“麻章上人”，闽南一带称之为“乌面祖师”，在台湾也称之为“乌面祖师”或“乌面祖师公”，简称为“祖师公”或“祖师爷”。

清水祖师，法号普足，俗名陈荣祖（又作陈昭应）从小出家，初居大云寺，后独往高太山持戒自修，为求明师走访大静山，拜谒明松禅师门下，悟道后迁麻章，施医济药普救贫病，所以麻章当地人尊称祖师为“麻章上人”。北宋年间，祖师隐居在闽南泉州府安溪清水岩修道，所以安溪人尊称之为“祖师公”，也是安溪人的守护神。该祖师信俗随清际安溪人传入台湾，并且成为台湾重要的民间信俗。

关于祖师“乌面”在民间的传说有二，一则说是祖师精通医理，因尝百药草中毒而致使面貌变为黑色。另一则是说祖师爷初到清水岩修行时，有妖怪也想来此处修炼，因为妖怪心想，祖师修行之地应该是个神仙洞府，所以妖怪们也想占据此风水宝地，好让自己早日修成正果。于是，妖怪们就用妖火在清水岩烧了七天七夜，想把祖师烧死，结果祖师并没有被妖怪的大火所伤及，只是把脸熏黑了。因为有了这样传说的缘由，所以，清水祖师有了“乌面祖师”之称。

渡海来台的清水祖师麻章上人（林孟蓉拍摄）

而关于福建安溪清水岩与清水祖师的文献可参阅《清水岩志》。该文献言安溪蓬莱山有“蓬莱即是一西天”之称，山中奇岩怪石峥嵘峻峭，小径刻有“人间天上”，林中有清水岩，供奉着清水祖师。据《清水岩志》记载，清水祖师宋庆历年间生于永春小岵乡，后舍尘出家，因精通佛理普济群生，在当地被尊称为“麻章上人”。元丰年间，上人被聘至蓬莱驻锡张岩，后于张岩处修葺寺庙，并将张岩更名为清水岩。由于麻章上人在闽游化期间，经常为人祈福除疾、施医济药，宋靖国元年（1101）五月十三日于清水岩坐化，后葬于岩后真宝塔中，后经地方官绅上请封为昭应大师，宋嘉定三年（1210）被加封为昭应广惠慈济善利大师，民间称“清水祖师”。明清之际，从福建安溪移居到台湾的百姓在渡海来台时都将清水祖师的神像随行携带，作为渡海来台的保护神，就这样，清水祖师随着人们“定居”台湾各地。目前台北、台中、台南、澎湖等地有仿建泉州安溪清水祖师庙数十座，是“唐山过台湾”两岸交流最真实的互动。

（一）祖师的契子女

台湾著名的三峡长福岩清水祖师庙供奉着福建泉州安溪清水岩的清水祖师，是乾隆三十二年（1767）由当地三角涌、石头溪、二甲九、中庄、莺歌石等处的泉州人倡议兴建的，乾隆三十四年（1769）于三角涌公馆尾立庙，名为“长福岩”。因此，清水祖师是由泉州安溪渡海来台人民的守护神，也是他们对故乡的思念以及精神寄托。

据长福岩庙方的说法，清水祖师非常慈悲，旧时有些信众的小孩歹腰饲（不好带），就会卜杯（掷筊）请示祖师公，并请祖师公作主，让小孩认祖师公为契父，借此象征契子女在黑面祖师公的保佑下平安成长。所以小孩的父母在卜杯获得祖师的应允下，庙方会依照民间“掼水米”认契习俗给契子女提供象征性的“水米”，这代表黑面祖师公对契子女平安的祝福。而且过年期间，庙方也会替清水祖师发红包给契子、契女，象征性地祝福契子女们平安顺遂、身体健康，平安快乐地成长。

（二）避灾避难的落鼻祖师

艋舺清水岩是台湾台北市知名的祖师庙，全名艋舺清水岩祖师庙，俗称艋舺祖师庙，主祀清水祖师。该庙建于清乾隆五十二年（1787），与艋舺龙山寺、艋舺青山宫合称为“艋舺三大庙门”，目前为台北市定古迹。

艋舺清水岩祖师是随着清代福建泉州安溪人民迁移来台，分香于泉州府安溪县蓬莱乡（今泉州市安溪县蓬莱镇）清水岩，乾隆五十二年募款起建，乾隆五十五年（1790）竣工，嘉庆年间重修，

《淡水厅志稿》有“祖师庙亦名清水岩，在艋舺街。乾隆年间捐建；嘉庆年间，捐题重修”的相关记载。

艋舺三大庙之一的清水岩是当地安溪人民的信仰中心，清水祖师在早期更是他们的守护神。相传旧时每逢天灾地变或瘟疫瘴疠前夕，祖师爷的鼻子会先掉落示警，借此提醒民众事先做好防范措施。相传清际，中法战争中，法国舰队入侵淡水，同时也危及台北城，此时淡水的乡勇们为了提振士气，便迎请了艋舺清水岩的祖师助阵应战。此次战役，淡水乡勇们击退了法军，清光绪皇帝也因此次告捷而御赐“功资拯济”匾额。此后，艋舺祖师庙的香火便更加鼎盛。

（三）福佑淡水的老祖

2020 年淡水福佑宫庆典（组图，林孟蓉拍摄）

福佑淡水地方的清水祖师相传为安溪清水岩携来的古佛清水祖师神像，有“蓬莱老祖”之称，清咸丰年间随泉州僧人渡海来台化缘。后来，泉州僧人化缘得来的重修安溪清水岩的缘金失窃，淡水士绅遂纷纷慷慨解囊帮助，尔后，泉州僧人返回前便将随身携带的“蓬莱老祖”留在淡水士绅家中奉祀。

另外一则传说为安溪僧人携清水岩祖师来台，在淡水兴福寮向安溪籍民众化缘重修清水岩，当时兴福寮有数名挑运菅芒草的挑夫因连续三天遇到该僧，所以挑运菅芒草的挑夫认为这是与清水祖师的一种缘分，于是发动捐款，众人将当日卖菅芒草的所得寄附（捐款）给化缘的僧人，并要求将清水祖师留在兴福寮供奉三日，借以保佑地方辖境平安。三日期满后，僧人在祖师神像前向祖师掷筊起驾时却连掷“笑杯”，即无法获得清水祖师的同意，于是当地民众便称祖师要留在兴福寮保佑当地百姓，随后当地士绅中的“翁、龚、方、洪、江、汪”等六大姓氏以檀越名义将清水祖师供奉在民居济生号。后来，前往济生号祭拜清水祖师的信众日渐增加，所以日本侵占台湾时期便成立淡水清水岩祖师庙兴建委员会，并在民国二十年（1931）十月动工兴建淡水清水岩，民国二十六年（1937）竣工。庙内除了供奉清水祖师外，还供奉了当地淡水轩被拆除的西秦王爷，以及同样在日本侵占台湾时期被拆除的富美庙萧王爷。

此外，第二次世界大战期间，台湾受到盟军轰炸时曾有两枚炸弹掉到祖师庙前却未被引爆，信众认为未爆弹是清水祖师对当地的福佑，所以战后庙方在清除火药后将该处改成烛台，目前放置在正殿两侧。

每年农历正月初六是清水祖师诞辰，淡水清水岩也都会举行神明祝寿典礼，五月初六是祖师成道日，当地则在祖师成道日举行“暗访”绕境。而当地清水岩举行祖师夜访绕境的由来，据说是起源于日本侵占台湾时期，由于淡水当地曾传出瘟疫，于是居民在清水祖师成道日前迎请祖师“暗访”绕境，希望可以借由祖师的巡安祈福平息灾难。同时，居民在祖师巡安时也祈求清水祖师能够驱逐瘴疠瘟疫，保佑全境平安。后来清水祖师“暗访”绕境巡安后，当地的瘟疫真的平息了，人民安居乐业。

瘟疫平息后，当地的老百姓认为这样的巡安祈福有其必要性，所以后来巡安祈福逐渐成为每年当地重要年例，也是当地居民的盛事。旧时称淡水清水祖师绕境为“淡水大拜拜”，于每年农历五月初五傍晚举行“暗访”，五月初六中午举行日间绕境。2013 年，新北市政府已将“淡水大拜拜”列为“无形文化资产”。

四、上元天官赐福

2019 年莆田文峰宫尾暝灯（林孟蓉拍摄）

莆仙地区从正月初三左右起开始闹元宵，各地的元宵特色为“神民同乐”。莆仙城区以大型的文化活动为主，庆元宵活动包括舞龙灯、耍狮子、弄九鲤、车鼓队、十音八乐、迎神仪仗队等盛大队伍。当地居民有的还把游行的龙灯、狮子迎接到家门口表演，以祈求新春吉祥如意、财源广进，就像龙灯、狮子所带来的吉祥一样，滚滚而来。另外各村、各境、各宗族围绕各自的村社进行为期三天的闹元宵，所以地方上从初三至二十日以行傩迎神为主，同时伴随着盛大的游灯。当地行傩主要是由里社首老捧出社炉绕境，各户迎接入厅堂进香拜祝，这样的过程称作“接行傩”，门口焚香烧火叩拜的过程则称为“炉纸”。而行傩的执事在社炉绕境时，会在“社妈”的头上插满鲜花，并向各户“散花”。想要求子的妇女除了虔诚地祭拜“社妈”外，也可以同时向“社妈”求花，从“社妈”的头上取下一朵鲜花插在自己头上，这样的习俗在此处称为“请花”。

除此，莆仙当地庆祝元宵时，各里社已婚男子都要按年轮流担任福首。福首在当地也称为“做头”，其责任主要是负责全年度向社神烧香、清扫、祭祀、收藏社神袍服、祭器等，以及元宵时捧社炉随神座绕境，让各家各户进香。每年元宵结束时，在职的福首会在社神前掷筊，卜定出下一年的福首，这样的仪式也称作“卜头”。当地已婚男子以“做头”为荣，并且俗信中认为“做头”会为家人带来整年的吉利与福气，所以，当地元宵“做头”的亲朋戚友都会送礼祝贺，福首也要大摆宴席酬客。

“雨打元宵灯，日曝清明田”，这是一句形容台湾上元时在雨水这个节气上的俗谚。正月十五是上元节，在这个节日里，民间有元宵赏灯的各式习俗活动以及上元的祈福活动。旧时《荆楚岁时记》记录了六朝之际民间在正月十五祈福的古老民间习俗，包括祭祀蚕神、迎紫姑以卜吉凶、灭灯烛以消灾等，如文所言：“正月十五日，作豆糜，加油膏其上，以祠门户。……其夕，迎紫姑，以卜将来蚕桑，并占众事。……正月夜，多鬼鸟度。家家捶床打户，捩狗耳，灭灯烛以禳之。”① 因此，上元灯节除了有游赏百灯的民间娱乐外，也有消灾祈福的民间信俗活动，如《荆楚岁时记》上所说的祭祀神卜其吉凶。除此，《帝京岁时纪胜》称此“灯节”为“上元”，而灯节期间为正月十四至十六，整个帝京张灯结彩，热闹非凡：“十四至十六日，朝服三天，庆贺上元佳节，是以冠盖蹁跹，绣衣络绎。而城市张灯，自十三日至十六日四永夕，金吾不禁。”② 又《燕京岁时记》的灯节则是从正月十三至十七日，其庆祝的情景更是热闹

① 《荆楚岁时记》，第18—24页。

② 《帝京岁时纪胜》，第10页。

非凡："自十三以至十七均谓之灯节，唯十五日谓之正灯耳。每至灯节，内廷筵宴，放烟火，市肆张灯。而六街之灯以东西牌楼及地安门为最盛，工部次之，兵部又次之，他处皆不及也。"①

（一）莆田湄洲岛妈祖花

福建莆田是妈祖的故乡，莆田湄洲岛独特的元宵节活动之一便是妈祖巡安布福。当天各家各户都会在家中准备斋品恭迎妈祖，同时准备妈祖花为巡安布福的妈祖添花、换花。当地的民间习俗是将妈祖花装点在妈祖的冠冕上，然后再取回妈祖神冠冕上的头花。当地居民在取得妈祖花后会将妈祖花供奉起来，并且在初一、十五烧香礼拜，当地民间习俗认为供奉的妈祖花有赐福、四季平安、万事如意的寓意。除此，已婚未孕的妇女可以到妈祖庙请花，取白花代表求男，取红花代表求女。求子成功的妇女则需每年向妈祖添新花，以此感谢妈祖神庥，赐福保平安。

湄洲岛的"闹元宵"从正月初八开始陆续展开，湄洲岛除了妈祖祖庙外，全岛依序由文兴宫、麟山宫、上林宫、上英宫、湖石宫、天利宫、白石宫、上兴宫、龙兴宫、寨山宫、回龙宫、进福宫、莲池宫、麟开宫依排序日期前往妈祖祖庙迎请妈祖，随驾队伍有仪仗队，设有大旗、大灯、大吹鼓等阵头，后由福首主持进香，所以，湄洲岛上的"闹元宵"主要以迎妈祖为核心。2011 年，由两岸联办的 2011 年海峡两岸庆赏元宵佳节妈姐灯会系列活动在湄洲岛启动，两岸同胞同庆元宵佳节。

（二）文峰宫尾暝灯、点烛山

莆田的元宵灯节是从农历正月初六开始的"行傩"拉开序幕的，各姓门宗依序在各地宗祠、宫庙举行祭祀，"闹元宵"活动由此正式启动。元宵活动一直持续到正月二十九日，庆贺元宵的最后一晚在当地被称为"尾暝灯"，也被称作"总元宵"。由于总元宵都在城区的文峰宫妈祖庙举行，所以也称为"妈祖尾暝元宵"。当晚，

① 《燕京岁时记》，第 48 页。

文峰宫会举办尾暝灯、化龙、点烛山、巡旗等祭祀民俗活动。

莆田妈祖的尾暝灯那晚，文峰宫妈祖庙举行祈福醮宴、点灯、赏灯等活动，民间过年所要使用的祥瑞神龙都是先到文峰宫“点睛”，象征祥龙具有瑞气，所到之处可以赐福百姓，然后在总元宵结束当天将神龙迎回文峰宫火化，遣龙返天，这称作“化龙”。

除此，文峰宫也会准备铁制或木制的山形或船形的烛台，让民众点灯，当地称该烛台为“烛山”，民众可以随喜供灯，为自己及家人许愿点灯。待烛山上的蜡烛燃烧二至三时后，民众可以熄灭蜡烛，将蜡烛脚带回家中继续点上，当地称之为“点火母”，象征妈祖的赐福与光明，保佑阖家兴旺、平安吉祥。

另外，尾暝灯当天也有巡旗活动。巡旗活动是由文峰宫的志愿者组成，他们扛着妈祖旗与绕境队伍一同穿梭在大街小巷中，沿街敲锣打鼓，像这样的巡旗活动在莆田当地有妈祖祈安的寓意，象征百姓吉祥如意。2019 年，笔者亲临现场，带领莆田学院妈祖特色班的同学参加妈祖尾暝元宵巡旗活动，暗夜里，一盏盏灯火辗转于大街小巷之中，春夜微雨，微光中流露着祝福与暖意。

2019 年莆田文峰宫的烛塔（林孟蓉拍摄）

（三）上元日与求子之福

“添丁进财”（林孟蓉拍摄）

闽台对于上元的祈福活动主要是根源于正月十五日这天是天官紫微大帝的寿辰，所以民间相信在这天虔诚礼拜天官定能获得上天的赐福与眷顾，所以有“上元天官赐福”之谓。因此，民间在上元日会准备香、烛、寿面、十二碗（素菜碗）、甜粿、发粿、红面龟（红色椭圆形的面制品）、牵仔条（红色古钱串状面制品）、敬包（红色圆形的面制品）、春仔花等供品祭拜天官紫微大帝，祈祷天官赐福人间。这样的祭祀形式在台湾称为“顶下桌”，顶桌供养的对象为天官，也就是天官紫微大帝，供品主要以斋品为主，下桌供养的对象为天官紫微大帝的神将部属，所以供品主要以荤食牲醴为主。民间习俗祭拜天公的顶下桌与《燕京岁时记》所记载的“天地桌”非常相似，只不过“天地桌”是在除夕夜举行的，直到正月十五结束。而文中所描述的“天地桌”主要陈设在家中的中庭，在所陈设的案桌摆上天神图，接着在案桌上分层陈设蜜供、苹果、干果、馒头、素菜、年糕等，同时也陈设佛花，相关叙述如文所载：“每届除夕，列长案于中庭，供以百分。百分者，乃诸天神圣之全图也。百分之前，陈设蜜供一层，苹果、干果、馒头、素菜、年糕各

一层，谓之全供。供上签以通草八仙及石榴、元宝等，谓之供佛花。及接神时，将百分焚化，接递烧香，至灯节而止，谓之天地桌。”①

《燕京岁时记》记载，用“天地桌”祭拜的时间较长，从除夕一直延续到灯节，而拜天公和天官紫微大帝的“顶下桌”则仅在农历正月初九和十五当天进行。旧时《台湾府志》也有祭拜天公祈福仪式的叙述，如文所言：“神祠俱延，僧道设醮祈安。醮毕，迎神，迎毕，置酒庙中，社众集饮，谓之食供。”

至于元宵灯节的民间活动，在其他的相关文献中也记载了悬灯、赏灯、放花炮、游街等热闹的灯节气氛。例如《澎湖厅志》行文中所说：“元宵，各家先于十三夜起，门首挂灯，厅中张灯结彩。至十五夜，各家俱备牲醴碗菜，供奉三界，阖家宴饮，鸣锣击鼓，极为热闹。间亦有装扮故事，往别澳游玩者。各庙中张灯，男女出游看灯。庙中扎有花卉、人物。男妇有求嗣者，在神前祈杯，求得花一枝（或面龟一个），回家供奉。如果添丁，则明年元宵时，倍数酬谢。”②

从上述记载可以知道，上元如同小过年，家家户户张灯节结彩，祈求天官赐福的同时，各地寺庙也准备了各式各样的花灯让百姓游赏。其中，没有子嗣的夫妇还可以当天在寺庙以求花、乞龟的形式向神明求子添丁。而这样的岁时民俗主要是因为闽南语的“灯”与“丁”同音，所以赏灯的同时也有向神明求子添丁（灯）的意思，所以求花、乞龟在闽台的常民心中有添丁的意思。

随着时代的变迁，现今澎湖元宵求花活动已经不常见，而乞龟求子也转变成澎湖当地元宵万龟祈福的民俗传统文化。澎湖当地的许多庙宇都会在元宵期间提供各式各样的面粉龟、糯米龟、面酥龟、花生糖龟、凤片龟等平安龟供民众乞求回家，民众只要向神明

---

① 《燕京岁时记》，第98—99页。

② 林豪：《澎湖厅志（一）》，载陈支平主编《台湾文献汇刊》第五辑第五册，九州出版社、厦门大学出版社，2004年，第572—573页。

卜杯，经神明允杯就可以将庙方准备的面龟拿取回家。乞得庙里的神龟代表着获得神明一整年的福佑，万事顺心、平安如意、财运亨通。民众在乞得神龟后，来年为了答谢神恩，通常会加倍奉还面龟给庙里，借此答谢神恩。目前由于澎湖元宵乞龟的活动一年比一年盛大，所以在台湾有“西乞龟”的美名，用来形容澎湖元宵乞龟的传统文化活动。

（四）“南蜂炮”“北天灯”的消灾与祈福

除了“西乞龟”，在台湾上元元宵当天还有“南蜂炮”“北天灯”之谓的祈福活动，所谓“南蜂炮”，是指台南盐水武庙所主办的民间传统习俗活动，烽炮是指由许多冲天炮所组合成多管的大型烟花炮台。当万炮被点燃时，会发出“嗡嗡”的鸣声，因此称这些冲天炮为“蜂炮”。

台湾盐水蜂炮如今已是声名在外，而台南盐水武庙“南蜂炮”起源于清光绪年间，据说当时台南盐水一带出现瘟疫，当地居民在瘟疫的肆虐下死伤惨重，旧时当地百姓以为是鬼魅作祟，于是便建议请武庙的关帝爷在当地巡安绕境，祈求合境平安。由于关帝爷在当地巡安适逢元宵，于是当地民众便以燃放大量的鞭炮为神明造势。说来也奇怪，就在关帝爷绕境后，当地瘟疫居然平息了。于是来年，居民便以更盛大的爆竹迎接关帝爷出巡，尔后，在百年的传递过程中演变成为现今台湾闻名遐迩的“南蜂炮”。

所谓“北天灯”，是指台北平溪十分寮地区在元宵节所施放的天灯。施放天灯起源于清道光年间，当时有福建泉州惠安、安溪等地的居民来到台湾北部基隆河上游的区域拓垦。由于当时地处偏僻，经常有海盗、土匪打家劫舍，每当土匪、海盗来袭，当地居民只能往山上避难，等到土匪、海盗离开了，留守村里的人就施放天灯作为信号，告诉上山避难的村民可以返家。由于某次避难返家施放天灯时适逢农历正月十五的暗暝（夜晚），于是村民便将施放的天灯视为当地的吉祥物，象征着平安、无灾的祝福。翌年元宵，村民为了纪念避难的这段日子，故都出来施放天灯，尔后，每年施放的天灯遂成为村与村之间互报平安的祈福象征，因此十分寮地区的村民将天灯也称为“孔明灯”“祈福灯”“平安灯”。

而历时百年的北天灯现今已成为台湾北部最具有民俗色彩之文化活动。近年，新北市平溪正月十五放天灯活动已成为台湾著名的元宵灯节，让天灯在传统意义的开展下成为向上天祈福的许愿灯。民众将愿望写在天灯上的，那一盏盏袅袅升空的天灯，象征着人们对未来美好生活的期待。

（五）幸福满满的天灯妈

在台北平溪十分寮老街也隐藏着一座有“天灯妈”之称的妈祖庙成安宫，这座妈祖庙是清早期随泉州拓垦先民而来的。由于拓垦之初，当地非常偏僻荒凉，随渡海迁移而来的妈祖被安奉在临时草寮内，尔后才在现址的石洞内搭建小庙奉祀，并且成为早期渡海人民的信仰中心，守护保佑当地居民。后来，成安宫在道光八年（1828）扩建，光绪壬午年（1882）改建，民国三年（1914）第一次重建，民国五年（1916）竣工，民国八年（1919）多次重修，1989年成立重建委员会，2000年再度重建，现在，已成为一座华丽的现代庙宇。

目前成安宫每年正月十四、十五、十六这三天，庙方都会举行地方性的妈祖巡安祈福活动，并且在正月十五当晚会施放一座最巨大的天灯为信众祈福。民众可以把自己新年的新希望提供给庙方，庙方会依序书写在巨大的天灯上，待夜晚来临，庙方便会择时施放，向上苍祈愿，希望所有祈福民众都能心想事成，平安、健康。

除此，成福宫也会在庆典期间提供“福食”给大众食用。这是源于民间“吃平安”的习俗，民间相信，吃了庙方所提供的“福食”就能被神明加持，具有福佑的作用，所以庙方通常会在节庆的时候准备“福食”供大众食用。成安宫天灯妈祖庙在元宵庆典时会提供八宝粥、汤圆、面线等“福食”分享给参拜的信众享用，祝福家家户户幸福美满。

（六）越炸越旺炸寒单

清光绪年间有诗描述："烧佛鸣钲事更奇，赤身禁冷耐支持。火神到处光如昼，一路嫌人放炮迟。"这是描述清朝时期台湾元宵"烧佛"的民间习俗活动，此活动也被称作"走佛"或"造佛"。

旧时"走佛"或"造佛"盛行于台北、新竹，"上元佳节闹奇观，赵帅回銮阖境观。爆竹堆中同踊跃，人丛幻出石玄坛"就是描写台湾竹堑地区元宵的"烧佛"盛况。诗中除了描写元宵佳节放鞭炮"烧佛"的热闹场景外，也描述了赵元帅赤身在炮竹堆中火里来火里去的场面，堪称奇景。

另外，据《艋舺岁时记》的记载说："入夜，各寺庙点上彩灯和大烛，商家则在铺前挂起灯谜、走马灯……各户于晚餐后，神前供奉清茶，点上除夕装在烛台的大花烛，烧香，大放爆竹，尤其是铺头行商，有的燃放鞭炮爆竹达一两小时之久。此外，还有走佛巡游市街，在商铺前奔来走去，任凭铺户燃放爆竹，俟其放毕，始领赏红包退去。这走佛系由一赤裸上身的男人坐在两人抬的轻快竹舆，助以鼓锣队，全班人员都轻装，锣鼓所奏也是简洁的律调。这在大稻埕、大龙峒方面则称寒单爷。"行文中所描述的就是元宵节"炮炸寒单爷"的活动，这是因为当地民间相信神明出巡时为神明燃放鞭炮有迎福纳财的作用，人气、财气也会因此而越炸越旺。

目前"炮炸寒单爷"活动以东台湾为主，且自 1960 年开始，此活动也由本来的个人敬奉演变成地方性的百姓巡安祈福。近年台东"炮炸寒单爷"的出巡主要是选在每年的元宵夜举行，当地的寒单爷是由真人装扮，扮演寒单爷的人会在头上扎绑头巾，打赤膊，身穿红裤，手中持拿着一把榕树枝叶，胸前挂着经神明保佑的天师印和护身符，赤脚站在藤制的椅轿上。

当寒单爷正式出巡时，寒单爷的神像会事先固定在藤椅上，然后真人扮的寒单爷站上藤椅，同时由四名轿夫抬着上身赤裸的寒单爷进行巡安，并且接受民众的鞭炮"轰炸"。由于寒单爷是掌管人间钱财的武财神，所以民间相信寒单爷出巡能为大家带来吉祥、福气和财气。台东当地民众都认为，寒单爷出巡时的鞭炮炸得越多，就代表当年的财运越旺。

至于寒单爷的称呼和由来颇多，寒单爷在民间信俗中亦被称作邯郸爷、玄坛爷、玄坛元帅、赵玄坛、银主公王、赵元帅、赵府元帅、武财神等，其神职也由人间督鬼取命的将军转变成道教的护法天神，抑或为禳灾保安、买卖生财之神。台湾民间也认为，寒单爷赵公明是御位中路财神，受玉帝敕封为三十六天官之首，掌管天下四方财库，能迎祥纳福、统管人间祸福，所以被视为武财神，与其他同为财神的招宝天尊、纳珍天尊、招财使者、利市仙官，合称"五路财神"。所以在新春元宵时节，"炮炸寒单爷"有迎财神、财神赐福的意味，同时也有迎春接福、招财进宝、财源广进如泉涌的吉祥美意。

（七）闽西游大龙和台湾苗栗㷙龙

福建闽西连城姑田流传着已有400年历史的游大龙活动。该活动起源于明朝万历年间，其目的是祈求风调雨顺、五谷丰登。闽西连城县姑田镇的游大龙闻名遐迩，有"天下第一龙"之称，是当地元宵重要的祈福节庆活动。

姑田镇的游大龙的制作耗时四天以上，从准备到完成需经过十五道工序，包括准备龙板、备龙筋骨、扎龙头、扎龙尾、扎龙腰、扎龙爪、扎龙蛋、糊裱、画龙、剪贴、题字、装灯、备龙棍、备插袋、备插袋布等，这样的传统游大龙的制作工艺目前已经成为姑田镇重要的非物质文化遗产。数百年来，游大龙活动的擎龙都是由两姓或三姓合擎一条龙，尤其是当地华、江两姓的关系特别友好，亲如兄弟，从未发生械斗。所以当江姓在元宵出龙，游龙的龙头、龙尾一行人必须持把铳、香、纸、炮和两对龙烛到华姓总祠去烧香、放铳、放炮表示敬意，若华姓出龙，一样照礼数回敬，礼尚往来。

台湾苗栗是客家人的聚集地，当地的客家民俗也流传着与福建闽西元宵游大龙相似的"㷙龙"民俗活动。对台湾的客家人来说，有元宵节"月半大过年"的俗谚，意思是说台湾的客家人对于过年大致是要从农历正月初一到正月十五才算过完年。所以“月半大过年”是客家人对元宵节的形容，也是台湾客家人用来形容元宵热闹的景象。当地客家人在元宵节这天，除了要吃汤圆外，还要吃猪笼粄（菜包）和“㷶龙”。“㷶龙”为客语发音，也就是“炸龙”的意，“㷶龙”活动在当地有迎春纳福的含意。①

苗栗当地“㷶龙”的仪式程序如下。

首先，前置作业需于正月初九（天公生）前完成，即龙主取材糊龙。然后择日举办“牵龙安座”的仪式和“祥龙点睛”，点睛的目的是祈求上天赐降祥瑞之气于神龙身上，使之具有灵力护佑苍生。接着是“迎龙”，即迎神龙到各家各户赐福。客家人相信神龙登门如同神明造访，能给家户带来好运，所以“迎龙”的目的是希望借由神龙所带来的祥瑞之气为民众求得平安、吉祥、五谷丰收。跟随着“迎龙”队伍的民众称为“跈龙”，“跈龙”能为随行的民众带来平安吉祥的喜气；“㷶龙”，就是在“迎龙”的过程中燃放鞭炮。苗栗当地居民相信在“迎龙”过程中，燃放鞭炮炸神龙会越炸越旺，其因是“迎龙”的过程中具有驱邪纳吉的意义。“㷶龙”最后的环节是在过元宵节后“化龙返天”，这阶段是指“迎龙”赐福的功德圆满，需恭送神龙返回天庭。

（八）听香

听香是指在元宵暝当晚在神前向神明祈告心事，并卜杯请求神明指示，后依照神明指示的方向前往，一路上听到的谈话、谩骂、声唱，都可以透过卜杯测其吉凶祸福。《竹堑竹枝词》有云：“良辰傍晚辨新妆，敬听私拈一瓣香。夜静倚帘倾着耳，可曾吉语愿相偿。”

听香是旧时上元灯节的闽台民间习俗，听香的人在夜深人静的暗夜里，冀望透过陌生人无意间的言谈中获得良言吉语的祝福。也

① 徐维群：《客家物语：生活与民俗》，福建少年儿童出版社，2019年，第79—80页。

许，这就是旧时百姓获得心灵安慰的方式之一，抑或是一种获得解决生活疑难灵感的方式。

第二节　二月岁时与年俗之福

仲春花月
惊蛰闻雷米似足，春分有雨病人稀。
月内相逢三卯日，豆麦田蚕处处宜。

一、惊蛰·春分

《夏小正》云：“二月；往耰黍禅。初俊羔。绥多女士。丁亥万用入学。祭鲔。荣堇。采蘩。昆蚩。抵蚳。玄鸟来降。剥鳝。有鸣仓庚。荣芸。时有见稊。”①

大地回春的景色欣欣向荣，仲春的田间开始播种，同时也准备祭祀用的羊羔。春天也是男女婚嫁的良辰，丁亥日是选拔人才入学之日。河中的鲔鱼可以用来祭祀，苦苣、蒿蒿可以采食。小虫子蠢蠢欲动，燕子衔泥筑巢。黄鹂鸟鸣叫，芸香花开，草木春生出绿芽。

这是《夏小正》描述仲春的景致，万物正在苏醒中，二月有惊蛰和春分两个节气。惊蛰是指惊醒蛰伏于地下过冬的蛰虫。惊蛰三候有桃始华、仓庚鸣、鹰化为鸠，三侯所描绘的是指桃花在惊蛰这个时节绽放，有黄鹂鸟鸣叫，天空上则是鸠鸟漫飞。

因此，惊蛰开始，天气渐暖，春雷响，万物复苏，蛰居入冬的昆虫、动物被唤醒，生机盎然，进入春耕时节。在台湾有句俗谚，“春雷响叮当”，意思是说春雷不断，开始展开春耕。这个时令里，台湾会开始种植落花生、筊白笋、甜瓜、西瓜、白芋、姜、菜

---

① 傅嵩卿：《夏小正》，第9—13页。

豆等。

春分又称日中，春分三候有玄鸟至、雷乃发生、始电。春分三候所描绘的是秋去春来的燕子已归，闪电与雷鸣轰然炸响。在《荆楚岁时记》中对于春分的描述是这样的：“春分日，民并种戒火草于屋上。有鸟如乌，先鸡而鸣：架架格格。民候此鸟则入田，以为候。”①《燕京岁时记》对春分这个节气的说法则是：“按月令广义云：分者半也，当九十日之半也，故谓之分。夏冬不言分者，天地间二气而已，阳生于子，极于午，即其中分也。”② 所以春分在民间俗谚中有“春分冥日照分”之说，意思是指一天中的白天黑夜各半，各为十二小时。

依照《燕京岁时记》的记载，春分前后，宫中祠庙或者家族宗祠也都会举行春祭，如文所述“春分前后，宫中祠庙皆有大臣致祭，世家大族亦于是日致祭宗祠”③。

春分也有相关的岁时活动，例如春日赏牡丹花活动、二月初三文昌祠庙举行的惜字会庆祝活动、二月十九观音诞的法会活动，以及春分祭日活动。据《帝京岁时纪胜》记载，二月初一的祭日活动是始之于唐，是国之大典，民间则以江米糕祀日，如文中说：“初一日为中和节，传自唐始。李泌请以二月朔为中和节，赐民间以囊盛百果谷瓜李种相问遗，号献生子，令百官献农书。京师于是日以江米为糕，上印金乌圆光，用以祀日，绕街遍巷，叫而卖之，曰太阳鸡糕。其祭神云马，题曰太阳星君。焚帛时，将新正各门户张贴之五色挂钱，摘而焚之，曰太阳钱粮。左安门内有太阳宫，都人结侣携觞，往游竟日。考春分祭日，秋分祭月，乃国之大典，士民不得擅祀。若以照临恩当思报之，习俗云可。”④

① 《荆楚岁时记》，第 28 页。

② 《燕京岁时记》，第 57 页。

③ 《燕京岁时记》，第 57 页。

④ 《帝京岁时纪胜》，第 14 页。

二、二月二头牙致福

春社是指在春天祭祀土地，以祈丰收。古《礼记·王制》有文言："天子诸侯宗庙之祭，春曰礿，夏曰禘，秋曰尝，冬曰烝。"又《周礼·春官·司尊彝》言，"春祠、夏禴，祼用鸡彝鸟彝。""秋尝、冬烝，祼用斝彝黄彝。"因此，"春祈秋报"成为中国传统农耕祭祀重要的习俗，即在春耕时祈祷丰收，所以春社的春祈活动通常是在立春之后的仲春之月举行，春祈社稷是因春事兴祭以祈农祥。古时朝廷、州县官差祭社稷于坛，有"春祈秋报"之谓。

春社在唐代又被称作中和节。清岁时在二月初一有祭日的习俗，二月初二为龙抬头日，有引龙回、勋虫、独占鳌头等习俗。如《燕京岁时记》所记载："太阳糕，二月初一，市人以米面团成小饼，五枚一层，上贯以寸余小鸡，谓之太阳糕。都人祭日者，买而供之，三五具不等。"[①] 又如，"二月二日，古之中和节也。今人呼为龙抬头。是日食饼者谓之龙鳞饼，食面者谓之龙须面。闺中停止针线，恐伤龙目也。"[②]《莆田市志》中，也称农历二月初二为中和节。当地信俗是每家每户在那日都会祭拜祖先，商家则准备酒席做头牙，宴请员工，仙游当地则称二月初二为头福，村落境社都设醮坛祈神赐福，祈求未来在新的一年里五谷丰登，因此，莆仙当地这样隆重的"做牙"与祭祀祈福习俗乃传承于唐际春社与中和节的春祈活动。

除此之外，农历二月初二也是莆仙当地旧时蒙馆（私塾）的开学日。旧俗家长会准备一篮冰模（爆米花）、炒糖豆、七根青葱、八个布扣带领孩子到蒙馆（私塾）拜孔子像，祈愿孩子"聪明花开""七聪八窍"。

---

① 《燕京岁时记》，第 56—57 页。

② 同上。

（一）头牙打牙祭

二月二在闽南俗称头牙，而“做牙”的习俗则是根源于古代春社祀土地以祈丰年的祭祀。由于春天万物开始生长，二月也是插秧、播种的时节，务农的民众认为农田里的蔬果、粮食都与土地公有莫大的关系，因此，便将春社祭祀的主要对象视为土地公，土地公也由此成为最亲民的神祇。在闽南民间有“田头田尾土地公”之谓，人们也视农历二月二为土地公诞，除了盛大地举行祭祀外，工商市井也会在朔、望的次日，即初二、十六举行“做牙”，借以祈求行商顺利、平安。

闽南民间认为，过完农历二月初二的头牙，新年才算结束。所以，每年新春期间的第一次“做牙”就称作“头牙”，岁末十二月十六则称作“尾牙”。一年之中的“牙”又以头牙和尾牙最为慎重，除了需隆重地准备牲醴、蔬果、香烛祭拜土地公之外，经商的店铺、公司行号也会在头牙和尾牙对聘请的员工示意是否续聘。例如，在莆田以头牙为示意，如果员工在头牙未被邀请，就意味着被解雇。如果是在台湾，则是看尾牙餐宴上的鸡头，若雇主特意将鸡头对向某位员工，那么就意味着该位员工被解雇。所以，这种头牙、尾牙的宴请玄机也成为早期雇主与员工间的微妙互动。

此外，由于头牙“做牙”较为盛大隆重，祭拜的供品丰富，所以祭拜后的丰盛饭菜也有“打牙祭”之称。莆田当地的妈祖庙也都曾经举办过头牙宴，供当地民众前来一起享用，特别是文峰宫的头牙宴，曾经吸引上千民众前来共襄盛举。民众在新春期间吃到了头牙宴，也得到了妈祖的庇佑，吃出健康与福气。

（二）长汀百壶宴

长汀县濯田镇升平村在每年的农历二月初二也会举办一场类似牙祭的盛大百壶宴（祈福民俗活动），当地农民通过“保苗祭”的巡游祭祀，将祭祀的供桌一字排开，形成一条宴席长龙，然后由升平村当地周边的村民摆上酒壶与供品，参与“保苗祭”的祭祀。“保苗祭”最主要是在春天时节祈求未来的一年里能够风调雨顺、五谷丰登，所以当地在“保苗祭”仪式后，村民便会遍尝各家各户所准备的百壶美酒，故称之为“百壶宴”。

（三）神明银行财源滚滚与“吃福”

土地公也称作“福德正神”“社神”“后土”，是福建民间信俗分布最广的神明之一，也是最亲民的神祇。土地公除了是象征人间的社、稷之神外，也是农夫和商人的守护神。就农夫而言，一年中收成的好坏都与土地公的护佑有着密切关系；对商人而言，土地公则是招财进宝的财神爷。

闽南人每个月每逢农历初二、十六日都会“做牙”。在闽南口语中，“牙”和“个”同音。“做牙”是商家祭拜土地公的日子，每年的“做牙”从二月初二的头牙开始，到腊月十六日的尾牙结束。不过当地也有正月不“做牙”的特例，因为正月算是节庆月，所以不拜土地公、不犒兵将、不娶妻过门，也不入宅安居。

至于闽南“做牙”的习俗可溯自于最初商业贸易中的牙商。所谓牙商，就是为买卖双方说合交易的中介。中介在买卖交易过程中抽取佣金，因此，买卖商家都会以好酒好菜宴请牙商致谢。

“田头田尾土地公”是一句形容闽台土地公信俗之盛的俗谚。正如上文所说，土地公是闽台信俗中最亲民的神祇，如同家中守护的长者，所以土地公在百姓的生活中是一位既亲切又温暖的神明。每年的农历的二月初二在台湾也称为“土地公生”，而且台湾知名的土地公庙也会举行祝寿、纳福、求财的仪式。南投竹山紫南宫是台湾的求财灵庙，主祀福德正神，于清乾隆十年（1745）建庙，后经多次改建，后于1982年改建而成。

紫南宫原本只是一座寻常的土地公庙，20世纪50年代，人民生活困苦、百业待举，紫南宫本着急难救助及扶助居民的精神，开放社寮地区居民向土地公求取福德金，后来因小区信众求取福德金在外地创业有成，吸引了广大外地朋友来向紫南宫土地公求取福德金。据说向土地公借钱来投资都会赚钱，信众来年还钱给土地公时也会连本带利地添加香油钱，作为还愿之用。由于南投紫南宫土地公的信众逐年增加，信众为了答谢土地公，回馈金额也越来越多，所以，后来紫南宫设置了专门的管理委员会管理，宫内为了支应信众庞大的业务需求，还增设了如银行般的办理柜台，进行了电子化管理。

民众新春期间到紫南宫走春时，可以向土地公、土地婆焚香祈福。此外，民众可向紫南宫求借发财金或求取“金鸡母”，作为求财创业的祝福和好运气。

民众向土地公、土地婆默祷求取发财金之后，可以把求得的发财金用来投资、买卖或存入银行，这是取其“钱滚钱生生不息”的概念，也有将好运存入自己的财运里面之意。另外，庙里也有提供针对创业的“金鸡母”供民众求取，因为开运祈福“金鸡”在闽南语有“起家”之意，意思是指家运发达、创业可成之意。

除此之外，当地也盛行每年农历正月十五日在紫南宫举行盛宴祭拜土地公的习俗，凡是有新婚、娶媳妇或家中添新丁者，家家户户都会准备丰盛的供品去拜土地公。旧时庙方会将祭拜后的供品在正月十六那天煮好，随后分享给大众，这种分享喜悦与福气的活动在当地称为“吃丁酒”，也称为“吃福”，其意除了分享喜悦与福气外，也象征土地公的庇佑。

由于紫南宫的向土地公求金、借金的灵验事迹遍布台湾，香客也高达数十万人，所以吃丁酒的习俗在当地也逐渐扩大成紫南宫当地的节庆活动，庙方于每年的正月十六中午会准备大量的麻油鸡和饭菜举办“吃福”活动，凡是当天到紫南宫祭拜土地公的信众都可分享到“吃丁酒”的福气。时至今日，“吃丁酒”“吃福”的活动目前已经成为台湾“土地公传奇吃丁酒文化祭”的在地化年俗活动。

（四）摸福

台湾北部烘炉地福德宫是一座立在半山腰香火鼎盛的土地公庙，在此处祭拜土地公后，可以到庙前摸摸庙方所准备的土地公。首先，信众可以摸土地公胡须，摸胡须代表长寿；其次，可以摸土地公的元宝，摸元宝代表土地公赐福的财气；最后，可以摸土地公的拐杖，摸拐杖代表土地公对于加官进禄的加持。不过庙方表示，土地公的头部和背部皆不能触摸，以示尊敬。

三、文人致福求文昌

文昌帝君又称梓潼帝君、文昌君，是人们祈求文运和考试顺利的神明。在闽台，文昌帝君与大魁帝君、朱衣神君、纯阳帝君、关圣帝君合称为“五文昌”。旧时祭拜文昌神的供品主要是葱、芹菜、菜头，“葱”取其“聪明”的谐音，“芹菜”也是取其勤奋苦读之意，“菜头”是白萝卜，取其好彩头的谐音。所以，祭拜文昌帝君的供品葱、芹菜、菜头象征着聪明、勤奋苦读、好彩头的意思。有些考生为了凸显神明对自己的护佑，也发展出相对谐音的供品，例如发糕代表考运发发发，包子和粽子合称为“包中”，意思是指考试顺利、金榜题名。

（一）神明赐福文思泉涌

位于台北双连捷运站附近的文昌宫是一座非常小的庙宇，但每年考季都吸引大批的学子前来参拜，而此处祭拜文昌帝君的供品尤为特别，除了金纸外，还需供上几瓶水和桂花叶。供水取其文思泉涌的意思，桂花叶则是取其贵人相助之意。台湾有些庙宇，例如艋舺龙山寺、士林慈诚宫，每年农历二月初三或大考前都会为考生特别举行祈福法会，祝福所有的考生金榜题名，文思泉涌，妙笔生花，下笔有如神助，福气满满。

（二）迎圣迹

《帝京岁时纪胜》记载，春秋仲月在文昌祠、精忠庙、梨园馆及各省香祠都会举行惜字会，也称作香会，献供、演戏热闹非凡。该文言：“惜字会，香会，春秋仲月极胜，惟惜字文昌会为最。俱于文昌祠、精忠庙、金陵庄、梨园馆及各省乡祠，献供演戏，动聚千人。”① 而台湾各地的文昌祠、文昌庙或者早期与书院合在一起

① 《帝京岁时纪胜》，第 14 页。

的庙宇则有迎圣迹的活动，所谓“圣迹”就是书有文字的纸，旧时人们认为文字具有神圣性，而且是圣人所造，所以对于文字、字纸都有虔诚敬字的心。因此，早期许多地方性庙宇也都设有惜字亭、敬字亭，为民众提供焚化字纸的金炉，或者放置“敬惜字纸”的竹篮，供民众弃置字纸。

迎圣迹就是旧时文人为了科举高中，特别寻求文昌帝君保佑，故在文昌祠向文昌帝君发心自愿拾字纸的承诺，借以祈求中举。所以，文人们为了履行承诺，便会挑着箩筐四处捡字纸，然后将其焚化。焚化后的灰烬在祭拜过文昌帝君后便会盛放在木盒中，并择日与民间吹鼓阵一同游街，后送往海边或河川，随水漂走，意味着将字纸送回天庭，整个过程便是迎圣迹。目前这样迎圣迹的活动已不常见，不过许多乡下的庙宇仍然保有惜字亭或敬字亭。

（三）禄马贵人来

闽台对于文人求取功名利禄有“禄马得得走，官位步步升”之说。“禄马”是指民间文昌帝君神案旁所陪祀的一匹神驹，因神驹有引申“禄马贵人来”的意思，所以一般民众在祭拜文昌帝君的同时也会特别祭拜这一匹陪祀的神马，借以祈求禄马贵人、官位高升。

第三节　三月岁时与年俗之福

季春桐月
风雨相逢初一头，只恐人民疾病愁。
清明风若从南起，定主田禾大有收。

一、清明·谷雨

“三月。参则伏。摄桑。委扬。羚羊。蜚则鸣。颁冰。采识。

妾子始蚕。执养宫事。祈麦实。越有小旱。田鼠化为鴽。拂桐芭。鸣鸠。”①

淡淡三月天，杜鹃花开，天上的参星悄悄隐入暗夜。桑树开始修剪了，这是为了让桑树长得更好。虫子开始鸣叫了，冰窖里藏的冰也被下令拿来祭拜雨神，田园中的苦菜也已经可以采集，负责养蚕的女官要开始养蚕了，人们向上天祝祷麦田可以丰收。丰收后，天气就慢慢地热了起来，也许会有干旱。地里的田鼠是否幻化为鹌鹑飞走了？桐花已经开始静悄悄地准备绽放，在一旁的斑鸠也开始鸣叫。这就是三月季春的景色，万象更新。

《岁时百问》记载，“清明”指“万物生长此时，皆清洁而明净，故谓之清明”。“桐始华”“田鼠化为鴽”“虹始见”是指清明三候，这是说桐花在清洁明净的时刻满山怒放，地里的田鼠在天气渐渐变热的时候都躲了起来，不知晓的还以为是田鼠幻化为鴽在天空飞翔。在清气明净的时候，彩虹也就出来了。

所以古谚言“清明宜晴，谷雨宜雨”就是指清明时节的气候气清暖阳，然后进入谷雨这个节气，丰沛的雨泽可以滋养大地，有“雨生百谷”的意思，水中的浮萍也开始生长繁殖，布谷鸟在天空中展翅鸣叫，桑树上也有戴冠鸟的踪迹。这就是《月令七十二候诗》所说的谷雨三候：“萍始生”“鸣鸠拂其羽”“戴任降于桑”。

清明、谷雨是春天的尾巴，在春天消逝前总是令人有着淡淡的叹息和忧伤，就像是《红楼梦》里的探春和惜春两位女性所隐喻的“探惜”与“叹息”。也许，“叹息”的原意是曹雪芹借由即将消逝的春天来哀叹传统女性的卑微吧。

三月在《荆楚岁时记》中是这样描述的：“去冬节一百五日，即有疾风甚雨，谓之寒食。禁火三日，造饧大麦粥……寒食挑菜。……斗鸡，镂鸡子，斗鸡子。……三月三日，四民并出江渚池

① 洪震煊：《夏小正疏义》，商务印书馆，1937年，第20—25页。

沼间。临清流。为流觞曲水之饮。”①

在上述文中，三月岁时在冬节（冬至）过后的105天，也就是在清明前二日有寒食。据隋杜公瞻注解：“今寒食准节气是仲春之末，清明是三月之初，然则禁火盖周之旧制。”② 另注解也说到，寒食是周朝的遗俗，需禁火三日以及吃大麦甜粥或醴酪、甜米粥、杏仁粥等冷食来纪念介子推。

除此，春日也有采菜、斗鸡的活动。三月三日为上巳日，是先秦的遗俗，盛于两汉，有祓除岁秽之意，隋杜公瞻引《周礼》和《礼仪志》解释上巳的除秽活动是源自女巫岁时祓除衅的习俗，官民禊饮于东流水上。到了隋朝时期，在荆楚地区则以食用由鼠曲菜汁混合蜜、粉的食品来除秽气。又《燕京岁时记》载，清明时节有戴柳的习俗，也是源于三月三日唐高宗祓禊于渭阳，赐群臣柳圈以除虿毒。

（一）三日节与修禊

因此，农历三月初三有“三日节”或“三月节”之称，也有“古清明”之谓。而且，该“三日节”或“三月节”是由旧时“上巳祓禊”转变而来，古人认为，每年三月的“上巳”日可以至郊外的野溪沐浴，借以祓除不祥。如前述所说，“三日节”或“三月节”是指古俗例，通常指在季春三月三日到郊外所进行沐浴的消灾祈福仪式，称之为“修禊”，如《周礼·春官》载“女巫岁时祓除衅俗”。

除此，农历三月初三也被称作“古清明”，所以也有祭祀先民的习俗，在《燕京岁时记》里就把三月的寒食与清明二合一，文言：“清明即寒食，又曰禁烟节。古人最重之，今人不为节，但儿童戴柳祭扫坟茔而已。世族之祭扫者，于祭品之外，以五色纸钱制成幡盖，陈于墓左。祭毕，子孙亲执于墓门之外而焚之，谓之佛

① 《荆楚岁时记》，第29—37页。

② 《荆楚岁时记》，第30页。

多，民间无用者。”[1]

早期在台湾的漳州人也有三月三祭祖的习俗，如《台湾县志》所载：“三月三日，磨米粉作粿，以祀其先，是之谓三月节。漳人有之，泉人则无是也。”据《台湾县志》的记载，旧时台湾有两个扫墓的节日，三日节是漳州人扫墓的日子，清明节是泉州人扫墓的日子。所以三月三漳州人以鼠曲粿、润饼扫墓祭祖，如《重修台湾府志》和《彰化县志》所载，“三月三日，采鼠曲草合粉为粿，荐祀之余，以相赠遗。”“三月三日，以面粉为薄饼以祀先，谓之三月节。或于是日祭墓。”

上述文中祭祖所用的鼠曲粿是将田间收集到的鼠曲草经搓揉碾压后与粿粉混合成绿色的粿皮，然后包入甜的绿豆沙或者是咸的萝卜丝，完成后蒸熟，即是旧时祭祖的供品。而在荆楚地区，则以鼠曲汁混合蜜、粉的龙舌（絆）来除秽气。

另一应景的食品就是县志上所说的“以面粉为薄饼祀先”，“以面粉为薄饼”指的就是“软饼”，也就是一种类似春卷的软饼，一般统称为润饼或年饼，其食用方式是以薄面饼包裹事先炒好放凉的各式各样的菜蔬。软饼属于凉食，也就是传统寒食节所吃的寒食，也是闽台旧时祭祖的应节食品。除了有冷食、寒食的象征外，祭祖也有着祖先福佑子孙的美好祝福与寓意。

（二）子孙贤孝与清明

清明时节大地回春，一片清明的景象，所以人们在踏青之际也不忘慎终追远，到郊外清扫祭拜祖先的坟墓。莆田当地在清明节祭祖扫坟时会特别用糯米和清明草制作清明龟，这是当地扫墓祭祖时所用的特别的果品。祭拜之前，由长辈带领晚辈清除墓地杂草，并且添上新土；祭拜结束后，要在墓龟顶端放上一叠纸钱，并用小石子压住，返家时还会拔上一把青松绿叶，意味子孙发达、开枝散叶。

福建德化在清明节家家户户上坟祭祖扫墓时，会先砍掉灌木树

---

① 《燕京岁时记》，第 57 页。

枝和周围附近的杂草，然后在墓碑前摆好供品，之后烧香、焚帛、酹酒、放鞭炮。返家时会沿途摘取一些白色和红色的杜鹃花，借此暗喻子孙男女齐全之意。

这样的清明习俗与台湾的清明扫墓略有差异，例如旧时台湾在清明这天，男女老幼除了到郊区踏青扫墓外，通常在祭祖后会席地而坐，相互宴饮，而且家家户户也会在门上插上柳枝，如《诸罗县志》是这样记载的："清明，插柳于户，前后三日多墓祭，男女老幼驾车以往，邀亲友与俱，设帐席地而饮，衔杯酬酢，薄暮乃归，妇女则就车设帷盖其上。"

除此，《彰化县志》也记载妇女在清明这天盛装上坟祭祖的情形，将其称作踏青："清明节，士女各以纸钱挂墓，备牲醴以祭先茔，谓之扫墓。妇女盛装结伴出郊上墓，谓之踏青。归折麦穗插髻，以祓不祥。"①

上述《彰化县志》中说的"以纸钱挂墓""备牲醴以祭先茔"的扫墓，在《诸罗县志》中称为"盛装结伴出郊"，亦即"踏青"或"踏青草"。除此，《彰化县志》中扫墓祭毕妇女"折麦穗插髻"在民间称为"插青"。所谓"插青"，是一种民间除灾求福的方法，有时插青用的麦穗也可以用容易取得的榕树叶取代。

另外，清明扫墓在闽台各地也分为培墓和挂纸两种方式。所谓挂纸，即以简单的鲜花素果米糕祭拜祖先，祭拜时一一将墓纸用小石头压在坟墓上，这在民间称为"镇墓纸"。

培墓则是针对家境宽裕的人家或新坟。二者的祭祀方式一样，只不过在传统习俗上，新坟需要连续培墓三年，而且需择日、备十二碗（豆干、甜豆、春干等素菜）、粿类、银帛，祭毕还需放鞭炮。旧时培墓的家属祭毕后就会将粿类的祭品分给因听到鞭炮声而来的人，这在闽台称为"挹墓粿"，也就是"赠遗"的习俗，意思是分享祖先的福泽。

① ［清］曾作霖：《彰化县志》卷九《风俗志》。

培墓礼毕后，培墓的子孙在返家前需将事先准备的烘炉升起炭火，并点上事先准备好的姓氏灯一对，返家沿途需保护好火烛，到家后，将姓氏灯分别放在神桌左右两端，烘炉火放在神桌底下。由于“炭”的闽南语与“传”同音，“灯”与“丁”同音，所以从祖坟生一盆炭火与点燃一对姓氏灯有子孙绵延、千孙万子、繁衍不绝之意，象征着祖先的恩泽与福荫代代绵延不绝。

（三）谷雨生生之气

谷雨是雨生百谷的意思，春耕时节水田里刚刚种下的秧苗需要雨水的滋润，如《老子》所说“水利万物而不争”，所以水有居下、不争、利万物的美德，因此，大地在水的滋润下，万物生生不息，欣欣向荣。

《周易·系辞》言“生生之为易”，“生生之易”就是指大自然中的生长变化，亦如周敦颐在《太极图说》里所诠释的“二气交感，化生万物，万物生生而变化无穷焉”。

因此，谷雨所象征的是生生之气，宇宙万物生生不息，这也就是自然之道所呈现的永恒，宇宙运行的原理原则都蕴含在生生之气中的变与不变。

从节气上来说，谷雨在台湾的俗谚上来说有“谷雨鸟仔做母”“鸡仔鸭仔大大细细（小小）欲做母”，意思是说，在这个时节是鸟类和家禽展现生命力的季节，也是它们生命力最旺盛的繁殖季节，能最直接表达出谷雨的生生之气。

另外，从气候上来说，谷雨时期气候是不稳定的，所以台湾俗谚有“清明谷雨寒死虎母”之说，意思是指天气忽冷忽热，变化无常。

二、进香祈福迎妈祖①

妈祖文化源于福建莆田。妈祖，原名林默，于宋建隆元年

---

① 本书“进香祈福迎妈祖”的内容参考林孟蓉国家社科基金课题《“一带一路”的视野下台湾地区妈祖文化与海上经贸关系研究》部分的阶段性成果。

（960）农历三月二十三日诞生，雍熙四年（987）农历九月九日羽化升天。妈祖以慈悲大爱、救苦救难、护国庇民的精神长存人间。

北宋元祐年间，进士廖鹏飞撰写的《圣墩祖庙重建顺济庙记》① 是一则最早关于妈祖文献的记载，文献中“枯槎显圣”的故事阐述了妈祖为莆田当地木兰溪畔大鳌屿的居民赐福保平安。

尔后，随着妈祖灵验庇民护国事迹的开展，妈祖逐渐成为海商、移民、海洋文化的守护神。她不仅是守护福建当地的女神，还是闽台与东南亚海外移民的守护神，伴随着移民漂洋过海、异地移居。南宋末年至元，中国海洋事业蓬勃发展，明初郑和七下西洋就是一个航海的壮举。明末郑成功驱逐荷兰殖民政权，收复台湾，清初施琅复台统一，这些重大历史事件的转折都离不开海神妈祖对海上运动的精神支持，所以，妈祖海上的慈悲护航与庇佑，对于明清之际的航海活动起到了正面积极的作用。

明永历十五年（1661），郑成功率军横渡台湾海峡，自福建金门料罗湾出发，攻打当时占据南台湾荷兰人所建立的荷兰东印度公司，并在台大员（台南）驻军。相传当时风向与海水都不利于船只前行和入港停靠，于是郑成功便命随行将领设坛祭告妈祖，祈求随船天上圣母灵应庇佑。祈祷未久，岸边随即潮水大涨，让海上军舰得以顺利进入台江内海，并在短期内收复热兰遮城，迫使荷兰人投降。郑成功在收复台湾后，为了感念妈祖的庇佑之恩，随即建庙供奉随船的妈祖。

相传明末清初之际，两朝政权更迭，清施琅于康熙二十一年

① ［宋］廖鹏飞：《圣墩祖庙重建顺济庙记》，镇前村五显宫董事会、重建圣墩顺济妈祖庙董事会编：《圣墩顺济庙史略》，第 14—15 页。元祐丙寅岁，墩上常有光气夜现，乡人莫知为何祥。有渔者就视，乃枯槎，置其家，翌日自还故处。当夕遍梦墩旁之民曰：“我湄洲神女，其枯槎所凭，宜馆我于墩上。”父老异之，因为立庙，号曰圣墩。

(1682) 奉命东征，东征期间，施琅水师军队集结于铜山岛等待顺风，万余水师驻扎平海，军队饮水一时成为问题。随军大将蓝理敬备香案，向妈祖祝祷祈水。随后，施琅派军在平海天后宫前挖井，神奇的是开挖未久，即有泉水涌出，泉水甘甜无比，施琅将军得知后，欣然写下《师泉井记》，立碑以志。

翌年，施琅军队在天妃宫前焚香誓师，愿天妃助战，平定风险，凯旋之日必奏圣上褒崇，以答神庥。尔后，靖海侯施琅将军收复台湾乃不忘妈祖神恩，上疏奏请皇恩崇加敕封。

施琅收复台湾后，妈祖的文化与信俗成为闽台互动的重要桥梁。由于清政府对妈祖的推崇与影响，加上两岸海商贸易频繁，所以闽台密切的互动关系加速了妈祖信俗在台的传播与影响，台湾由南而北的妈祖庙也日益兴盛了起来，例如有官庙之称的台南大天后宫、鹿港天后宫、新竹内天后宫、台北府大天后宫等。其他亦有民间自湄洲祖庙分香来台奉祀的妈祖庙，例如台湾香火鼎盛的北港朝天宫是康熙年间树壁和尚从湄洲祖庙分灵来台至云林县北港镇，尔后由漳州、泉州等渡海人民筹资建庙的。

妈祖文化借由明末清初闽台两岸的频繁互动，以及厦门、漳州、泉州大量人民的涌入，遂使妈祖信俗在台湾各地生根，所以台湾当地有“湄洲妈祖遍台湾”的说法，台湾对于妈祖虔诚信仰的热情也在俗谚“三月痟（疯）妈祖”中展现。

福建莆田是妈祖的故乡，每年农历三月二十三日是妈祖的诞辰纪念日，莆田当地俗称“林妈生”。这一天，莆仙城乡民众多会到附近的天后宫恭祝妈祖圣诞，许多民众甚至会到湄洲祖庙进香。旧时当地湄洲岛和文甲附近的居民也都会盛情接待香客食宿，当地村民认为能在一年一度的妈祖诞期间接待进香的香客是一件非常有福气的事，而且接待的香客越多，就代表越有福气、越吉利。莆田城厢区的文峰宫在妈祖诞的时候也会进行为期两天的祝寿斋醮和三献礼，为妈祖祝寿，并祈平安。

2021 年莆田文峰宫妈祖诞（林孟蓉拍摄）

2021 午莆田文峰宫妈祖诞巡游（组图，林孟蓉拍摄）

2021 年莆田文峰宫妈祖诞三献礼供品（组图，林孟蓉拍摄）

2021 年莆田文峰宫妈祖诞三献礼（组图，林孟蓉拍摄）

（一）莆田妈祖回娘家民俗活动①

莆田坂头村湄坂圣宫每年农历三月二十三日妈祖诞前后都会举行妈祖回娘家和巡安民俗活动。2021 年 5 月，笔者参加了这一场莆田坂头村妈祖回娘家民俗活动。这个活动起源于湄坂圣宫妈祖回娘家的八大侍将之一的林丽英女士的邀请，她希望笔者能够如实地记录当地村民对妈祖信俗的虔诚。

湄坂圣宫位于坂头村，相邻于当地的“大宫”，“大宫”原是指坂湖境义良社昭灵宫，而湄坂圣宫原是一座二层楼的古式建筑，现因坂头村拆建，原建筑已经拆除，目前庙宇为拆除重建的水泥建筑。每年，湄坂圣宫的巡安活动为村里的重要庙会活动，巡安活动以坂

① 本文摘录自林孟蓉：《坂头村湄坂圣宫 2021 年贤良港妈祖回娘家田野纪实》，该文于 2021 年 11 月发表于“哲学发展创新与百年中国共产党”研讨会暨福建省哲学学会 2021 年哲学年会。

湖境义良社昭灵宫的福首组织为主，计有十六位福首，分别是前林房福首八名，分为二队；后林房福首四名，一队；吴蔡合房四名，一队。

湄坂圣宫的巡安公告会于每年四月张贴，分别在大宫庙前龙边墙壁和村里，巡安公告包括：巡安的时间、路线、注意事项等。

本次湄坂圣宫妈祖分灵金身回娘家巡安民俗活动中有一支由二十多位女性成员组成的车鼓队，这是民间常见的游艺表演，其车鼓队在当地又称为“草锣鼓”或“草索鼓”，其名称的由来是旧时以草绳将鼓绑在身上边走边敲打之故。本次巡游的车鼓队为当地义工组织的女子车鼓，装扮华丽，队伍中有一位总指挥，指挥车鼓队变化队形。

2021 年 5 月莆田湄坂圣宫妈祖随行车鼓队（林孟蓉拍摄）

另外，湄坂圣宫妈祖坂湖境的巡安活动在当地有妈祖布福、祈安的作用，因此当地广大居民都热情参与。在巡安活动当天上午八点，巡安队伍和妈祖的神轿在义良社庙埕前集合，九点准时出发，沿途在事先约定的地点驻驾，并由小区负责接驾，让民众集中参拜。中午巡安队伍返回义良社庙埕用膳，下午一点半左右再度由义良社庙埕前集合启程，沿路经过里清新村和大车头新村。在巡安过程中，也有民家事先邀请妈祖前往驻驾祈福。下午四点左右，巡安队伍回到义良社庙埕，庙方的戏台上的莆仙戏以扮仙恭迎妈祖回銮，随后巡安队伍陆续解散。

以下是莆田坂头村妈祖回娘家和巡安的相关信俗。

信俗一：妈祖巡安的法器具有神圣性，所有器物贴上敕封符之后便有神圣的象征与力量。

2021 年 5 月莆田湄坂圣宫妈祖“敕封”的法器（组图，林孟蓉拍摄）

信俗二：庙方会准备两款头花，一款是白色的油菜花加上柏树叶和平安符，象征多子平安；另一款是红色的月季花加上柏树叶和平安符，象征多孙平安。每位参与巡游女性的头上皆会插上一束，取其多子多孙，平安赐福。柏树叶在莆田有吉祥的寓意，婚嫁上也会将柏树叶加上花生、红枣挂在婚伞上，意为早生贵子。

2021 年 5 月莆田湄坂圣宫妈祖巡游布福中
女性插戴象征多子多孙的头花（组图，林孟蓉拍摄）

信俗三：在当地信俗中，只要是参与神明的庆典活动，女性多着红色衣服，取其吉祥、平安。本次巡游的男性福头、福首也统一着粉红衬衫。

信俗四：妈祖轿子前的清道队伍多数为当地的老太太，她们手持天地扫，腰间挂上草鞋，这样的装扮称为“乞化”。巡游间大多禁语，主要是替妈祖开道。2021 年 5 月 2 日，笔者于田野调查间拍摄到“乞化”队伍。她们是妈祖轿子前的清道队伍，清道者腰间的草鞋让笔者想到台湾妈祖绕境或进香的驾前先锋“报马仔”的装扮，二者看似平凡，却在平凡中吐露出对世间人的劝化与警醒。

信俗五：提缘乐捐。

莆田坂头村妈祖在巡安的过程中，村民会在妈祖神轿到达前准备香案，待神轿到达时鸣放鞭炮、焚金箔、提缘乐捐。其中提缘乐捐在莆田当地称为“挂脰”，脰捐款人向庙方登记，庙方在巡安结束后以红榜公示于庙前，参与提缘乐捐的村民也会收到庙方所馈赠的糕饼、毛巾、雨伞等“结缘品”。另外，在这次的巡安过程中，特别商请妈祖神轿前往驻驾祈福的村民则会特别准备丰厚的礼金、金饰、银饰为妈祖挂脰。

信俗六：请妈祖鞋。

笔者在记录本次坂头村妈祖在巡安的过程中看到妈祖的轿子前有两个红色纱网袋，一袋是放村民随喜的小额提缘金，另一袋是放妈祖的弓鞋。根据扛轿义工阿姨的解说，弓鞋是求子专用，求子妇女可以向妈祖直接合掌禀告，方可拿取一只。笔者推测可能是因为巡安不方便掷筊，所以行方便法。

信俗七：请妈祖驻驾与结缘福食。

莆田坂头村妈祖巡安过程中，有几处是村民、小区事先向庙方登记请妈祖的神轿驻驾祈福的地方，例如早上第一次驻驾 40 分钟的小区在广场搭设临时驻驾的坛场，坛场备有香案、花果，巡安队伍中的每一位成员进到小区后都会拿到小区准备的一袋福食，袋子里面备有一瓶饮料和一个饼干，象征着平安、健康，可带回家和家

人分享平安。另外，有几处村民特别商请妈祖神轿前往驻驾祈福的地方，也同样会准备一袋袋的福食与巡安大众结缘。妈祖神轿到小区或个人家中驻驾的时候，会进行简单的祈福仪式，该仪式步骤为：十六位福首依序排开上香，福头充当司仪，诵念祈福文，念毕集香、焚箔。这时，祈福家户会将事先准备的金银饰品、银锁等为妈祖挂脰，以表感恩妈祖的驻驾赐福。

信俗八：妈祖回銮看戏。

湄坂圣宫举行妈祖分灵金身回娘家和巡游坂湖境赐福布安的两天，义良社的戏台上都演了木偶戏和莆仙大戏，演戏的戏金由村民集资，每人缘金十元，并于巡安的通知公告周知。本次莆仙大戏由莆田双喜临门剧团演出，特别是第二天妈祖在境内巡安回銮时，妈祖神轿会特别在戏台前停留看戏，而戏台上的戏班以《弄八仙》为妈祖祝寿，演出过程约十分钟，旨在为妈祖祝寿，同时也有八仙赐福的吉祥寓意。妈祖看戏后回銮驻驾，随后福头充当司仪，集合福首举行团拜，并向妈祖禀报两天的活动圆满落幕。妈祖回銮看戏的戏目是《弄八仙》。

2021 年 5 月莆田湄坂圣宫妈祖巡游布福回銮，戏台上演出《弄八仙》（林孟蓉拍摄）

台湾妈祖庙戏台上八仙向妈祖朝拜（林孟容拍摄）

笔者于 2021 年 5 月 1 日和 5 月 2 日两天实地考察湄坂圣宫妈祖巡安活动，包括第一天妈祖分灵金身回娘家和第二天坂头村坂湖巡境。2021 年 5 月，笔者首次进入该村落，活动后又于同年 7 月再访。目前，该村落大部分皆已拆除，仅保留坂湖境义良社昭灵宫建筑和三一教法兴祠（坂头村团结路 485 号），以及三座重建的庙宇：湄坂圣宫，原庙宇拆除移地重建为二层钢筋水泥建筑；义良新社，位于大宫入口处，铁皮搭建；坂头湖境泗洲文佛，同样位于大宫入口处附近。

坂头村五座庙宇目前的庙貌各不相同。坂湖境义良社昭灵宫，当地简称坂头大宫，是村落五座庙宇中最大的建筑，目前庙宇主体结构为单开一进，有庙埕、戏台，其余皆已拆除，大宫主祀神明为三位真人、齐天大圣、杨公大人，陪祀为田公元帅和蔡府大人。紧邻义良社昭灵宫旁边的是重建的湄坂圣宫，主祀天上圣母，无陪祀。另位于义良社昭灵宫入口前的三座庙宇分别是：三一教法兴祠，单开一进，主祀三一教主，陪祀玄天上帝和地方神明；义良新社，主要由吴蔡合房负责，铁皮搭建，单开一进，主祀法主仙妃，陪祀尊主明王、陈氏真人；坂湖境泗洲文佛，二楼三开一进，主祀泗洲文佛，无陪祀。

本次从庙宇门口所张贴的戏单、红榜缘金的相关公告可以得知，该村落的庙会活动以坂湖境义良社昭灵宫为中心，寺庙活动结构为宗亲的亲族关系分房、分队承办寺庙庆典的相关民俗活动。从坂头村的寺庙分布和信俗概况可以知道，坂头村的民间信俗非常的多元，重叠而不冲突。组织相关的信俗活动维持父系社会模式，以男性为活动组织核心，而且组织关系可以父传子。除此，坂头村的寺庙组织也是一种村落宗亲与寺庙的组织关系，具有联动性，因此，大宫作为坂头村落的民俗中心，具有凝聚村民的作用，透过村民宗亲的联动组织关系展现对村落民俗中心的宗亲力量。

除此，透过坂头村民俗概况反思莆田坂头村妈祖娘家信俗田野可以发现以下特点。首先，莆田坂头村妈祖回娘家与巡安民俗活动择日依循古例，透过占卦请妈祖授赐选定。其次，莆田坂头村妈祖巡境赐福的民间组织传统与当地的义良社大宫的组织相同，该组织为当地宗族系统，以姓氏区分为前林房、后林房、吴蔡合房等，巡安活动由当地家族共同承办，每个区域摊派四位福首作为该巡境活动的组织核心，以四位福首为一队，其中，前林房的家族人数较多，分为二队八人，其他后林房和吴蔡合房各一队，每队再细分组织相关家族成员，并分工负责相对应的巡境事务。巡境当天由庙方敦派当地耆老为福头，同时兼任司仪，在巡境过程中负责领队以及妈祖驻驾时集合福首参拜和祈愿文的念诵。

再者，关于坂头村湄坂圣宫妈祖的巡境经费主要为全村共同参与集资，庙方以公告周知的方式明确活动费用，并以红榜记名的方式公告，对于参与活动捐献的村民来说，这种全村募款集资与公告也是一种个人财力的显现，所以多数的村民都乐于参与。

最后，从两性参与宗教活动的社会性来看，本次妈祖回娘家和巡境组织以男性为主，巡境的队伍则以女性的参与度较高。巡境队的队伍中，除了少数的头旗、神将、仪仗队、大牌、宫灯、福首、凉伞等队伍成员是男性外，其他清一色皆由女性担任，尤为特别的是妈祖的神轿是由 20 名女性全程轮流抬轿的。

福守团拜（林孟蓉于 2021 年 5 月 1 日田野拍摄）

鸣炮出发（林孟蓉于
2021年5月2日田野拍摄）

妈祖驻驾祈福（林孟蓉于
2021年5月2日田野拍摄）

（二）台湾迎妈祖民俗活动

2020年台北迎妈祖（林孟蓉拍摄）

“三月痟（疯）妈祖”是一句形容台湾三月各地举办妈祖庙会的热闹景象的俗语。这种传统的妈祖节庆在近年因为相关单位的重视、网络科技信息的带动、年轻朋友的参与等因素，使得传统迎妈祖的活动变成全民文化活动，以下是台湾各地盛大举办的迎妈祖活动。

1. 台北城金面妈祖回娘家文化祭[①]

台北府天后宫是刘铭传治理台湾时期的官庙，也是当时台北规模最大的妈祖庙。日本侵占台湾时期，台北府天后宫被殖民政府正式接收；1911 年寺庙被拆除，台北府天后宫主神金面妈祖以及陪祀被弃置在台北厅役所储藏室，落入“有神无庙”的窘境；后来为三芝居民供奉在智成忠义堂，后建立福成宫，庇佑当地乡民。

2004 年，台北市首次举办“清代官祀台北府天后宫金面妈祖圣像回台北城”活动，台北各地，包括新北、基隆、宜兰、桃园、新竹、苗栗等县市共同参与活动。而自 2010 年起，该活动改为“北台湾妈祖文化节”，相关妈祖活动成为北台湾一年一度重要的妈祖文化节，且延续至今。

2. 北海岸慈护宫妈祖文化祭

慈护宫金面二妈是嘉庆年间当地渔民在金山野柳海岸边发现的漂流妈祖，因当时渔民将漂流妈奉祀于海蚀洞中，所以当地称海蚀洞为“妈祖洞”。后来渔民将海蚀洞中的妈祖迎至金包里慈护宫供奉同祀香火，称为“野柳二妈”或“金面二妈”。每年农历四月十六日，金包里慈护宫会举行迎金面二妈回娘家活动，渔民在海岸退潮后，迎请金面二妈重返海蚀洞也成为新北市特殊的妈祖文化季。

3. 苗栗拱天宫百年徒步的北港进香

每年白沙屯“大妈”北港进香堪称独步，不仅进香距离最远，而且进行路径也最不固定。白沙屯“大妈”北港进香最大特点是徒步前行的过程中需完全依照妈祖的“神意”而行，没有固定的路线，有时妈祖的神轿会穿梭在车水马龙的街道中，有时也漫步在乡间小径，所以进香的步履随着神轿的旨意前进或驻足停留。

4. 台中大甲妈祖新港奉天宫进香活动

每年台中大甲镇澜宫妈祖进香活动已经逐渐成为台湾人民的重

---

① 此部分参考林孟蓉：《略述“北台湾妈祖文化节”》，《中华妈祖》2021 年第 6 期。

要活动，随着媒体的传播，每年参与人数皆有数十万人，现将大甲妈祖进香仪式略述于下。

祈安典礼。进香启程前一日下午吉时，大甲镇澜宫会迎出正炉妈、副炉妈、千年祭湄洲妈三尊神像，千里眼、顺风耳、代天巡狩令、令旗、五营旗、净炉、香炉等供奉在大甲镇澜宫大殿的中桌上，接着向妈祖报告今年进香起驾的时辰、参与人员、准备事项、沿途行程等仪式，祈求妈祖在进香过程中，庇佑随驾进香人员、沿途信众平安。

上轿典礼。祈安典礼结束后报告妈祖登轿，依序为正炉妈、副炉妈、千年祭湄洲妈三尊神像，武身千里眼、顺风耳、大印、代天巡狩令、令旗、五营旗、香炉、檀香炉、进香旗等。

起轿拜庙。大甲妈祖进香出发当天，下午三四点开始，参与进香或送驾队伍陆续抵达庙内拜庙，晚间六点后，进香团队开始入庙祭拜与表演。先由队伍开始，后由头香、贰香、参香、赞香开始举行起驾仪式，之后再由各进香队伍向妈祖朝拜出发。

起轿。进香出发前由号角队的吹奏声揭开序幕，并由董事长在妈祖大轿前上香、礼拜，恭请妈祖起驾进香，然后鸣起马炮三响。

沿途接驾。大甲镇澜宫妈祖进香所经过的沿途各庄各村都会来迎接大甲妈祖，小型的接驾仪式是在自家门口摆上香案，中型的接驾仪式则是在村庄口欢迎，大型的接驾仪式会全乡动员。

新港接驾。新港接驾是进香活动中最大型的接驾活动，主要是因为大甲妈祖进香队伍经过云林县元长乡，越过仑仔桥进入嘉义县新港乡，这代表大甲妈祖的进香队伍正式进入嘉义县新港乡。因此，新港各界会在仑仔桥头举办欢迎仪式，而大甲妈祖进香队伍也会在新港市区进行踩街活动。

驻驾典礼。大甲妈祖进香队伍在新港踩街后，大甲妈祖神像接着便会迎进新港奉天宫正殿举行安座典礼，所有大甲镇澜宫执事人员接着向妈祖禀报随驾进香的过程和信徒都一路平安。

安营。大甲妈祖神像进入新港奉天宫安座后，妈祖大轿内尚有

大印、代天巡狩令、令旗、五营旗、净炉、香炉等法器，这些法器不随大甲妈祖进庙，而是安置在庙外，并进行犒军仪式，等候大甲妈祖再度起驾回銮。因此，民间信俗中将妈祖随身兵将在外护驾、驻扎过程称为“安营”。

祈福典礼。大甲妈祖抵达新港奉天宫后会在进香翌日为所有参加大甲镇澜宫点灯、拜斗的信徒举行诵经消灾祈福仪式，除了诵念《北斗真经》外，还会献读疏文，疏文内容为镇澜宫点灯、拜斗的信徒名册。

祝寿典礼。新港奉天宫祝寿典礼是大甲妈祖进香活动的核心，其程序为：典礼开始鸣礼炮、三通鼓、与祭者就位、陪祭者就位、主祭者就位、上香、献花、献果、献茗、献帛、三叩首、诵经、礼成、鸣炮、鸣钟鼓。

回驾典礼。大甲妈祖进香祝寿典礼结束后，接着会在选定的良辰依序请大甲妈祖登轿，随后由头旗、头灯、三仙旗率先参拜，同时率领所有进香团队向回程的路上出发，而所有参加进香的团体也在依序参拜后踏上归程。

献香典礼。献香仪式，俗称接香、插香、抢香，大甲妈祖进香回銮封轿前依序让头香、贰香、参香、赞香等团体于大轿前献香，晋谒妈祖。通常头香主事者可以亲手将三炷线香插在大轿的香炉，因此，能于封轿之前亲自为妈祖献香又称作“抢香”，其目的是借此获得大甲妈祖最大的庇佑。

安座典礼。大甲妈祖回銮后，按照既定的时间进庙，并依序将大轿内所迎请的正炉妈、副炉妈、千年祭湄洲妈、千里眼、顺风耳、代天巡狩令、令旗、五营旗、净炉、香炉等法器迎回大甲镇澜宫正殿神龛内，完成进香仪式中的最后一个程序。随后由大甲镇澜宫董监事向妈祖报告进香已毕，叩谢妈祖及众神保佑，并祈求妈祖继续保佑风调雨顺、国泰民安。

落马。落马和起马的意义一样，目的是向大甲妈祖和家中神明禀报自己已经平安进香归来，感谢家中神明和大甲妈祖兵将的保护。

（三）山珍海味之食禄之福

大甲妈祖进香的大轿内通常备有祭拜过妈祖的茶水和盐巴，这两样物品通常也是信徒求取的祈福物品。换盐和求敬茶的最佳时机是大甲妈祖暂歇驻驾于各宫庙的时候，信徒可向大甲妈祖掷筊，求“敬茶”或“换盐”，掷出圣筊后便可以和神轿班的人员换取神轿里的盐或供过妈祖的茶水。求得的福茶或福盐象征妈祖赐福的福食，民众都可以带回家。简单的盐取其山珍海味之意，因此，进香途中“换盐”的信众络绎不绝。

（四）报马仔知足常乐之福[①]

台湾每年农历三月迎妈祖的时候，队伍中总有一个孤影先于队伍，离群独行，这位独孤行者就是报马仔。报马仔在妈祖绕境过程中扮演探路的角色，专职于探路和报知前方庙宇妈祖进香队伍即将前来。

在妈祖绕境途中，如遇所谓的阴煞之地，报马仔会敲锣三下，告知回避；如果走到妈祖准备驻驾的庙宇前，报马仔便会横举纸伞三拜，然后回到大轿前向妈祖报告前面路况平顺，已经接近驻驾庙宇。

报马仔一脚穿草鞋，一脚赤足。赤足，是指世间的路崎岖，所以赤足象征我们做事要脚踏实地；一脚穿着草鞋，是要我们在筚路蓝缕的人间道上真诚地牺牲奉献。另外，报马仔脚上有疮疤、膏药，身上的裤管一长一短，也是在暗喻我们为人需厚道，不说人长短，不揭人疮疤，同时也隐喻人生难免不全，要知足惜福；身上反穿羊袄，则有着“如人饮水，冷暖自知”的暗喻。

报马仔肩上扛的长纸伞取其谐音“常善”，有“正直常善”的寓意。长伞系上葫芦则有“福禄长在”之意，长伞前的锣用闽南语发音为“劳”，意指处事需认真踏实，需劳心劳力。

① 此部分摘录自林孟蓉：《台湾妈祖文化中“报马仔”的象征与意义》，《中华妈祖》2022 年第 1 期。

另外，有些报马仔还会在长伞后面系上猪脚或锡壶，取其“知足”“惜福”之意；另外，系猪脚的红线也有姻缘线之称，锡壶中的酒也有长寿酒的含意。

巡境间，民众可以向报马仔换酒和求红线，福禄长寿酒在其肩挑的茶壶里，信徒可以拿自己准备的米酒和报马仔交换，取其平安。求红线中的红线原来是绑猪脚韭菜的红线，相传，多年前有一妇人向报马仔要东西，报马仔随手将绑猪脚的红线拆下来给她，该妇女便将此红线系在她儿子身上，后来其子顺利觅得良缘完成婚姻大事，消息就此传开成为佳话，尔后，这条红线成为适婚男女的姻缘线。

另外，报马仔腰间的烟杆、烟袋为口中含烟的意象，意指为人处世常怀感恩。报马仔戴着没有镜片的眼镜，有“看破世间”的寓意；嘴上的八字燕尾须代表“不虚言”，指信守承诺，言而有信；头上戴的红缨笠帽则代表为人“顶天立地”，安分守己，尽本分。

报马仔作为迎妈祖队伍驾前的先锋，除了在巡境过程中扮演扫路、探路、向巡境庙宇先行禀报的诸多角色外，还能借由其身上装扮透露出闽台大众对生命最朴实的价值观。

（五）祈福压轿金

大甲妈祖在每次的停驾接受信徒参拜的时候，因为神轿不能直接停在地上，所以庙方会准备两张木长凳，凳子上绑上厚厚的寿金，由于妈祖的神轿是直接停放在凳子的寿金上，因此便有了所谓的压轿金。大甲妈祖的信徒相信这样的压轿金是受到妈祖的加持，如同平安符，有收惊、化煞、保平安的功能。

（六）妈祖神佑·棱轿咔（底）

“棱轿咔（底）”是指大甲妈进香时信众匍匐在地让大甲妈祖的大轿从信徒身上经过，信徒们相信以此能得到大甲妈祖的加持与庇佑。因此，大甲镇澜宫在妈祖进香过程中，经常可以看到信徒排队伏跪在地上等待妈祖的神轿。

（七）财源广进·妈祖神将上的手钱、篙钱

神将手中所握的手钱（林孟蓉拍摄）

手钱是指神将手中所握的金帛或符纸；篙钱则是以古纸做成的纸钱，黄色长条锯齿状，通常系挂在神将、家将的后脑勺，很像头发。传说神将手中所握的手钱和头上所系的篙钱具有招财、收惊、制煞的功能，这是因为妈祖巡安时，随行的法器、法物、护法神将的器物都具有神圣性，所以，当地居民认为若能取得神将手中所握的手钱，则有招财的作用；若能取得神将头上所系的篙钱，则有收惊、制煞、除秽的功能。因为民众认为，妈祖护法神将的法物同样具有祈福的作用。

三、注生娘娘与百子千孙之福

在民间，农历三月二十日是注生娘娘圣诞。注生娘娘又被称作注生娘妈或注生妈，是妇女产育之神，能保佑孕妇、产妇以及幼儿成长，在民间有广大信众。

注生娘娘是闽南、台湾一带颇受尊敬的生育女神，是许多不孕妇女或怀孕妇女的信仰寄托。据《封神榜》的记载，注生娘娘是云霄、碧霄、琼霄三位龟灵圣母徒弟的合称，原先三位仙姑以产盆练成“混元金斗”的法术报义兄赵公明被杀之仇，后来不幸阵亡。玉

帝敕封她们为注生娘娘，主管人间妇女怀孕生产之事。

注生娘娘的造像大多是左手执簿本，右手持笔，象征其记录家家户户子嗣之事。注生娘娘的陪祀婆姐又称为“婆者”“婆姐”“婆祖”“鸟母”“延女”。

闽台对婆姐的身份说法不一。婆姐在台湾被称为“十二婆姐”，而在福州、莆田，则被称为“三十六婆姐”。闽台婆姐都是以妇女育婴的造型出现，在台湾，婆姐多为抱着婴幼儿的造型。

除此，有的注生娘娘的陪祀尚有花公、花婆、送花童子，象征保护红、白花子嗣的元神。据说，所有来到世间的人都是从天上的生命花园来到人间，所以花公、花婆、送花童子分别在生命花园中司掌挑花、分花、种花、顾花、安花、养花、育花等事宜，白花为男孩，红花为女孩。所以在民间信俗中，认为每个女人的本命花要开几朵都在冥冥之中注定了，所以生儿育女之数也全凭个人的福德因缘所决定。

（一）三月二十祈子觅良缘

旧时有“三月二十人看人”的俗谚，这是指妇女在农历三月二十日注生娘娘诞辰时穿着盛装朝拜的景象。台北著名的龙山寺后殿，每年农历三月二十就会有已婚妇女准备牲醴前往祭拜，祈求平安；未婚女性则准备胭脂水粉（化妆品）敬拜注生娘娘，并向注生娘娘祈求早日觅得良缘。未婚女性在使用祭毕后的胭脂水粉后，据说可以增加好人缘、异性缘。

相传久婚不孕者也可以向注生娘娘求花赐子，妇女在神前卜杯掷筊，若获得允杯，即可取注生娘娘神前的花插在发髻上。除此，久婚不孕者也可求向注生娘娘卜杯请求赐花或换花，换花这种民间习俗被称作“栽花换斗”或“移花换斗”。

（二）注生娘鞋·祈福护子保平安

注生娘娘的小鞋旧称为注生娘鞋，是供于神前的布制小鞋。旧时闽台医药不发达，家中若有幼童生病就医无效，那么家中妇女便会携病中幼童前去祭拜注生娘娘，卜杯向注生娘娘求取神案上的注

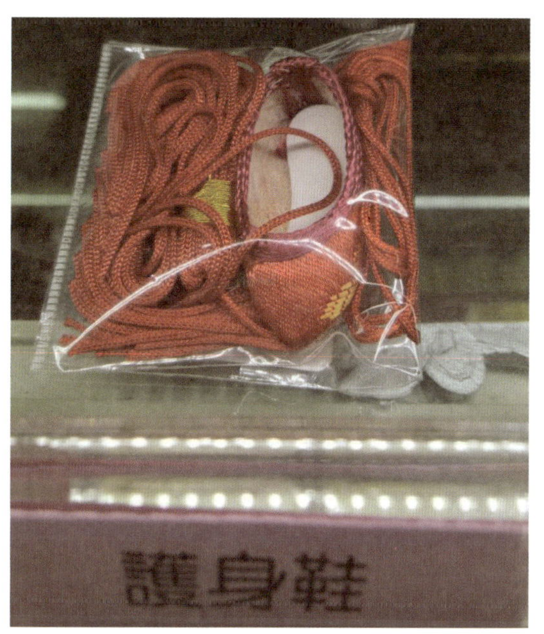

台湾龙山寺注生娘娘护身鞋（林孟蓉拍摄）

生娘鞋，并以红线挂在幼童身上，借以祈福、消灾避邪、保平安。

另外，注生娘娘护子祈福的吉祥物还有贯桊。此吉祥物是用红绒线串上平安锁或一文铜钱制成的，在神前的香炉上过香火后，可佩戴在幼童身上，有祓除病魔的作用。

按照民间的古例，凡是向注生娘娘祈求的注生娘鞋或贯桊，需在翌年以倍数奉还，借以答谢神恩庇佑。此外，若幼童平安成长至十六岁则代表成年，妇女则要特别准备红龟粿前去祭拜，答谢神恩，并禀报注生娘娘，感谢神明护子得以长大成人。

（三）麻油香、摆奶与喜碟

民间妇女每逢得子，在婴儿出生三日后，都会以麻油鸡、油饭、红蛋、香烛和金纸等供品前去祭拜注生娘娘，并且将祭祀的鸡脚放直，借以表示婴儿“脚骨长、有食福”。

在马祖地区视临水夫人为注生娘娘，“摆奶”是当地居民对临水夫人的昵称，马祖话“摆”是摆设供品，“奶”是母亲，“摆奶”

是指当地信徒在神龛前摆上婴儿鞋和插上红花或白花的熟鸡蛋，将此作为祈福求子的吉祥物。不过比较特别的是，马祖福澳村的习俗是鸡蛋花必须由男性持送，以此象征求子；马祖西莒的鸡蛋花则必须由好命的女性持送。马祖地区的“摆奶”也称为“喜碟”，是当地妇女向神明求子祈福所衍生出的信俗文化。而且在马祖地区的家中若有出生的婴幼儿，通常会在卧室的墙壁内安置供奉“房里奶”（临水夫人）的香位，直到小孩16岁成年。这在当地称作“供房里奶”，其目的是借此祈求神明护佑孩子平安成长。

“春有百花秋有月，夏有凉风冬有雪。”浓浓春意是“福在人间”的最佳写照。《福在人间春之卷》中的祈福与福俗可以说是相当丰富且多元。在这个春意盎然的时节，每一个人都有自己心中所期盼的，每个人都可以根据自己心中所求，进行相关的祈福活动。

福在眼前 夏之卷

所谓“福在眼前”是指一种美好的祝福，表示“福”就在当下。所以，“福在眼前”有把握当下、珍惜当下的正面意义，同时“福在眼前”在传统意义上也表达了好运、福气、财气、吉祥、如意富贵、子孙满堂、吉庆有余、长命富贵等意。所以，《福在眼前夏之卷》在这美好的积极意义下分别叙述了孟夏四月、仲夏五月、季夏六月这三个月份的岁时福俗。在孟夏有立夏和小满两个节气，立夏是指夏天的开始，小满是指雨水充盈，所有的农作物渐渐地开始丰满起来，等待丰收。从岁时年俗上来说，人间四月有行善积德之福的浴佛活动，倡导人积极向善，累积福报，广施善行，亦如“勿以恶小而为之，勿以善小而不为”的价值德行。

仲夏五月也称之为“蒲月”，这个月份有芒种和夏至两个节气。芒种是指有芒之种谷逐渐成熟了，接续而来的是炎热的夏季，旧时夏至日有大祀方泽的祭地活动，闽南地区在这个时候有五月迎城隍之谓，台北、台中、台南的城隍庙多分香、分灵于福建各地，因此，闽南城隍文化鼎盛且传播力强，民间借由城隍的各项活动有禳灾祈福求平安的作用。从岁时民俗上来说，五月也称作“恶月”，所以蒲月（蒲节）的民间祈福的习俗就更加浓厚。所以，端午驱毒避邪也算是一种祈福、招福、迎福的民间习俗，这些沿袭传统旧俗古例的活动有划龙舟的水祭、黍秫为粽、束五色彩丝、系长命缕、沐兰浴等。

荔月，是立秋前最炎热的天气，暑气全开。不过在民间，六月也有“清凉月”之称。六月有观音成道日，民间称观音菩萨为“观音佛祖”或“观音妈”，因此，“家家弥陀，户户观音”成为民间平安吉祥的福佑象征。在台北、台中、台南著名的观音道场龙山寺也都是分香自福建地区。从岁时民俗上来说，六月在闽台也是感恩的月令，经过了春、夏两个季节的洗礼后，闽南地区的人们为了感恩农作物丰收、生活平安，用圆仔来表达对天、地、人的谢意，也象征丰收、圆满、团圆的美意。所以，在这一小节里诠释了闽南半年节开天补运与天赦祈福的岁时民俗。

本章主要是以把握当下的幸福与美好为前提，文中撰述内容主要是四月到六月的民间岁时祈福活动与岁俗。例如农历四月的民间洗佛、祈福活动是从存好心、说好话、做好事的行善积德培福的角度出发，借此体现人间的福德与福报。另重五端阳则借由民间蒲节的避邪祈安来体现迎福、招福，最后，本章在荔月的观音巡礼和半年节的感恩祈福中体现圆满吉祥的平安生活。

第一节　四月岁时与福俗

> 孟夏梅月
> 立夏东风熟稻禾，时逢初八果成多。
> 雷鸣甲子庚辰日，定主蝗虫损稻禾。

“四月。昂则见。初昏南门正。鸣札。囿有见杏。鸣蜮。王萯莠。取荼。莠幽。越有大旱。记时尔。执陟攻驹。”[1]

昴星在四月的夜空闪烁，杏花开了，蝉和食苗叶的虫子也开始

[1] 《夏小正疏义》，第25—29页。

鸣叫。王瓜、狗尾草、苦菜都藤叶蔓生，枝叶茂密。天气不稳定的四月也有大旱天，马儿也加入了人间四月大。

一、立夏·小满

四月又称为梅月，有立夏和小满两个节气。立夏是说夏天的脚步已经静悄悄地来了，暗夜里的青蛙开始低声鸣唱，就算是躲在地里的蝼蛄也不甘示弱地相和鸣叫，而蛰伏在地里的蚯蚓也开始蠢蠢欲动，传说中的王瓜开始漫天攀爬，一片生机盎然。这些是立夏三候“蝼蝈鸣”“蚯蚓出”“王瓜生”的景色。《荆楚岁时记》指出，立夏也是布谷鸟到来的季节，在田野间“布谷”“布谷”的啼叫，农人们听到布谷鸟的啼叫就知道要背起锄头到田里耕种。

宋代《东京梦华录》形容这个时节气序清和，可以看到花间里鸟儿细鸣，桃子、李子、金杏都成熟了，街市上开始卖煮酒，同时可品尝青杏、樱桃。行文中说：“迤逦时光昼永，气序清和。榴花院落，时闻求友之莺；细柳亭轩，乍见引雏之燕。在京七十二户诸正店，初卖煮酒，市井一新。唯州南清风楼，最宜夏饮，初尝青杏，乍荐樱桃，时得佳宾，觥酧交作。是月茄瓠初出上市，东华门争先供进，一对可直三五十千者。时果则御桃、李子、金杏、林檎之类”①。又《帝京岁时纪胜》② 指出，立夏有煎糖面馈赠和宜夏这样的习俗，闽南人则有立夏吃苋菜面的习俗。

初夏时分，所有的植物都开始酝酿如何长大、如何变得更加丰硕盈满。田里的水稻开始摇曳生姿，大地上的野菜、苦菜、药草也已经茂密到可以随处采集，唯独荠菜，因耐不了初夏的火气先枯萎

---

① ［宋］孟元老撰，伊永文笺注：《东京梦华录笺注》下，中华书局，2012年，第749页。

② 《帝京岁时纪胜》，第18页。“立夏日取平日曝晾之米粉春芽，并用糖面煎作各式果叠，往来馈遗。仍将清明柳穿之点，煎作小儿食之，谓曰宜夏。”

了。不过，初夏硕壮的麦子确已饱满，开始等待丰收。这是“苦菜莠”“靡草死”“麦秋至”小满三候所描绘的初夏风景。台湾在小满这个时节中，成熟的瓜果有胡瓜、越瓜、茄子、菜豆、白豆、大豆、蕹菜、蕹菜。

二、行善积德浴佛之福

福建是一个充满佛教名刹的福地，唐宋之际福建有佛刹多座，例如闽南沿海由南至北的厦门南普陀寺，泉州开元寺、承天寺、崇福寺，福州鼓山涌泉寺等。

厦门南普陀寺是一座位于福建厦门五老峰下的观音道场，始建于唐代，初为泗洲寺，后毁于兵乱，清康熙年间重建。因背山面海、风景优美，又位于浙江省普陀山之南，所以更名为“南普陀”。

泉州开元寺位于泉州市鲤城区，建于武后垂拱二年（686），初名莲华寺，后改名为兴教寺、龙兴寺，开元二十六年（738）奉敕改称开元寺。五代至宋创支院百余所，元代赐名“大开元万岁禅院”，至正年间遭“祝融”，明洪武、永乐年间渐次重建。明末，郑芝龙曾重修大雄宝殿、拜圣亭、山门外紫云屏殿等。

泉州承天寺，位于泉州市中心承天巷对面南俊巷东侧，建于南唐保大末年，初名月台寺，后为南禅寺，北宋景德四年（1007）赐名承天寺，寺庙规模仅次于开元寺，为泉州三大古刹之一，现存之大殿，为清末所重建。台湾著名广钦老和尚幼时即皈依福建泉州名刹承天寺，民国初年到台湾弘法，后在台湾新北土城清源山创建承天禅寺，作为追念师德而立。目前，台湾承天禅寺也是北台湾近郊著名佛教圣地。

此外，位于福建的福州崇福寺建于北宋太平兴国二年（977），原名崇福院，明末清初重建，康熙始具规模，尔后逐渐发展成佛刹禅林。另外，位于福州鼓山白云峰麓的鼓山涌泉寺也是起建于唐建中年间，据传，山上潭中有毒龙，唐建中四年（783）灵峤禅师诵华严经逐之，尔后建寺称华。唐末会昌法难中荒废，后梁开平二年（908），闽王王审知重兴，恢复旧寺基，称涌泉寺，后由禅宗法眼宗雪峰义存法嗣神晏禅师主持，扩建殿寮，遂成丛林。宋真宗赐额“涌泉禅院”，明永乐五年（1407）改称为涌泉寺。因此，福建可以说是一个充满福报的佛教圣地，其传统的佛教活动也颇为丰富。

以浴佛为例，福建的多数佛刹都会在四月初八佛诞日举行浴佛法会，例如厦门的南普陀寺，每年佛诞，由方丈主持祈护世界和平、国泰民安、风调雨顺的浴佛法会。其他如福建崇福寺、广化寺等也都会举办浴佛暨传灯祈福法会。

佛教浴佛又名灌佛，是用净水洗浴佛像的一种仪式，民间称之为洗佛。传说，佛祖降生于无忧树下时，有二龙王吐水，洗浴圣身，所以后世便有了为纪念佛诞而洗浴佛像的仪式。浴佛节的日期则因区域不同而略有差异：根据东南亚上座部的说法，四月十五日为佛诞辰日、成道日、涅槃日；在中国，据《大宋僧史略》对浴佛的记载，“今东京以腊月八日浴佛言佛生日者。”宋代《东京梦华录》云：“四月八日佛生日，十大禅院各有浴佛斋会，煎香药糖水相遗，名曰浴佛水。”①

所以根据文献，在中国历史上的浴佛日有二月八日、四月八日、腊月八日等三个时节，不过后来南方大多以四月八日为浴佛节，北方则以腊月八日为浴佛节。如《岁时杂记》的记载，“今但南方皆用此日（四月八日），北人专用腊月八日。”不过，宋之后便通用四月八日是佛陀出生、求道、得道、涅槃日。

另外根据《佛说灌洗佛形像经》记载，佛诞生时，随地行七步，举右手而言“天上天下，唯吾独尊，当为天人作无上师”。诸天王持香汤名花而灌太子身，于是浴佛之像便为右手指天、左手指地的太子像，常在露天盛于盘内洗浴。传统中国佛教浴佛仪轨，则

① 《东京梦华录笺注》下，第749页。

可参考相关的“灌沐尊仪”。

另据宋代禅宗的《敕修百丈清规》对浴佛的记载：“至日（四月八日）库司严设花亭，中置佛降生像，于香汤盆内，安二小杓。佛前。敷陈供养毕，住持上堂祝香云。下座。领众同到殿上，向佛排立定。住持上香三拜……住持跪炉。维那白佛云：‘一月在天，影涵众水。一佛出世，各坐一华。白毫舍而三界明，甘露洒而四生润……’宣疏完毕，一面唱浴佛偈，一面让僧众浴佛，最后回向菩提。”①

最后，据佛教《浴佛功德经》的记载，浴佛有十五种功德，分别是：常有惭愧、发净信心、其心质直、亲近善友、入无漏慧、常见诸佛、恒持正法、能如说行、随意当生净佛国土、若生人中大姓尊贵人所敬奉生欢喜心、生在人中自然念佛、诸魔军众不能损恼、能于末世护持正法、十方诸佛之所加护、速得成就五分法身。

（一）民间洗佛

洗佛或洗佛节是民间对于传统佛教浴节的俗称，是一种以水灌沐释迦牟尼佛的佛教仪式，这种灌沐仪式在中国魏晋之际就已经存在，例如《荆楚岁时记》就有记载荆楚人以四月八日为弥勒下生诞，作龙华法会，文言：“四月八日，诸寺设斋，以五色香水浴佛，共作龙华会。”②

《帝京岁时纪胜》称四月八日的浴佛会为“结缘”，当日，禁止屠宰、寺院施茶水，有供僧、讲经、超度等活动，行文中详述：“四月八日为浴佛会。街衢寺院搭苫棚座，施茶水盐豆，以黄布帛为悬旌，书曰普结良缘。禁屠割。都人多于悯忠寺游玩，施斋饭僧，讲经于讲堂，听讲者甚伙。又为赴龙华大会。考悯忠寺建于唐贞观十九年。太宗悯东征士卒战亡，收其遗骸，葬幽州城西，建悯

① ［元］德辉重编：《敕修百丈清规》，《大正藏》第48册，第1115页C栏。

② 《荆楚岁时记》，第39页。

忠寺。中有高阁。谚云：‘悯中高阁，去天一握。’是也。有圣祖御书扁四：曰大雄宝殿，曰觉路津梁，曰不二法门，曰藏经阁。雍正十二年改民法缘寺。”①

传统佛教灌沐如来的仪式随着中国佛教的传播也影响了福建，所以福建当地在四月八日也有相关的浴佛活动。例如《漳州府志》所记载：“四月八日，浴佛。寺刹作荣华会。先期沿门唱梵曲索布施，谓之洗佛。”相关的《竹枝词》也有记载：“龙华浴佛久相沿，和尚游街藉乞钱。毕竟俗根仍未离，也须一洗脱尘缘。”意思是说四月八日当地除了浴佛外，也有僧人沿街化缘，如《厦门市志（民国）》所记载的“四月初八日，为浴佛会，僧尼先期舁佛沿门募化”。

除此，福建莆田市四大丛林之一的广化寺②在旧时也有相关浴佛活动的记载，如《莆田市志》对于广化寺佛诞日的浴佛活动就曾说道：“四月初八日，相传为释迦牟尼佛生日。境内广化寺等名刹在此日举行庆赞道场、新僧行受戒礼活动。新僧跪在佛前，以火炙额，虽痛感切肤，涕泪交流，但仍口诵佛号不止。当日，各寺以甘草煎汤，以净布蘸汤拭佛像，称为浴佛。浴完，将汤分送儿童饮，名为消灾汤。”从上述文献可以知道，莆田广化寺的浴佛活动包含了庆赞道场、浴佛、僧人受戒及赠消灾汤结缘等活动。

另外，隐藏在莆田市区的一处佛刹宝树庵是当地一座颇有历史

① 《帝京岁时纪胜》，第18页。

② 佛光山编辑委员会编：《佛光大辞典》，佛光山出版社，1989年，第5989页。广化寺位于福建莆田之凤凰山，又称南山广化寺。始建于南朝陈永定二年（558），初名金仙院。隋开皇九年（589）扩建为金仙寺。唐景云二年（711）因僧志彦奉召进宫讲《四分律》，赐名灵岩寺，并由柳公权书匾。北宋太平兴国初年，更名为广化寺，该寺在宋明两朝时为最盛。现存建筑为清光绪年间依旧制所重建，规模宏伟，有大雄宝殿、天王殿、法堂、藏经楼、钟楼、鼓楼、禅房、方丈室、客房、斋堂等。大雄宝殿高约2.7米。殿前有石经幢两座，高约3米，八角七层，上刻《佛顶尊胜陀罗尼经咒》。

莆田城厢区宝树庵（宝树庵提供）

的传统佛教道场，庵中有一棵近600年的老龙眼树以及两口水井。据住持师父描述，在还没有自来水的年代，庵中的两口井水是免费布施给附近村民饮用的。[①] 目前宝树庵常住法会活动为正月礼千佛，初一、十五共修念佛，雨季结夏安居，六月考季则为考生举行祈福诵经回向，祝福考生考试顺利。每年四月八日佛诞日的上午，宝树庵也会举行浴佛法会，相关活动包括祈福点灯、香花供佛、香汤浴佛、信众斋食等。2019年，笔者初到莆田不久，即有因缘亲临记录当地宝树庵当地的浴佛活动。

除此之外，台湾早期各地也有相关民间洗佛祈福活动的记载，例如《台湾府志》："四月八日，僧童舁佛，奏鼓作歌，沿门索施，谓之洗佛。"又如《凤山县志》记载："四月八日，僧童舁佛作歌，沿门索施，谓之洗佛。妇女多诣僧寺拜佛。"

日本侵占台湾时期的洗佛节则由日籍的僧侣主持，台湾光复

---

① 莆田市民族与宗教事务局编：《莆田佛教寺院概览》，2019年，第321页。宝树庵，坐落于兴安社区安福村。明崇祯元年（1628），御史林铭几舍建，清初彭鹏撰对联："春来万树尽飞花，问宝树主人，此日散花多少；寺对群山皆碧草，叹无山居士，随缘小草着忙。"宝树，指庵内有一株形态奇特的老龙眼树。直径约1米、高约10米，在离地1米多的主干上，分出16股粗壮的树杈，活像佛祖的莲花宝座。树龄，当自明崇祯起，大年时，可摘十五六担龙眼。龙眼南侧，有口古井，井水甘美，雨不溢、旱不枯，井中曾有红鲤与黑鲤。清末监察御史归乡江春霖，撰《修复宝树庵记》曰：该庵在西关外，面山背城，邑志未载。相传为明时林铭几舍建。曾孙林麟（火昌）藩参及方邑宰天祺，重修。中丞彭鹏及子，曾读书其地。彭鹏宦达后，嘱子圣坛购地增廓，事载《古愚心言》中。今，联句犹存。此后，温钧珊孝廉设帐于庵，颇复修葺，曾指示江春霖：此庵，后世当与蒲弄、夹际诸草堂并传，不可以湮没。温去世后，住持失人，田园不租，院宇将圮。江春澍偕诸绅士举僧宗福主庵事，方氏请以租入给家族学堂，林锦枝、玉森、庆澜及彭寿民等人争之，讼久不决。钧珊之子彦楷、彦超请游叔海先后言之谢、韩、余三郡守，朱是轩孝廉居间调解，议令佃户欧阳春酌偿宿负，别举囊山寺僧源智之徒明龙主之，案结业复。1912年至1915年，源智遣徒贤本重修，庵宇焕然一新。民国时，《莆田县志》卷十八记载。

后，则由台湾佛教会主办浴佛典礼，并由台北指南宫建坛灌佛，而后则由各个民间寺庙或佛教寺庙自行举办。因此，农历四月八日在台湾的浴佛节不仅限于佛教寺庙举行，各地的民间宗教场所也会举行相关的浴佛法会。例如台北市的龙山寺，主祀观音菩萨，陪祀有各式道教神明，每年农历四月八日释迦牟尼佛诞日，寺庙会备以香花灯烛，置铜佛于水中，进行浴佛，并在浴佛时唱念“我今灌沐诸如来，净智庄严功德海。五浊众生令离垢，同证如来净法身”的浴佛偈。浴佛节期间，一般民众会舍净财为寺庙里添香油，寺里也会备有浴佛水与大众结缘。

（二）斋会与放生

佛教在浴佛节当天通常也会举行斋会与放生会。所谓斋会，是指修斋毕，行斋会之谓，或聚僧众而供斋食，所以广义的斋会是指广设斋食供养僧众、诸佛、菩萨、人、天、神、鬼等。所以上至佛、菩萨，下至地狱、饿鬼、畜生等，乃至于人中，不分贤愚、凡圣、上下、道俗等，皆以平等供养。因此，对上供养称为“斋天”，民间俗称“拜天公”，茶水、果物、菜蔬须以净洁新鲜为主，坛场礼赞唱诵以清净庄严力求如仪；对下之地狱、饿鬼、畜生布施则称为无遮会、大会斋、大施会；对僧人的供养则称为斋僧，我国唐代僧斋法会极为盛行。斋僧法会的意义为报恩与追善。闽台各地都会不定期举办类似的斋供法会。例如，福州开元寺曾在2013年举行新年祈福水陆空大法会，除了有上供下施的慈悲斋会外，也祈福新的一年国泰民安、风调雨顺。另外，福建省福鼎资国寺也曾在2011年举行千僧斋会。①

放生会，是指被捕的鱼、鸟等禽畜的放生活动，也就是经典中戒杀生食肉所进行积极的护生行为，也是佛教长养慈悲心的方法之一，如佛典故事中曾叙述一小沙弥因救起漂流于水中的诸多蚁子而

---

① 千僧斋在福建鼎资国寺隆重举行，海峡佛教网，2011年10月26日，https：//www.pusa123.com/pusa/news/fo/22826.shtm/，2022年7月1日查阅。

得长命福报。因此，放生在中国佛教中由来已久。唐肃宗于乾元年间曾下诏在山南道、剑南道、荆南道、浙江道等地设置放生池，宋真宗天禧年间天台宗遵式奏请以杭州西湖为放生池，自制放生慈济法门，并于每年于四月八日举行放生会。

旧时在福建地区，有些小型的寺庙僧家也会在农历四月八日会请善男信女前来共修佛经、吃斋赴会，因此，佛诞日也有“斋会”“吃斋会”“善会”之称。2019 年宝树庵的浴佛活动之一就是寺庙准备斋食，宴请大众前来吃斋。吃斋活动是在中午举行，庵里会事先请义工准备丰盛的午斋供养前来浴佛的大众，与大众广结善缘，而民众则可以用随喜打斋的方式，以净银供养常住大众。

莆田宝树庵这种佛诞日的斋会活动在《燕京岁时记》称为“舍缘豆”。据书中所述，舍缘豆的意思是指僧人在佛寺里念佛修持时，以豆计数，然后在佛诞日的时候将僧人念佛数数加持过的豆子烹调供养大众，相关行文言：“四月八日，都人之好善者，取青黄豆数升，宣佛号而拈之。拈毕煮熟，散之市人，谓之舍缘豆。预结来世缘也。谨按日下旧闻考：京师僧人念佛号者，辄以豆记其数。至四月八日佛诞生之辰，煮豆微撒以盐，邀人于路请食之，以为结缘。今尚沿其旧也。”① 可见古今，四月八日浴佛斋会由来已久，虽活动形式不一，但斋食的美意无非就是要我们心存善念，借由吃斋、戒杀而长养慈悲心，培福积德，与众生广结善缘，加上佛教主张护生、不杀，所以佛诞日有些佛教道场也会特别选择在佛道期间举行放生。例如莆田秀屿埭笏一座以书法度众的佛刹立志庵，住持弘愿法师是当代佛门的书法比丘尼。弘愿法师目前为立志庵常住，其例行活动是青少年儿童书法班的开设与推广，每年岁末都会举行迎春写福、赠福活动，并将书法班的学习成果以写春联的方式赠予当地的居士大德。除此，立志庵在自 2020 年全球新冠疫情以来，全年为全民祈福，祈愿疫情早日平息。2021 年 9 月莆田仙游地区因疫

① 《燕京岁时记》，第 61 页。

情严峻，立志庵全院僧众结合当地民众投入抗疫，免费为防疫人员赠送斋食、补给物资，并为抗疫志愿者举行点灯祈福活动，为此村委还特颁感谢状给立志庵，嘉勉立志庵积极投入的抗疫行动以及抗疫不落人后的精神。

2022 年，立志庵于四月八日佛诞日，将浴佛活动、放生活动及母亲节感恩活动同时联合举行，除了因应防疫措施外，最主要的还是希望从浴佛、放生的活动中体现传统感恩的孝行与孝心。

立志庵书法推广班（立志庵提供）

三、天上人间食禄之福

旧时俗谚云："三月茵陈四月蒿，五月六月砍柴烧。"这是说三月采茵陈为药，四月的时令蔬菜为青蒿。当然在夏季荐新蔬果中还有众多的时蔬瓜果，例如：辣椒、丝瓜、苦瓜、冬瓜、菜豆、芦笋、茭白、洋葱、黄瓜、佛手瓜、南瓜、苋菜、山苏、空心菜、龙须菜、地瓜叶、竹笋、生菜、西红柿、卷心菜、茄子、豇豆、黄瓜、西红柿、冬瓜、四季豆、蚕豆等。这些蔬果虽看似平凡，却在平凡中隐含着中华文化的味道。中国以农立国，所以农作物也成为中国重要的文化表征，人间的饮食透过色、香、味向上延伸成为有温度、有记忆、有故事的文化符码。因此食物不仅是一道记忆，还象征着独特的文化内涵。

我们在日常生活中常用"大饱口福"来形容吃到好吃的美食，

享受美好食物的福气。其他相关的用语中，例如“福食”是用来形容祭祀后加持赐福的食物，“发福”形容心宽体胖，指心情愉悦能够吃到美好食物的福气；另外，“福胙”指祭祀供品中的肉，“福品”指祭祀用的物品，“福飨”“福向”形容神明受祭飨而赐福。因此，从日常生活中的“大饱口福”开始，到“发福”“福胙”“福品”“福飨”“福向”等，就可以知道食物也在我们日常生活中也扮演着饮食福禄的重要角色。

（一）人间吉祥珍馐·大饱口福的美好与寓意

闽台时令蔬果谚语：“正月葱，二月韭，三月苋，四月蕹，五月匏，六月瓜，七月笋，八月芋，九芥蓝，十芹菜，十一蒜，十二白（茭白笋）。”除了这些时令的蔬果，今将春、夏、秋、冬四季具有吉祥寓意的食品整理如下。

首先，是春、夏人间吉祥满满的福食。

春饼。春饼又称春盘，是立春的应景食品，旧时立春日作春饼，以青蒿、黄韭、葱芽包裹，称之为春盘。

年饼。年饼也称为润饼，以面粉作薄衣，然后包裹菜蔬、花生米等。

薄饼。薄饼是厦门在春节、清明、三日节的应景食品，在泉州称为润饼菜。台湾也有类似的薄饼，被称作润饼或春饼。其制作方式是事先将包菜、红萝卜、笋子、豆干、木耳等切丝，后焖烂煮熟，最后用薄面皮包裹。

年粿。年粿即甜粿，“粿”的闽南语为“高”，所以年粿有步步高升的喜庆之意。

菜头粿。菜头粿即萝卜糕，“菜头”的闽南语为“彩头”，所以菜头粿在年节食品中象征“好彩头”。

发粿。发粿有黑糖、红糖两种，粿面膨胀得越大，裂纹越大，则表示财发得越多。

甜料。甜料包括甜仁、红枣、糖果、饼干、瓜子等过年细馐，象征家族兴旺、多子多孙、财源滚滚，俗谚有“吃甜甜，赚大钱”

“吃红枣，年年好”。

长年菜。长年菜为芥菜，又称“隔年菜”，是春节的应景食物，象征苦尽甘来、长命百岁、长年有余、长长久久，其烹饪方法是用是油水煮熟。芥菜在煮之前需洗干净，不去头尾，不细切，取其“有头有尾”“绵绵不断”之意。

柑橘。柑橘是春节不可或缺的吉祥水果，象征百事大吉。另外，“柑”和“甘”同音，闽南语有“柑子柑孙”，取意子孙绵绵。“橘”和“吉”同音，有“吉祥”“吉利”的意思。

七宝羹。《台湾县志》言：“七日为人日之期，俗谓七元是也。以杂蔬和羹，祀先礼神，名曰：七宝羹。”七宝羹用芹菜、荠菜、菠菜、青葱、大蒜等七种蔬菜在人日混合煮食，有祛病、避邪、保平安的美好寓意。旧时福建闽南地区在农历正月初七有吃七宝汤、七宝羹的习俗，民间相信在人日（七元）吃了七宝，可百病解除。

鼠曲粿。鼠曲粿也称为“草饼”，是用当季的鼠曲草加工而成的，内馅可包裹红豆沙、绿豆沙等甜馅，或者包裹菜脯米（萝卜干）咸馅。因为鼠曲粿包裹的内馅饱满，所以也称作“金包粿”，是闽台民间常见的祭祀供品。

清明龟。清明龟这是福建湄洲岛清明节的传统食品，也是祭祀祖先的重要供品，在当地有祖先庇佑健康、子孙长寿平安、祖先灵气长存等美好寓意。传统的清明龟原来就有龟龄鹤寿的美意，是传统米面制品的粿类，通常内馅会配上豆沙甜馅，然后用象征四灵长寿的龟模压制而成。当地民间的祭祖习俗会准备清明粿或清明龟作为祭祀祖先的供品。

清明粿。清明粿也是莆阳地区清明祭祖扫墓的传统食品，一般是用糯米粉加工而成。米团搓成长条状，中间用模具印出模型。由于蒸熟后貌似书卷，所以清明粿在当地象征着子孙勤学上进的美意。

消灾汤。浴佛节那天，莆田广化寺在浴佛结束后会将香汤分送给儿童饮用。此汤在当地被称作“消灾汤”，有消灾保平安的寓意。

粽子。古时被称作“角黍”，是端午节的应景食品，用竹叶包裹蒸煮而成，有甜有咸。近年闽台大小考试都喜欢将粽子作为供品祭拜神明，主要是取其“包中”的吉祥寓意。当然，在端午节也有其他应景食品，例如吃桃子、茄子、菜豆象征健康长寿吉祥，俗谚“吃菜豆吃到老老”。

马头粿。马头粿是福建湄洲岛端午节的传统食品，象征着能带来财运，有马到成功、飞黄腾达、财源广进的意思。

打面。打面是福建湄洲岛端午节传统习俗上所食用的咸面条，因为湄洲话“面”与“命”同音，所以面条在湄洲岛上被视为“人命长寿”的象征。

艾草煮蛋。艾草煮蛋是福建湄洲岛端午节传统习俗上所食用的应景食品，当地认为吃蛋生心，有“吉利”“终年不生病”的寓意。在端午节用艾草煮蛋，也有去除晦气、病气的象征。

半年圆。半年圆就是在农历六月一日或六月十五日之间用来祭祀神明与祖先的汤圆，通称作半年圆，主要是以感恩的心敬谢神明和祖先对全家平安团圆的庇佑。

汤圆。汤圆是由糯米研磨揉制而成的米丸，因汤圆具有团圆、福气圆满的象征，在闽台，举凡喜庆、新居落成、神明诞、结婚、年节等，都会用汤圆来宴客，取其团圆、新婚圆满、双喜，甜甜蜜蜜。在闽南的惠安会把汤圆染成红色，并且搓成小小的圆形，像鱼眼睛一样，这在当地被称为“鱼目圆仔”。另外，福建惠安、晋江等地区在结婚的时候，新郎和新娘要在新房吃汤圆，而且需彼此交换食用，在当地，此种习俗被称为“吃伴房圆”“吃结房圆”“吃相见圆”。

米糕。米糕为甜糯米饭，象征好运。

软粿。软粿又称作“糖粿”“碗圆仔”，是拜七娘妈的供品之一。在台中当地，软粿被称作“不情愿粿”，其因不明。软粿的制作方式跟汤圆的一样，只是汤圆是较小的圆状物，软粿则要比汤圆大一两倍。而且软粿要用指头压出一个凹状，据说这个凹状是用来装织女的眼泪。

七夕粿。七夕粿又称为“乌草仔粿”，取秋天七草：满地藤、

艾草、开脾草、菜瓜须、香圆草（或柠檬叶）、拔仔心（或四君子）、石榴心等，浸水切片和米磨碎，接着加黑糖蒸熟。旧时台北士林漳州人多以此粿供七娘妈，有乞巧、祈福、续命之意。《泉州府志》有云：“七夕，乞巧，陈瓜豆及粿，小儿拜天孙，去续命缕”。

其次，是秋、冬季人间吉祥满满的福食。

芋油饭。闽台民间会用芋油饭来祭拜七娘妈（织女），取其宜子、众多之意。所谓芋油饭，就是用煮熟的糯米饭拌上事先用香菇、花生、芋头熬制成的酱料做成的。在闽南，妇女生产子女时必做芋油饭，芋是宜子之物，《广志》言：“芋有十四，有百子芋。”

与芋油饭相似的还有米粉芋，同样取其“宜子”之意，亦可用来祭拜神明或祖先，有祈求子孙绵延之意。厦门、台湾等地俗谚有“吃米芋，给子孙有好头路（职业）”，此谚语以“芋”为厌胜之物。

月饼。月饼是八月中秋的应景食品，有团圆的美好寓意。

重阳糕。重阳糕又称为“花糕”或“栗子糕”，是福州、莆田地区重阳节的岁时应景食品。共有九层，每一层粉面上会铺有栗子、枣子、银杏、松子等，糕点蒸熟后会在顶端会放置两只小羊，象征重阳；并插上茱萸和蜡烛，象征登高祈福。

九重粿。九重粿类似于重阳粿，其制作方式是先以大米磨成的米浆拌糖后一层一层蒸熟，每蒸熟一层就抹上花生油，后继续第二层，连续重复九次。在莆田，纪念妈祖羽化升天、祭祖时，就有用到九层粿。

麻糍。麻糍是用糯米蒸熟后用石臼捣碎揉制而成米胚，再以米胚包裹黑芝麻糖或白芝麻糖而成的，是旧时重阳日互相馈赠的食品。

冬至圆。冬至圆就是冬节所制汤圆，有添岁添福之意。闽台冬至当天，每家每户都会做汤圆祀神祭祖，祭祀后一家团圆围吃，这就是添福添岁。

圆仔丁。湄洲岛上的居民在冬至的时候会将圆仔（汤圆）搓圆，而后将其中间压扁，让圆仔（汤圆）的形状像元宝，这样元宝状的汤圆在当地称为圆仔丁，有祈求生财的美意。

灶糖。灶糖是福州当地的年节食品，也有“年糖”之称。其做法是用蔗糖熬制成黏稠状再加以拉丝，后定型，与台湾糖葱的制作方法相似。

灶饼。灶饼是福州当地的年节食品，在当地也称为“年饼”，是由多种具有吉祥寓意的小点心组合而成，包括金钱饼、小杏仁酥、小礼饼、寸枣、万字糕、白雪条、花生片、芝麻片、小猪油糕、小真酥糕等。

菜包。菜包是冬至祭祀的供品，又称作“环饼”或“白环饼”，以糯米粉揉制成米团，然后包裹笋丝、豆干、菜脯米，最后将其捏成半月形的粿。菜包象征着包金、包银，也有金包粿的寓意。

猪脚面线。猪脚面线是贺寿用的吉祥食品，面线不能剪断，吃的时候说祝贺语“延寿延寿”。

饺子。饺子因状似元宝，有招财进宝之意。

蔬果类的年俗食品：凤梨，闽南语“旺来”，代表兴旺；柑橘代表吉祥、甘美、好运；金枣和红枣代表年年好；苹果象征平平安安。

芹菜。芹菜象征勤学，年节食品象征清闲。

韭菜。“韭”闽南语“久”，所以韭菜代表长长久久的美好寓意。

花生。花生闽南语为“土豆”，有长寿果之谓，闽南语民间俗谚有“吃土豆，吃到老老（长寿）”，所以“土豆”象征长寿。

豆干。豆干的“干”闽南语发音为“官”，所以豆干象征“升官”。

萝卜。萝卜闽南语发音“菜头”，谐音“彩头”，有“好彩头”的寓意。例如“菜头粿”就是取其好彩头、步步高升。

竹笋。竹笋有竹报平安、节节高升的意思，闽南常见的菜品有竹笋贡丸汤，象征团圆平安。

发菜。发菜闽南语的谐音为“发财”，是过年必备的吉祥年菜，例如发菜羹就是象征新年恭喜发财、财源滚滚。

豆芽。豆芽因形似如意，所以豆芽有万事如意、吉祥如意的意思，常见的年菜“四季如意”就是用豆芽与木耳丝、红萝卜丝、豆干丝、芹菜丝大火快炒的料理。

花椰菜。花椰菜取其“花开富贵”。

绿色青菜有“如意”“清吉”的意思。

全鸡。全鸡闽南语谐音为“全家”，所以全鸡或者鸡肉有代表“起家”、全家团圆、家族兴旺的意思。

丸子、卤蛋、鱼丸、肉丸，取其闽南语“丸”和“圆”的谐音，象征事事圆满、团圆、和谐的意思。

蚶子。因为蚶子壳的碰撞声类似铜钱的碰撞声，所以寓意财源滚滚。

（二）非遗中的妈祖供品与妈祖宴

2007 年起，湄洲妈祖祖庙先后举办“首届莆台妈祖文化活动周”和“天下妈祖回娘家”活动，活动期间展示了千余件具有吉祥寓意的妈祖供品。供品可分为湄洲岛内所盛产的相关海鲜水族食材以及相关五谷杂粮等面食组合成荤制供品和素食供品两类，并细分为海鲜类 117 种，面制类 36 种，素食斋类 24 种，各类供品制作的主题则根据民间故事、历史典故、莆仙戏曲故事、经典教义、民间相关习俗等，因此可以说具有丰富的文化底蕴。与此同时，这样的湄洲妈祖祖庙所陈设的妈祖供品也被莆田市政府列入非物质文化遗产名录。

莆田湄洲妈祖祖庙的供品种类繁多，涵盖了陆、海、空各式各样的造型，透过食品工艺与传统的妈祖信俗相结合，使这些供品不仅具有传统的信俗文化，同时也富有传统工艺中的创新创意。有一部分属于自由创作的供品就非常朴实无华，而且富含福气吉祥的美好寓意。例如以长面条所制作的供品“长命富贵”就是以面线丝丝相连的寓意象征祥和、幸福、平安；再如“长生不老”是以生姜和花生组合而成的供品，象征老叶新枝，有生机蓬勃的寓意。此外，尚有象征太平景象的“吉祥如意”供品，以灵芝为食材所表现的“一路平安”，以常见的竹笙、竹笋表现为“竹报平安”等供品，都体现出天人之间的祝福与景仰。活动结束后，这些供品会被分给出资的民众，这些民众会将供品带回去“吃平安”。

2021 年湄洲岛妈祖祖庙海祭供品（林孟蓉拍摄）

1. 文峰宫非物质文化遗产

莆田文峰宫的妈祖供品是莆田市第一批非物质文化遗产的代表。2007 年 5 月，为了弘扬中华优秀的民间工艺美术，深化妈祖文化内涵，莆田文峰宫举办首届莆台妈祖文化活动周，活动期间展出千件妈祖供品，分别按照传统敬献礼的供品、文筵、武筵、水族彩阁、历史人物、二十四孝、吉祥如意套字、妈祖故事等分区展示。文筵又称作“文宴”，指用素食干料所拼接制作的十二种造型供品，又称作“十二平”，象征一年四季十二个月平平安安。武筵又称作“武宴”，供品为食品所搭建的盆景造型，分为四大八小，俗称“四平八企”，象征一年四季吉祥如意。

供品中水族彩阁的海鲜造景主要以油炸的海鲜精制而成，历史人物和二十四孝的人物造景主要由面粉、豆皮、紫菜、香菇组合而成，有吉祥的寓意。除此，还有以妈祖平安长寿面所盘绕而成的“寿比南山”，盘底放置五只面龟，象征人们吃了妈祖面可以得到平安长寿的祝福。

另外也有以果糕堆栈而成的妈祖福祥罗汉果，大圆盘底座象征天，中间红色的糕片堆栈“福”字，象征福如东海，右边以糕粿叠成 99 厘米的糕塔象征妈祖九月九日飞升，而旁边辅以“祥”字，象征吉祥如意。

莆田文峰宫的妈祖非遗供品分为重案、龙案、供案三个层次，排列有 220 种供品。这些供品是妈祖祭祀礼俗中不可或缺的组成部分，由于种类繁多，制作别致，且制作工序皆是代代传承沿袭，具有弘扬中华优秀的民间工艺美术、深化妈祖信俗的文化内涵。

2022 年第十届妈祖文化节文峰宫非遗供品展示（组图，林孟蓉拍摄）

2020 年莆田文峰宫妈祖诞庆典斋供（林孟蓉拍摄） HJ〗

2. 福建莆田的妈祖非遗供品

莆田市涵江区延宁宫是一座明嘉靖年间的妈祖行宫，由于旧时莆田平原盛产甘蔗，所以甘蔗便成为当地祭拜妈祖的供品，加上甘蔗因为有“节”，所以在供品中象征着步步高升，甘蔗也因此成为民俗中常用的敬神供品。台湾个别寺庙在塔建中祭拜天公坛时都需以整株的甘蔗加以搭建。早期延宁宫以三四根甘蔗捆扎为供品，清代逐渐发展为小节蔗塔，目前则发展为塔基、塔身、塔顶所构成的妈祖蔗塔，整座蔗塔以 350 斤左右的甘蔗组成，历时三天堆栈而成。

浦口宫妈祖桔塔。桔塔是由红色的橘子堆叠而成，桔塔的“红”象征“红利”，闽南人以红为尊、为大、为喜、为吉，“橘”为“桔”，象征“吉祥”，所以桔塔的塔基是以各式各样的果盒组合而成。果盒有百福、百寿、龙凰、八仙、花鸟等吉祥图，中间有一枝纸扎，象征早春的果柱。

桔塔的制作由下而上，逐层缩小，所以浦口宫妈在制作桔塔的过程中会结合果盒、果柱、层板、纸扎等民间工艺，还辅以各式各样的吉祥语，包括“风调雨顺”“国泰民安”“吉祥如意”“五谷丰登”“繁荣昌盛”等。目前浦口宫的妈祖红桔塔已经成为莆田市非物质文化遗产。

湄洲妈祖祖庙糕塔的妈祖糕也称作“平安糕”，糕塔呈立体梯状，是以糯米粉佐以麦芽糖、五香粉等佐料并用印模蒸制而成的，然后用印有红色吉祥图的白色包装纸包装。湄洲岛妈祖庙的糕塔高五米，由 32300 块的妈祖糕堆栈而成，寓意妈祖三月二十三日诞辰日。妈祖供品是妈祖信俗的重要组成部分，也是工艺美术的表现，具有观赏和传承的意义。

3. 妈祖平安宴之一

莆田是妈祖的故乡，妈祖宴包含当地具有妈祖文化的特色美食。妈祖文化美食具有纪念妈祖对人间的福佑，每一道创作菜肴里，都有着妈祖大爱人间的创意巧思，让妈祖的祝福借由美食传递下去。每年湄洲岛世界妈祖文化论坛暨湄洲妈祖文化旅游节的重要环节是品尝妈祖宴，此项活动即是透过妈祖宴的美食与吉祥寓意，将妈祖的祝福记忆典藏，今将妈祖宴菜详述于下。

2019 年湄洲岛妈祖宴菜（林孟蓉拍摄）

丹凤朝阳。这道菜品是妈祖宴菜中的第一道冷盘佳肴。“丹凤”是以鸡蛋为主要食材，然后辅以鸡肉丝、青菜、樱桃等相关的配菜组合成凤身、凤翅、凤尾，借由“丹凤”的造型来象征幸福美好的生活和万事顺心如意。

湄岛秋菊。这道菜品是以妈祖爱菊的传说为灵感，用海味鱿鱼、红色樱桃、绿色蔬菜组合成秋天的景色，借此佳肴象征秋意团圆的祝福。

万灵朝圣。这道宴菜是以虾泥制作成虾滑的新鲜汤品，并辅以湄洲山的造景，象征太平升歌的美好寓意。

窥井得符。这道妈祖宴菜是以妈祖幼时“窥井得符”的传说作为创作体裁，主要以甲鱼莲子汤品的形式呈现。佳肴中的莲子象征井水，甲鱼和身上装饰白萝卜片的组合象征天书，所以这道汤品有着神秘而祥瑞的祝福寓意。

一帆风顺。“一帆风顺”本来就是一句祝福语，用于妈祖的宴菜上就更加地贴近妈祖作为海上女神的护佑。这道菜肴是以黄花鱼和鲜虾作为食材，并以油炸的方式制成。油炸的黄花鱼象征渔船，鲜虾象征妈祖的虾兵蟹将。这道妈祖宴菜有着顺风相送、一帆风顺的美意与祝福，同时也有着妈祖济航救难的精神。

妈祖寿面。寿面本来就有着福寿绵绵的美意，此道妈祖宴菜佐以花生、香菇、紫菜、蛋丝，摆盘成太极的图案，借以象征太平安康的祝福。

龙王点兵。龙王点兵是以龙虾和鲜虾氽烫组合而成的佳肴，龙虾象征龙王，鲜虾象征水族兵将。龙王点兵有富贵丰足的寓意，加上莆田话“和”与“虾”发音相似，所以龙王点兵有着一团和气、美好和谐的意思。

发财有余。这道菜品其实就是一道家常的发菜鱼丸汤。鱼丸象征圆满，发菜谐音“发财”，所以，发菜鱼丸汤象征“发财有余”，同时也有着妈祖保佑经商顺利发财的祝福。

喜庆花篮。这道菜品选用莆田的桂圆、橄榄、橘子、蜜枣等吉祥果品搭配三色蛋组合成各种吉祥的花卉图案，并以各式各样的食材组合成花篮，象征虔诚敬奉和花开富贵的寓意。

群仙迎驾。这道菜是用鸽子蛋、肉丝、金针菇等食材组合成湄洲岛群仙迎驾的视觉飨宴，也有众仙赐福的好吉兆。

妈祖寿桃。妈祖寿桃有增福增寿、福寿绵绵的美好寓意。寿桃是以糯米团包裹桂圆、莲子、红枣、冬瓜糖等馅料，然后揉捏成桃子状，抹上花生油后入锅蒸熟即可。

五福盈门。这道宴菜就是包着五种馅料的糯米丸，是宴菜中的最后一道甜品，蕴含着幸福团圆、阖家安康的美意。

4. 妈祖平安宴之二

另外一套妈祖平安宴是2017年为“妈祖圣地美丽莆田”妈祖千人平安宴所设计的一套富有吉祥美意的妈祖宴菜。该宴菜由莆田市餐饮烹饪行业协会25名顶级厨师所研发而成，其主要菜肴如下。

恩泽寰宇。“寰宇”指全球，“恩泽”之妈祖神庥，所以此道冷

菜拼盘汇集莆田传统各种风味小吃，湄屿紫菜、江口醉蛏、渠桥咸豆腐、东圳溪虾、哆头土笋冻、温汤羊肉、平海螃蟹、南日海带、埭头海苔等，象征着天下妈祖“瓣香起湄洲，恩波泽全球”。

福佑群生。此道妈祖宴菜以海参为主要食材。由于“参”与“生”“升”同音，加上“福佑群生”为清乾隆二年（1737），妈祖因护佑清军顺利渡过台湾海峡，清政府所赐予妈祖的封号，所以福佑群生这道妈祖宴菜有着妈祖护国庇民的寓意，也有祈愿大众平步青云、步步高升的吉祥美意。

惠普慈航。这道宴菜是于清同治六年（1867）年间，妈祖神佑琉球御赐福州南台天后宫的匾额“惠普慈航”为菜肴创作设计主题。该宴菜以鲜鱼为食材，用鱼做成船和船桨所组合成一艘“碧海龙舟”，象征妈祖“济航拯溺，神佑海疆”。

金玉满堂。“金玉满堂”本来就是吉祥的形容用语，象征着极为富有，金、玉、财帛满堂，形容财富极多，所以这道菜品以炸豆腐和大白菜料理而成，是莆田传统的特色菜，借由菜品设计寓意着妈祖赐福保平安、财源广进。

醉恋原乡。这道妈祖宴菜是一道炸排骨，莆田俗称“醉排骨”。该佳肴辅以湄洲岛造景为摆盘，象征妈祖圣地湄洲岛风景秀丽，是天下妈祖信众的心灵原乡。

圣灵之光。圣灵之光是一道以莆田新鲜海蛎为食材所设计的妈祖宴菜，由于莆田方言“海蛎”的谐音意指健在的意思，也就是指人健康地活着。因此，海蛎成为宴会中必备的一道吉祥菜，预示吃了海蛎能长命百岁、永远健康。这道圣灵之光是用具有吉祥意义的海蛎为主食材，并辅以鲜果制作出妈祖圣光的造型，用以象征妈祖文化遍布五洲的寓意。

曙海祥云。“曙海祥云”是光绪二十五年（1899）光绪皇帝为粤海清庙天后宫御赐的匾额，所以这道妈祖宴菜以祥云和海洋作为菜品创作意象。该宴菜以莆田西天尾扁食象征祥瑞的云气，芥菜象征破晓平静的海洋，整道半汤菜的佳肴用来比喻希望与美好，有妈祖保佑风调雨顺、吉祥太平的寓意。

富贵康宁。富贵康宁这是一道莆田当地的传统甜品。依据传统甜食的做法，用糯米制成软粿和寿桃。软粿又名金钱粿，因糯米粿色泽洁白，状似银圆，故得其名，有家财万贯的寓意。糯米制的桃子本来就有健康长寿的意思，所以富贵康宁这道妈祖宴菜寓意着妈祖赐予荣华富贵、福寿康宁的美意。

天妃赐子。天妃赐子是妈祖宴中的最后一道甜汤，是一道用红枣、花生、桂圆、莲子等食材熬制而成的甜汤。食材中包含着“早生贵子”的期盼，因此，这道天妃赐子的甜汤寓意着妈祖赐福送子、母子安康的吉祥美意。

（三）吉祥珍馐祈福食品

《论语·八佾》：“祭如在，祭神如神在。子曰：吾不与祭，如不祭。”此句的意思是指祭祀祖先时，好像祖先就真的在面前。所以，人们为了表达其真心诚意，会将人间的美好呈现给神明。又如班彪的《王命论》中的帝王之位，必有圣德，然后精诚通于神明，流泽福荫百姓，因此能被鬼神所赐福，天下人所归往。因此，福飨亦作“福向”，这是指神明受祭飨而赐福，今将民间祭飨的吉祥祈福食品分述于下。

1. 福飨与吉祥斋供

民间常见的福飨吉祥斋供有清茶、菜碗、素果、粿盒。清茶象征清净、清凉。菜碗即素食斋料十二碗，由香菇、豆皮、豆干、海带、发菜、木耳、金针、面筋、素鸡、花生、红豆、绿豆、黄豆、冬粉等组合而成。菜碗通常用于祭拜菩萨，同时也用来祭拜天界的玉皇大帝或三官大帝。素果是指各式各样的水果，但民间忌用番茄、芭乐、释迦。粿盒是指装糖果饼干等糕点。

2. 福向与祈福供品

福飨也称为福向，意思是指神明受祭飨而赐福的供品，也就是指民间寺庙祭典中所使用各类人间珍馐的供品。这些祭拜过后的食品在民间也被称作“福食”或“福余”，意思是指神明赐福过的食

品，有吃平安的意谓。常见的祈福供品有三牲、五牲、红圆、红牵（牵仔）、寿桃、面龟等。

三牲指神明祭典、建醮、普度所用之牲醴，包括全猪、全牛、全羊。民间使用的三牲一般也是用于祭祀神明，主要有猪肉（三层肉）、全鸡、全鱼。用于祭祠位阶高的神明的供品为五牲，如玉皇大帝、三官大帝。另外，在成年礼、婚丧喜庆中，五牲包全鸡、全鸭、鱼、猪肉（三层肉）、猪肝。

除此，供神的福飨供品中还有红圆，这是以面制成的供品。红圆的造型象征女性的乳房，内馅包有红豆沙或绿豆沙，在祭天的供品中象征“坤”道。红牵（闽南语称“牵仔”）的面制供品，其粿面有连贯的古币纹，古币“钱”象征天道运行之“乾”，而且闽南语“钱”与“乾”同音，因此红牵也是祭天的供品，主要用于天公诞、三官大帝诞，民间成年礼等。

另外，寿桃也是面粉做的桃形面点，用于神明寿诞。面龟象征向神明祈求福气绵绵、长寿；发粿，糯米浆制作的粿，因为外形膨胀，所以有大发之意。

莆田东山岩三一教祖祠敬神供品（林孟蓉拍摄）

3. 另类祭神祀祖的福飨

民间对于祭祀地神、祖先、幽冥类的供品较为简单，相关的福飨有小牲、小三牲、丁仔粿、菜饭、五味碗等。

小牲是由简单的小块肉、鸡蛋、鱿鱼、虾子等组合而成，用于犒赏神明的兵将。小三牲由小块生肉、鸡蛋、豆干等组合而成，用于消灾解厄或路祭，属于民间消灾解厄的祭解供品。

湄洲妈祖祖庙的小三牲（林孟蓉拍摄）

丁仔粿是用芋头和糯米制成的粿，象征祖先庇佑家族人丁兴旺，用于清明祭祀祖先。菜饭是指家常食用的饭菜，用于敬献祖先。在闽台，一般以煮熟的饭菜祭祀。例如台湾北部祭祖时，通常会准备十道菜再加上一锅米饭和汤品，也有简单地以五味碗祭祀祖先。

如果是祭拜门口的好兄弟（孤魂野鬼），一般则以简单的白米饭、菜祭祀。例如七月普度，常见的供品多半为人间所食用的熟食，有鱼、肉、鸡、鸭、菜等。

2019年莆田文峰宫普度下界斋菜（组图，林孟蓉拍摄）

第二节　五月岁时福俗

仲夏蒲月
端阳有雨是丰年，芒种逢雷美亦然。
夏至风从西北起，瓜蔬园内受煎熬。

“五月。参则见。浮游有殷。鴂则鸣。时有养日。乃衣瓜。良蜩鸣。良蜩也者五采具。匽之兴五日翕。望乃伏。启灌蓝蓼。鸠为鹰。唐蜩鸣。初昏大火中。大火者。心也。菽糜。时也。煮梅。蓄兰。菽糜。颁马。”①

黎明前的五月可以看见参星，夏日雨后，蜉蝣都飞了出来，伯劳鸟也开始鸣叫。五月白昼最长的一天是夏至，夏至预告了盛夏的来临，有瓜可食，夏天的蝉鸣开始了。然后，斑鸠也开始出来飞翔，夏蝉的鸣叫声也越加响亮了。天边的火星在太阳下山时就悄悄出现了，盛夏之际，可以开始耕种杂粮、煮梅、洗兰汤浴、榨芝麻油。

一、芒种·夏至

五月因为菖蒲成熟，所以也被称作“蒲月”，这个月份有芒种和夏至两个节气。芒种是指“五月节，谓有芒之种谷可稼种矣”，意思是说大麦、小麦等有芒的作物种子这时候已经出芒接近成熟，所以称之为“芒种”，而且晚谷、黍、稷等夏播的作物也在这个时节播种了。

深秋乳子的螳螂，饮风食露，得气之先，在麦子出芒之际也前来报到了。一年春事已尽，芳华渐歇，鵙鸟的啼叫声揭开了仲夏的序幕，春天擅长歌唱的百舌鸟在这个时节却不啼叫歌唱了。“螳螂生”“鵙始鸣”“反舌无声”是芒种这个节气的三个特征，即春天的香花已逐渐远去，林间的鸟语渐稀，也预示着春去夏至。

夏至之“至”有三个含义，一是指炎炎的夏季已到，二是指阳气鼎盛，三是指阴气刚刚萌生，如《三礼义宗》所言：“夏至为中者，至有三义，一以明阳气至极，二以明阴气之始至，三以明日行之北至。”所以，夏至是极阳之至，阴气开始萌生，而且，太阳因“日行之北至”，所以夏至是一年之中白昼最长的一天。

① 《夏小正疏义》，第29—36页。

夏至时节，美丽的山鹿因感知天地之变化，故在夏至到来的时候也开始准备脱落鹿角换上新装，夏热而鸣的知了也开始争相蝉鸣歌唱，山林里半夏而生的草药也开始快速生长，这些就是《月令七十二候诗》所说的“鹿角解”“蝉始鸣”“半夏生”的夏至三候。

夏至在《周礼·春官》有“以夏日至，致地方物魈”这样的记载，这是说过去在夏至的时候有夏祭的习俗，其祭祀的目的是清除荒年、饥饿和死亡。除此，夏至也正是夏麦收成的季节，所以农人也会举行祭祀，以感谢天赐的丰收，同时也再次祈求秋报丰收。

因此，夏至前后，有些地方会举办隆重的“过夏麦”活动，这是古代夏祭的遗俗，例如《史记·封禅书》就有“夏至日，祭地，皆用乐舞”这样的记载。另《帝京岁时纪胜》也说夏至祭祀是属于国家的祭典，当地有吃过水面的习俗。如该文中所述：“夏至大祀方泽，乃国之大典。京师于是日家家俱食冷淘面，即俗说过水面是也。乃都门之美品。向曾询及各省游历友人，咸以京师之冷面爽口适宜，天下无比。谚云：冬至馄饨夏至面。京俗无论生辰节候，婚丧喜祭宴享，早饭俱食过水面。省妥爽便，莫此为甚。”①

除此，夏至节日还有食粽的习俗，《荆楚岁时记》载：“夏至节日，食粽。《风俗通》：‘獬豸食楝’。蛟龙畏楝。民斩新竹笋为筒粽，楝叶插头，五彩缕投江，以为辟水厄。士女或取楝叶插头，彩丝系臂，谓为长命缕。”②

二、忠义致福与城隍祭

《燕京岁时记》记载，四月和五月有城隍出巡的盛况，如文所言：“四月二十二，宛平县城隍出巡。五月初一日，大兴县城隍出巡。出巡之时，皆以八人肩舆，舁藤像而行。有舍身为马僮者，有舍身为打扇者，有臂穿铁钩悬灯而导者，有披枷带锁俨然罪人者。

---

① 《帝京岁时纪胜》，第 23 页。

② 《荆楚岁时记》，第 52—53 页。

神舆之旁，又扮有判官鬼卒之类，彳亍而行。亦无非神道设教之意。”[1] 在闽台，也有上述文献所描绘的相关城隍出巡的习俗，通过城隍出巡，可为民祈福、消灾、解厄。

城隍庙是城隍文化的物质载体和文化遗产，“城隍”最早载于周代《礼记》天子八蜡祭中的“水墉神”。旧时，城堑称为“池”，无水的城堑则称为“隍”，所以古者有城必有隍。由于城墙、城壕有防卫外敌入侵、保护城市居民的重要功用，所以“水墉神”便渐渐升格为守护城市的“城隍爷”，而且随着历史的发展，逐渐由城墙的护城神转变为具有御守城池、保证治安的人格神；同时，也掌管着天地水旱、善恶吉凶、阴阳等事，是具有责保一方平安、监察善恶的神祇。据文献记载，城隍最早的人格神是汉代的周苛。据说在楚汉相争时，周苛为汉御史，死守护城，城破后惨遭烹刑，尸骨无存。刘邦即位后感其英烈，封他为郡县之神。所以，周苛就成为后世史上最早的城隍，福建的福州都隍庙所供奉的主神就是周苛。

闽南的城隍文化鼎盛，分香的文化传播力强，而且随着闽南人的渡海、迁徙，城隍的文化与信俗远传海外。闽南的城隍庙在台湾有很多的分香、分灵。福建安溪城隍庙是闽南分香最盛的城隍庙，后随着安溪人的外迁，清溪城隍香火被带到各地，在台湾，清溪城隍分香以中寮、南投两处最为出名；台湾南部的台南城隍庙则主要分香于闽南另一座传承城隍文化的千年古庙长泰城隍庙；台北大稻埕霞海城隍庙即于清际分香于闽南的同安五乡庄，每年农历五月当地都要举行霞海城隍巡境游行，盛况空前，故有“五月十三日看霞海城隍会甲天下”之美誉。因此，随着闽南城隍的分香传播，福建与台湾的互动关系则更为紧密，这已成为构建海峡两岸重要的交流桥梁之一。今将闽台各地五月迎城隍的祈福文化活动分述于下。

（一）祈福永宁城隍文化活动

石狮永宁城隍庙始建于明洪武年间，旧时有“永宁福地”之

① 《燕京岁时记》，第66—67页。

称。据说，朱元璋称帝前曾经在此借宿过，在朱元璋称帝后，于洪武元年（1368），下旨封都城隍为监察司显佑王，并敕建城隍庙。

清顺治年间，永宁卫城百姓内迁石狮，康熙年间，迁居的永宁卫城居民倡议重建，殿内主祀忠佑侯城隍爷，配祀二十四司、四大将军、三夫人以及役吏差官等。

乾隆年间，石狮城隍庙开始分炉台湾。传说，旧时永宁与台湾商贸往来频繁，多数永宁商家定居于鹿港。时有鹿港一永宁高姓商所开设的日兴商行因失窃损失严重，且案发后迟迟未能破案，所以，就有家乡的居民建议高姓商人请家乡永宁城隍爷渡海来台断案，随后，高姓商人便返回泉州永宁请城隍爷到台湾。过没多久，高姓商人所失窃的商品被顺利找回，永宁城隍遂在台湾声名远播，分灵者众。

1996 年 2 月，福建的石狮永宁卫城隍庙被纳入福建省第四批省级文物保护单位。2012 年，福建石狮永宁举办首届城隍文化节活动，该活动开幕上演了最具闽南文化特色的八仙过海木偶戏、南音、火鼎公婆等民俗表演，自永宁城隍庙分灵而来的台湾鹿港城隍庙也召集了台湾多家城隍庙回祖庙会香。此次城隍文化节的内容丰富，包括“祈福永宁”城隍会香祭典、“民俗大踩街”、“鳌城”永宁历史文化研讨会、“古卫雄风”文化晚会等，此外，来自台湾地区的传统民俗阵头、十二婆姐、电音三太子等也参与其中，进行两岸文化交流表演。①

2016 年石狮永宁镇举办第五届永宁古卫城暨城隍文化节，该文化节中，城隍出巡的民俗活动有踩街表演、舞龙、舞狮、南音、什音、公背婆等，表演队伍随着城隍爷在永宁境内祈安巡游。除此，文化节期间还有“龙龟祈福”活动，活动中的“龙龟”是由八位台湾师傅花费两天时间制作完成的，重达 69888 斤。当地民众与

① 刘溪：福建石狮举行首届城隍文化节　台湾传统民俗助阵，环球网，2012 年 7 月 23 日，https：//taiwan.huanqiu.com/article/9CaKrnJwkKw，2022 年 7 月 14 日查阅。

游客也借由“龙龟祈福”的“乞龟”活动，一边摸着大米龟，一边祈福、祈愿，祈求阖家平安幸福，事业顺利。①

（二）新竹迎城隍

城隍的神格依其管辖治理区域的不同而有所差别，一般的区域管辖分为京师、省、府、州、县、厅等，其城隍封号则有福明灵主、威灵公、灵佑侯、显佑伯等。相传淡水厅同知曹谨、曹士桂都在往生后成为新竹当地城隍爷。

新竹城隍庙起源于清高宗乾隆十二年（1747），淡水同知曾日瑛上表朝廷，地方乡绅耆老集资建庙，当时由在地垦户王世杰捐献庙地。乾隆十三年（1748），新竹城隍庙成为该地区之官庙；乾隆五十七年（1792），同知袁秉义重修，嘉庆年间陆续扩建，其后殿和偏殿供奉城隍夫人、观音菩萨、十八罗汉等。

新竹城隍庙在光绪元年（1875）由“显佑伯”改称府级“威灵公”，并于光绪十六年（1890）被赐予“金门保障”御匾，晋封为“威灵公新竹都城隍”，拥有极高的地位。1980 年，新竹城隍庙被列为三级古迹。

新竹城隍庙主祀城隍爷，庙前有“善由此地心无愧，恶过我门胆自寒”的对联，入口墙壁两侧的“正直”“聪明”是清末溥仪所题写的。城隍神像前左右立有文武判官，左右两侧奉祀阴阳司、纠察司、奖善司、延寿司、增禄司、罚恶司、速报司等，座下两旁陪祀牛马将军、枷锁将军、范谢将军、喜怒哀乐四位捕快、董李排爷。后殿供奉城隍夫人、大二少爷、六位将爷，两旁有月下老人、注生娘娘。偏殿弥勒殿除了供奉弥勒佛外，还有文昌帝君、西秦王爷、准提菩萨。

新竹城隍庙每年农历七月会举行绕境赈孤布施，其意是慈悲布

① 泉州晚报：石狮举办第五届永宁古卫城暨城隍文化节（图），闽南网，2016 年 10 月 8 日，http：//www.mnw.cn/shishi/news/1393671.html，2022 年 7 月 14 日查阅。

施、救度众生。一般以农历七月十五中元节作为新竹城隍爷“绕境赈孤”之日，所以，新竹城隍爷自中元节前便开始进行一系列的赈孤普度活动，该活动所体现的是缅怀先亡的慈悲布施之福，同时也是让我们在赈孤普度的过程中学习如何善待众生。

（三）金门迎城隍

金门俗谚有“三月疯妈祖，四月迓城隍”之谓，所以金门的城隍信俗由来已久，当地每年的农历四月十二迎城隍是重要的民间宗教庆典，也是台湾的宗教百景之一。金门特有的迎城隍是依照古例由浯岛城隍庙进行统筹，绕境阵头包括辇轿、艺阁、人力蜈蚣座、神将、打花草等，保留了闽南宗教庆典的特色。其他的系列活动还包括北门北镇庙的“特色民俗体验活动”，参与民众可以在此参加狮鼓阵头、三太子阵头体验及狮头面具彩绘、扯铃舞剧、3D光雕布袋戏、四境地方特色阵头表演及踩街等相关心“城”则灵祈福活动。

（四）五月十三台北迎城隍

台北霞海城隍庙位于昔时的大稻埕码头附近，建庙至今一百六十多年，是泉州同安移民的守护神。霞海城隍庙的规模不大，但其庙会庆典非常盛大。农历五月十三日是台北霞海城隍神诞，农历五月十三日台湾北部各地阵头、艺阁、轩社等都会倾巢而出，参与盛会，所以，当地用“五月十三迎城隍——无奇不有”这句话形容台北迎城隍的盛况。

目前，五月十三台北迎城隍已扩大为台北霞海城隍文化季，该活动将传统的绕境与当地商圈、动漫、微电影等相互结合，借以扩大台北霞海城隍文化季的影响力。在每年五月十三迎城隍的绕境过程中，城隍爷都会在阵头的开路下出巡，民间信俗认为城隍爷的出巡具有保佑地方、扫灾招福的作用。

1. 保庇家庭和谐的城隍夫人

台北霞海城隍庙除了供奉城隍爷之外，还供奉了守护家庭和乐的城隍夫人。由于旧时大稻埕是海商贸易的集散中心，所以商贸往来繁复。不少妇女为了让自己的丈夫在工作之余能够多回家，便到霞海城隍庙祈求城隍夫人帮忙，使其家庭幸福、夫妻感情和睦。所以当地民间传言，城隍夫人会代城隍老爷管教信众的丈夫。为此之故，大稻埕的妇女相信，如果能够求取到城隍夫人的信物，那么就可以受到加持。

霞海城隍庙里城隍妈的信物“幸福鞋”的源起据说是旧时有一位妇女经常与丈夫吵架，后来，妇女为了与丈夫重修旧好，便亲手缝制了一双绣花鞋供奉给城隍夫人，同时也取得了城隍夫人脚上更换下来的绣花鞋。随后，妇女将庙里城隍妈的绣花鞋带回家，不久之后，她与丈夫的感情逐渐修复，家庭关系也变得更加和睦。此事在当地传开后，吸引了众多的已婚妇女带着自己缝的绣花鞋前往庙中，希望能换到城隍夫人脚上的绣花鞋。所以民间盛传，城隍夫人的绣花鞋有增进家庭和谐的作用，因此便有了“幸福鞋”的说法。

后来，庙方为了方便信众求取城隍夫人的“幸福鞋”，便发起把“幸福鞋”请回家的活动。该活动主要是由庙方统一订制“幸福鞋”，需要“幸福鞋”的已婚妇女可以向城隍夫人掷筊，如果获得城隍夫人的应允，便可以把城隍夫人加持过的幸福满满的“幸福鞋”带回家中摆放。这象征城隍夫人赐福到家中，保佑阖家平安，夫妻感情和谐。

城隍夫人的“幸福鞋”（林孟蓉于 2018 年拍摄）

2. 寻觅良缘的月下老人

大稻埕霞海城隍庙供奉的月老神尊近年成为海内外著名的姻缘之神，不论是西洋的情人节还是中国的情人节，前往祭拜月下神尊牵红线的青年都络绎不绝。

霞海城隍庙的月老神尊非常受到年轻朋友的青睐，凡是尚未寻觅到对象的未婚男女都会到庙里祈求月老神尊帮忙牵红线，已有对象者则会去祈求感情稳固、缔结良缘，因此，前往霞海城隍庙除了礼拜城隍爷外，大殿中堂所供奉的月下老人也成为青年朋友的崇拜对象。

未婚男女到霞海城隍庙祈求月老神尊帮忙牵红线时，需事先准备金纸、香、喜糖、红糖、红线、铅钱等供品，祈求时，首先需烧香礼拜，同时需向月老神尊及众神明禀报自己的姓名、年龄、住址、喜欢异性的类型。供品中的金纸是用来答谢神明的，喜糖和红糖则留下来“广结人缘”，每年五月庆典或岁末年终会由庙方煮成平安茶或甜茶与大众结缘。另外，红线和铅钱需在拜完月下神尊后过过香火，在香炉上顺时针转三圈后放在随身的皮夹内。其中，红线代表姻缘线，铅钱在闽南语称为“缘钱”，闽南语“铅”与“缘”音近，因此，红线和铅钱有“红鸾姻缘”之意。

前往祭拜的青年男女，如果有交往不错的异性可带花束再次前往霞海城隍庙向月老神尊祈求早日开花结果，若有进一步的喜讯则可以用喜饼答谢神明，所以台北霞海城隍庙目前成为台北最热门的网红打卡庙。

三、端午驱毒避邪与迎福

端午节是中国重要的传统节日之一。在古代，每月初五称为“端午”；唐代时，端午已指特定的农历五月初五，所以端午节也称为“重五节”“重午节”“端阳节”“五日节”“天中节”“蒲节”等。

端午节之所以称为“蒲节”是因为端午节有插菖蒲、饮蒲酒的习俗。另外，在唐宋之际，端午节也被称作“天中节”，旧俗以包黍秫为粽，束五色彩丝。

端午是指仲夏的“端五”又为“重五”。但旧时为了避唐玄宗之讳，故将“五”改为“午”，所以端五也称为“端午”。由于端五之“五”属于阳数，所以端午也称为“端阳”。《帝京岁时纪胜》有“端阳日，蒲艾曝干存贮，生子用以沐浴，兼洗冻疮。午日冰和土粉晒干，擦小儿热痱”①。《燕京岁时记》也称五月五为“端阳”，文言：“京师谓端阳为五月节，初五日为五月单五，盖端字之转音也。每届端阳以前，府第朱门皆以粽子相馈贻，并副以樱桃、桑椹、荸荠、桃、杏及五毒饼、玫瑰饼等物。其供佛祀先者，仍以粽子及樱桃、桑椹为正供。亦荐其时食之义。”② 闽台各地也将端午节称为“五日节”或“五月节”，在福建莆仙地区，端午节就是五月初一到五月初五，当地一首端午节的儿童民谣是这样唱的：“初一糕，初二粽，初三螺，初四艾，初五食一日，初六嘴企企。”这是莆仙地区的一首童谣，描述的是莆仙当地过端午的情景。从歌谣里可以知道当地的端午节日的习俗是连续五日，而且每日所进行的节俗项目各不相同。“初一糕”是指五月初一蒸米糕，就是将大米磨成粉，后添加花生粉、糖、桂花酱或香料，最后蒸制而成。所以，五月初一蒸的米糕也称为“早米糕”。

“初二粽”是指五月初二包粽子。包粽子是端午节重要的习俗，福建的粽子一般分为碱粽和咸粽。碱粽是用草木灰做成碱水，然后将糯米用碱水浸后包制，煮熟后呈现淡黄色。咸粽则是用浸泡好的糯米拌上调料或卤肉汤汁，然后用粽叶将糯米和事先备好的卤肉、咸蛋黄、香菇、栗子、虾米、牡蛎等包裹起来蒸煮。不论是碱粽还是咸粽，在福建当地都是端午祭祀祖师的必备岁时节品。

“初三螺”是指吃面螺，据《闽书·风俗志》记载：“泉、莆是日多食鹳鸽螺，以能明目。”“初四艾”是指挂艾草，因为艾草形似虎，菖蒲形似剑，所以民间认为挂菖蒲艾叶有去除邪魅、除秽的作

① 《帝京岁时纪胜》，第 23 页。

② 《燕京岁时记》，第 65 页。

用。“初五食一日”是指五月初五为端午正节，全家在祭拜祖先后团聚宴饮，如《兴化府志》中的记载：“是日，具牲醴荐角黍于先祠毕，乃长幼序坐燕饮。莆俗最俭约，寻常会客，惟市沽新酿，必贵家富室，云有老酛也。至是日不论贫富，俱市老酛饮之，谓之饮续。”最后，“初六嘴企企”表示节日结束，没有东西吃了。

所以莆仙地区的端午节为期五天，是名副其实的“五日节”。闽南对于端午节传统节日乃延续前俗，有包粽子、扒龙舟、喝雄黄酒、插艾蒲、戴香囊等。其中包粽子和扒龙舟的竞渡活动是延续楚人纪念三闾大夫投汨罗而亡的哀痛，而且扒龙舟的习俗可从隋朝杜公瞻在《荆楚岁时记》注中得知该习俗由来已久，文言“五月五日竞渡，俗为屈原投汨罗日，伤其死所，故并命舟楫匚以拯之”①。

福建五月五日这一天，包粽子和划龙舟的习俗都与三闾大夫投江相关，百姓因不忍屈原投江自尽而死，所以沿江敲锣打鼓，投下竹筒饭喂鱼，以避免屈原的尸身被江中的鱼类所吃。尔后，投江喂鱼的民俗活动在岁时的更迭中逐渐成为现今端午节划龙舟和包粽子的民俗。

在旧俗中，扒龙舟除了是为了寻觅屈原外，也有祭祀水神、消灾祈福的作用，只是后来转变成以纪念屈原的活动为要，而且扒龙舟这样的遗俗在福建、台湾各地后来也转变成竞渡文化活动。例如厦门集美端午龙舟赛已有200多年历史，2017年还被列入福建省非物质文化遗产名录。另外，莆田、漳州、泉州、台湾各地也有相关的龙舟竞赛。

至于粽子也由竹筒贮米祭祀的供品渐渐演变成应景的传统节日美食，《燕京岁时记》特别强调以彩丝缠粽子和竹桶米是纪念投江的屈原不为江中蛟龙所窃而有，如文所言，“屈原以五月初五日投汨罗江，楚人哀之，至此日，以竹筒子贮米，投水以祭之，以楝叶塞其上，以彩丝缠之，不为蛟龙所窃。是即粽子之原起也”②。旧

① 《荆楚岁时记》，第47页。

② 《燕京岁时记》，第65页。

2022 年 6 月 27 日莆田杭林胜境龙舟教渡盛典（一）
（《湄洲日报》美术摄影部蔡昊拍摄提供）

2022 年 6 月 27 日莆田杭林胜境龙舟教渡盛典（二）
（《湄洲日报》美术摄影部蔡昊拍摄提供）

时福建闽南与台湾地区在端午节也都延续这样的旧俗古例，在过节前夕，家家户户都自己包粽子，口味也由单一的碱粽、咸粽演变成各种口味的粽子。闽台民间也有俗谚，“尚未吃五日节粽，破裘不甘放”，即形容端午节气的变化。该谚语的意思是说五日节（端午节）前的天气仍然属于多变的气候，天气冷暖不定，保暖的衣服也要随身准备，等到五日节（端午节）过后，天气的温度趋于稳定，才可以将冬天保暖的外套收起来。也就是说，端午节过后方可正式换季。

（一）五月初五端阳平安

避邪招福艾旗（“无所住”花艺拍摄提供）

1. 避邪招福插艾草

《帝京岁时纪胜》对于五月端阳有这样的记载：“五月朔，家家悬朱符，插蒲龙艾虎，窗牖贴红纸吉祥葫芦。幼女剪彩叠福，用软帛缉逢老健人、角黍、蒜头、五毒老虎等式，抽作大红朱雄葫芦，小儿佩之，宜夏避恶。”①

文中五日节的习俗“家家悬朱符，插蒲龙艾虎，窗牖贴红纸吉祥葫芦”在闽南则演变为在门柱上或门环结上用红纸事先扎好的菖蒲、艾草、榕树枝，借以驱避邪祟。如《荆楚岁时记》所说，“采艾以为人形，悬门户上，以禳毒气”，《燕京岁时记》也云：“端午

① 《帝京岁时纪胜》，第 21 页。

日用菖蒲、艾子插于门旁，以禳不祥，亦古者艾虎蒲剑之遗意。”①

所以闽南民间继承“艾虎蒲剑”之遗俗，将菖蒲、艾草、榕树枝等取其形，将菖蒲视为剑，有驱邪的作用，将艾草视为旗，有祓鬼的作用。而且，闽台民间亦有俗谚：“艾旗招百福，蒲剑斩千邪。”

2. 迎节五日粽

2022 年端午应景楝叶（林孟蓉拍摄）

端午节应景的粽子就是县志里所言的“角黍”，其烹调制作的方法就是用竹叶包裹糯米调理而成，其口味非常多元，有甜粽、素粽、碱粽、咸粽等各种口味，而且在台湾各地对于粽子的制作烹调也略有不同。台湾北部习惯把糯米蒸熟后再包裹馅料，所以台湾北部粽香气足，口感偏硬；南部则是习惯事先把生米拌上馅料，再以水煮的方式把粽子煮熟，所以台湾南部粽比较像粿，口感软烂。

在端午节，人们也会将应景食品粽子馈赠给亲戚朋友，称之为“送节”。

3. 午时除秽净香浴

所谓午时水是指端午节当天中午十一点到一点的午时到附近的河边汲水或到井边打水，民间相信在端午节正中午所汲的水具有正能量，汲取饮用可以延年益寿。台湾过去大甲风景区中的剑井因传

① 《燕京岁时记》，第 66 页。

说是郑成功所挖掘，故当地及民众经常上山汲水，所以，五日节当天午时上山取水的民众络绎不绝。

另外，福建莆田当地有用午时水煮午时草、午时蛋的习俗。所谓午时草是指端午当日清晨所采集的各种香草，包括菖蒲、桃枝、石榴枝、柑橘枝等植物的枝条，然后加上连枝带荚的毛豆，也就是六月豆组合而成，这统称为“午时草”或“五味草”。端午当日把午时草放在太阳下曝晒，并用午时水烧开熬制，熬制时可以放几个鸡蛋进去一起熬煮。根据当地说法，用午时水煮的食物可以清肠解毒，用午时草熬制的香汤沐浴可以祛病。如《荆楚岁时记》记载：“五月五日，竞采杂药，可治百病。”

莆田当地所熬制的午时草也被称作“兰汤”，可用于全家沐浴，而且大人帮小孩洗浴后会用刚刚放在午时草一起煮的鸡蛋在小孩身上滚几下，并且一边滚动一边念“多吃午时蛋，全身肥囡囡”，据说，这样可以为小孩祛毒除病。厦门也称熬制的五时草为“兰汤”。当地五时草是用抹草和苦草熬制成香汤，以此香汤在端午节盥洗沐浴，此为洗百草浴，象征着去除百病。

闽台当地端午节采百草、洗兰汤、洗百草浴的习俗可溯及《大戴礼记·夏小正》所记载的“五月五日，蓄兰为沐浴”；《楚辞》也有“浴兰汤兮沐芳”的记载；《荆楚岁时记》也有对于五月五日的记载：“五月五日，谓之浴兰节。四民并蹋百草之戏。采艾以为人，悬门户上，以禳毒气。以菖蒲或镂或屑以泛酒。”文中“以菖蒲或镂或屑以泛酒”在《佩文韵府》的记载是说“端午以菖蒲一寸九节者泛酒，以辟瘟气”。另《荆楚岁时记》也更进一步说明荆楚人浴兰节的习俗：“今谓之浴兰节，又谓之端午。蹋百草。即今人有斗百草之戏也。宗则字文度，常以五月五日鸡未鸣时采艾。见似人处，揽而取之，用灸有验。师旷占曰：岁多病则艾草先生是也。今人以艾为虎形，或剪彩为小虎，粘艾叶以戴之。”[①]

---

① 《荆楚岁时记》，第45—51页。

文中“浴兰节”“踏百草”“采艾”等习俗是为了辟邪、祛病、除瘟。在闽台民间俗信里，也相信用午时水涂抹在小儿身上可以治小儿惊吓。在端午节当日，人们会到庙里祈求午时符，并将符装在香火袋里让幼童佩戴。据说幼童佩戴午时符有“做胆”的俗例，“做胆”的意思是说小孩比较不容易惊吓哭闹，而且可以平安健康长大。

4. 长命百岁的香馨——长命缕

虎形长命缕（林孟蓉拍摄）

五色长命缕（林孟蓉拍摄）

端午节这天，闽台民间的妇孺老幼也有穿新衫、戴香馨的习俗。

首先，闽台民间在端午节这天穿新衫的习俗是指人们在这一天可以穿新衣服出行、游街，在莆田当地的习俗则是小孩洗完兰汤浴后要穿上新衣服。笔者寻问当地老人对儿童在端午节“穿新衫”的说法，答案是因为端午节为中国传统的大节日，所以“穿新衫”有“换新”“迎新”的意思；询问年轻人对于端午节“穿新衫”的看法，当地的年轻朋友的诠释则是“把好运穿在身上”。但不论说法为何，当代能在特定的岁时里穿上新的衣服，总是能让人感到美好且幸福。

另外，端午节还有戴香馨的习俗，戴香馨就是戴香包，即用香馨或香包的绸布缝制成各式各样瓜果、花鸟、动物等，里面装有各式香粉，如檀香、沉香、丁香、朱砂、冰片等，然后串上红丝线，小孩子则将其佩戴于胸前，妇女则简单地用香草串在发簪上插在头发上。这也就是《荆楚岁时记》所说的“粘艾叶以载之，用以蠲除毒气”和《荆楚岁时记》注所说的“或剪彩为小虎”。因此，从端午节佩戴香馨一物可知此习俗由来甚久，并可溯自古代长命缕的演变而来。

旧时长命缕又称为“续命缕”“辟兵缯”，有祛瘟除病之效，《荆楚岁时记》引用了《孝经援神契》的文献解释“辟兵”时说：“仲夏茧始出。妇人染练，咸有作务。日月、星辰、鸟兽之状，文绣、金镂，贡献所尊。一名长命缕，一名续命缕，一名辟兵缯，一名五色丝，一名朱索，名拟甚多。青、赤、白、黑以为四方，黄为中央，襞方缀于胸前，以示妇人蚕功也。”[①] 据《太平御览》引《风俗通》的记载，“五月五日以五彩丝系臂者，辟兵及鬼，令人不病瘟。又亦因屈原。一名长命缕，一名续命袍，一名辟兵缯，一名

---

① 《荆楚岁时记》，第 48—51 页。

五色丝，一名朱索。又有条达等织组杂物，以相赠遗。”[①] 文中续言，五色辟兵的使用可以挂于胸前，也可以织夹悬于门，如行文所说，“织麦悬于门，以示农工成”也有吉祥的寓意。

所以古代长命缕一种是用“软帛缉逢”的香包，可以当发饰佩戴在妇女头发上，同时也可以佩戴在胸前；另一种则是用五色缕编织而成，然后系于手臂上，二者皆有除瘟祛病的象征意义。后来长命缕多用于儿童，用来象征驱避五毒，同时也有祈愿小朋友平安健康的作用。

笔者在闽南所看到的长命缕是五色编织的网兜装，网兜内装着午时草所烹煮的午时蛋，也有用红色碎花布缝制的“小虎儿”，这些长命缕都有祈求儿童平安健康、长命百岁的祈福寓意。

另外在闽台旧俗上，新婚的新娘子在婚后第一个五日节必须缝制香馨、香芳赠送给亲戚朋友的小孩，用以祝福家族中的小朋友平安无恙，快快长大。

（二）迎龙头·插榕勇过龙

泉州的端午节以迎龙王爷为主，由于节气前历经长时间的梅雨，所以湿气、暑气同时并生，容易产生瘴疫之气，因此泉州当地民众便以“唆啰嗹”的古曲吟唱请龙王爷出巡游街、采莲，到各家各户祛瘟除疫。龙王爷出巡的队伍中有铺兵公与花婆，铺兵公身挑装着满壶的雄黄酒和猪脚随行，花婆则给采过莲的门户分送花朵，象征祈福阖家平安。

旧时每年进入端午前夕的五月初一，台湾也有类似泉州迎龙王爷祈福除瘟的活动，当地称之为“龙船头”出巡。“龙船头”有的是供奉在观音寺庙，有的则是供奉在妈祖庙，该习俗在台湾北部称之为“迎龙头”，台湾中南部的古都鹿港称之为“迎龙王”。

台湾北部“迎龙头”的时候，需先将龙头挂上红彩，在龙王公的口中插上榕树叶，接着由两人扛着，随着鼓吹阵头巡境，商铺可

---

① 《荆楚岁时记》，第51页。

以迎请龙王入内赐福，并赠予红包。随行绕境的民众可以摘取龙王公口中的榕树叶插在头发上，或放在身上随身携带，俗信说这样可以消灾愈病保平安。

鹿港龙山寺龙王尊神（林孟蓉拍摄）

鹿港“迎龙王”巡境模式则与台湾北部的“迎龙头”巡安相似。鹿港“迎龙王”的时间在端午节前，民众会把龙头安置在木台上，然后随着吹鼓阵从当地的妈祖庙或观音庙出发，沿途游境赐福供民众膜拜。安放龙头的木台上则插满榕树枝，让民众采摘并插在头发上，当地俗谚称之为“插榕较勇龙”，意思是受到龙王的加持与祝福，身体平安健康。

（三）午时菜——食菜豆食到老老

在闽台有两句闽南语的俗谚可用来形容当季的食蔬，分别是“食菜豆食到老老”和“食茄人较会超腾”。俗谚中的“菜豆”就是豇豆，豇豆和茄子在台湾被称作“午时菜”，因为这两样食蔬在这个岁时刚好是盛产的季节，而且豇豆用闽南语称为“菜豆仔”，因“菜豆仔”的营养丰富，有益健康，所以民间才会有“食菜豆食到老老”的俗谚，加上闽南语的“豆”和“老”发音相似（同韵），所以整句俗谚便显得更加押韵。

另一句俗谚“食茄人较会超腾”和“食菜豆食到老老”有异曲同工之处。茄子也是当季的健康食蔬，多吃茄子有健康保健的作用。闽南语的“超腾”是指人的身体健康、精神焕发、神采奕奕，而且闽南语的“茄”与“腾”同音韵，所以整句谚语显得生气活泼。

另外，由于过去台湾医疗不发达，所以当地居民会在端午这天用盐渍芋梗（芋头的茎）和一些尚未成熟的葡萄、树莓等制作保健食品。据说腌渍成熟的芋梗、葡萄、树莓可以用热开水冲泡饮用，对消化不良或伤风颇有功效。

在端午节的应景食品中，由于也是桃子、李子、茄子、菜豆的盛产季，所以当日吃茄子、菜豆象征健康长寿吉祥，吃桃子、李子象征桃李满天下。湄洲岛居民在端午节也有吃马头粿和打面的习俗，马头粿象征着马到成功、飞黄腾达、财源广进。吃打面就是吃咸面条，因当地方言“面”与“命”同音，所以吃打面象征长寿。另外，湄洲岛的居民在端午节也喜欢吃艾草蛋，用以象征除晦气、除病气，有平安、健康、吉祥的寓意。

第三节　六月岁时与福俗

季夏荔月
三伏之中逢酷热，五谷田申秋下结。
此时若不逢灾厄，定是三冬多雨雪。

“六月。初昏斗柄正在上。煮桃。鹰始执鸷。”①

人间六月，桃树已经果实累累了，可以煮桃腌制。天空上的老

① 《夏小正疏义》，第36—37页。

鹰盘旋，也许是正在学习捕猎吧！

一、小暑·大暑

六月是荔月，当月有小暑和大暑两个节气，盛夏炎热的暑气在月初是小暑，月中是大暑。正如《月令七十二候集解》所说："暑，热也。就热之中分为大小，月初为小，月中为大，今则热气犹小也"。

所以，潜伏在地底的暑气慢慢地散发出来了，温热的风也吹来了阵阵的暑气，这是天地间的仁和之气吗？金灿灿的阳光让万物狂欢了起来，而活跃于秋兴的促织暂时还在洞穴中蛰伏，等待七月的远飞。天空中的老鹰正在为幼鹰展示捕食的技巧，这样猎捕的氛围是否也昭告着下一季的肃杀之气即将来临？"温风至""蟋蟀居宇""鹰始鸷"这些是小暑盛夏三候的情景。

小暑在闽南民间有"食新"习俗，即在小暑过后尝新米。农民将新割的稻谷碾成米后煮熟，祭祀五谷大帝和祖先，并在祭祀后分食新米饭，这就是"食新"。《南安县志》有相关文献记载："六月六，天贶节，荐新谷与祖祢，献荔枝及时果，或副以筵。"

大暑是立秋前最炎热的天气，炎热至极，可是偏偏这时萤火虫漫飞起舞，仲夏夜的无声欢唱将夜空点缀得如此璀璨梦幻，让人在一夕间全然忘记了酷暑与烈日的毒辣。盛夏的夜渐渐弥起湿漉漉的气息，也许不久后会开始一场酣畅淋漓的大雨吧！也许，这正是为了庄稼再度启航的前奏！"六月必有三时雨"，也许是说不期而遇的大雨是再次滋养大地的甘露。"腐草为萤""土润溽暑""大雨时行"是大暑三候所描述的节气现象。

福建莆仙地区在大暑这个节气有"作大暑"的习俗，也就是吃荔枝、羊肉、米糟等热性食品。其因是梅雨过后的大暑因天气暑、湿气重，容易被风邪所侵，因此，当地便以这些热性食品作为节气养生。

荔枝是莆仙当地的特产，莆仙当地对于吃荔枝应了"小暑小吃，大暑大吃”这句俗谚，尤其是将新鲜荔枝在大暑日浸泡于井水后品尝，当地认为这样的荔枝最为滋补、可口。此外，莆仙名菜温汤羊肉就是一道水煮羊肉，烹调时以汆烫热泡的方式把羊肉焖熟，食用的时候将羊肉捞起切片蘸酱。由于羊肉本身就是一道滋补的膳食，所以莆仙地区“做大暑”的食补之一就是吃羊肉。另外，莆仙地区“做大暑”的第三道膳食就是吃米糟，米糟是用大米加入酒曲发酵而成，发酵完成后的米糟其实就是酒酿，食用的时候可以加红糖、鸡蛋煮食，据说大暑日吃米糟有大补元气的作用。

除此之外，在闽南地区，大多数家庭会煮绿豆汤，还会吃巴戟天炖排骨，以滋阴补阳；或以中药材炖鸡、鸭、鱼、肉或猪蹄，用以补夏。另，民间习俗还认为大暑日正午时分，把水放在太阳底下晒热，然后给小孩子洗澡，可避免长痱子。

二、观音成道平安吉祥之福

观世音菩萨又称“观音”“观世音”“观音菩萨”“观自在菩萨”。在佛教相关的经典中记载，观音菩萨在久远劫前就已成佛，佛号“正法明如来”，以大慈悲心不忍世间苦厄众生而生娑婆，如《观世音菩萨普门品》所言:“应以何身得度者，即以何身而为说法。”观音菩萨以普门示现慈悲度化世间，所以在中国便有“家家弥陀，户户观音”之谓，用以说明观音信俗的普遍性，所以在民间信俗中，观世音菩萨被尊称为“观音佛祖”“观音妈”“观音大士”“白衣大士”等，并定农历六月十九为观音成道日。台湾民间著名的观音道场龙山寺是早期泉州移民所携福建泉州晋江泉安龙山寺之香火而来，且分布在台湾各地，因香火鼎盛，所以龙山寺成为民众常至烧香祈福礼拜的庙宇。

（一）龙山寺巡礼之福

晋江安海龙山寺是一座千年梵刹，当地称之为“观音殿”。据文献记载，晋江安海龙山寺的观音信俗起于东汉，时有位行脚僧一粒沙路经福建安海，见千年古樟于夜里发出祥光，形似观音，于是他便将观音菩萨的法像绘制雕刻并建造梵刹。目前大殿梁上仍留有大唐贞观十三年（639）鲁国公程知节捐俸一千两督修的题记一通，佛殿前亦有“东汉初兴光佛刹，南朝重建迓神庥”的对联。

明嘉靖年间，倭寇进犯安海并商议毁掉龙山寺，然而就在此时，龙山寺内鸟蜂涌出，旱天雷电交加，所有贼寇惊惧跪叩而归，安海龙山寺遂逢凶化吉，得免焚炬。清顺治辛丑年间，清廷为杜绝郑成功与安海一代居民的往来，于是禁海迁界，焚毁滨海佛刹无数，唯独安海龙山寺安然得免于难。

弘一法师是当代佛教高僧，晚年在福建闽南一带弘法，其足迹遍及泉州、厦门、福州、漳州各大寺院，其中驻锡泉州时间最长。他在安海龙山寺讲经弘法，曾为安海龙山寺留下“常得正念”和“绍隆佛种”之墨宝。

除此之外，晋江安海龙山寺也有所谓的安海“三宝”与安海“三绝”。安海“三宝”是指由千年樟树所制的观音法像、钟鼓楼的大鼓和金刚殿的两扇整版樟木门，其中，千年樟树所制的千手观音同时也是安海龙山寺的“三绝”之一。安海“三绝”的另外两绝则是指圆通宝殿前的蟠龙石柱和安海龙山寺每日的“晨钟暮鼓”，其中，圆通宝殿前蟠龙石柱上的工艺精湛，左右的龙珠和龙爪中的法物在敲击后会发出鼓声和罄声。

安海龙山寺每日都会进行早晚课诵。此外，每月的农历初一、十五及二十九，寺里固定举行念佛法会；每年春节及特定的观音观音诞、观音成道日等，龙山寺里也会为民众举行祈福法会，祝愿风调雨顺、国泰民安。

2019 年，晋江安海龙山寺的“龙山寺千手千眼观音菩萨信俗”入选晋江市级非物质文化遗产。龙山寺千手千眼的观音信俗是民间长期养成的一种祈福的信俗，寄托着人们对美好生活的一种向往。同时，安海龙山寺也是闽台两岸信俗一脉相承的见证。明末清初，晋江沿海人民三次迁移至台湾，随着晋江人入台，安海龙山寺的分灯分香也随之而来，落地开枝散叶。现由北而南为序，将今台湾分香安海著名的龙山寺分述如下。

1. 淡水龙山寺

淡水龙山寺（林孟蓉 2019 年拍摄）

淡水龙山寺目前为台湾三级古迹，创建于清乾隆年间，在北台湾淡水地区与淡水清水岩、鄞山寺与福佑宫合称为“淡水四大庙”。该庙主要为泉州泉安、惠安及南安等三邑人士所捐建，是早期淡水地区泉州人民的信俗中心，同时也是聚落行会的自治中心，地域特色浓厚。根据日本侵占台湾时期的调查，旧时淡水龙山寺为泉州五县会馆之一，名虽为寺院，实际上却是泉州同乡的集会场。

光绪十年（1884）中法战争，淮军将领章高元率淮勇二营数百人在沪尾助剿，并于同年四月前往龙山寺参拜，捐建淡水龙山寺石庭记碑。光绪十二年（1886），台湾巡抚刘铭传感念淡水龙山寺观音菩萨保佑地方平安，遂奏请光绪帝赐匾，御书“慈航普度”，目前亦悬挂于寺中。连横在《台湾通史》对此也有相关的记载，文言：“龙山口寺：在县辖沪尾街，乾隆间建，规模颇大。光绪十二年，巡抚刘铭传奏请赐匾，御书‘慈航普度’四字，悬于庙中，

今存。”

目前淡水龙山寺隐藏在当地闹市间，与清水岩比邻，每年固定的法会有新春祈福法会、正月十五燃灯法会、农历四月浴佛法会、清明超荐法会、七月中元盂兰盆地藏法会，以及每年观音圣诞的礼斗法会、观音成道和观音出家的祈福法会。庙里除了每年固定的法会为信众举行消灾祈福外，观音菩萨的慈悲也能福佑每位前来礼佛的大众，使他们都能受到观音菩萨的加持与祝福。

2. 艋舺龙山寺

“艋舺”为平埔族凯达格兰语的音译，今名为“万华”。该地区原是旧时平埔族与汉人农作物交易的市集，故有“蕃薯市街”之称。自乾隆年间起，时有福建泉州之晋江、南安、惠安等三邑移民渡海来此，而后渐成聚落。

相传，雍正年间，有一船员赴新店途中在艋舺一处晒布空地休息，离开时忘记带走身上绣有“龙山寺观音菩萨”的香火袋，自此之后，竹林便每夜发出祥光，这引起当地人居民的注意。乾隆三年(1738)，地方士绅赴晋江县安海龙山寺恭迎观音佛祖来台，并募款建寺供奉。

艋舺龙山寺建寺后成为泉州三邑人的信仰中心，其中艋舺三大姓的黄姓族群掌控大溪口、林姓族群掌握王公宫口、吴姓族群掌控沪尾渡头，每遇大事，三邑的领袖群集龙山寺，共商大计，因此，旧时龙山寺后殿妈祖殿是郊商会馆的办公处，举凡商贸诉讼、纠纷、裁决均在这里举行。此后，龙山寺后殿成为泉郊、北郊定期聚集之处。

光绪十年中法战争，法军侵占基隆狮球岭，艋舺居民乃组织义勇军协助时任台湾防务的钦差大臣刘铭传御敌。战后，刘铭传为了感激艋舺人士的义行，遂奏请光绪皇帝赐予艋舺龙山寺“慈晖远荫”匾。

嘉庆、同治年间，龙山寺因地震、台风的侵袭，曾多次修建重整。民国八年（1919），寺内多处殿堂均为白蚁所蛀，庙堂有坍塌之虞，时任住持的福智大师乃邀集地方进行修建，然因重修所费不赀，资金筹措艰困，福智大师率先将毕生积蓄七千余元悉数捐出，让在座士绅甚为感动，于是纷纷解囊捐献善款。此次重建将原有之木造建筑彻底改建，可惜福智大师于落成前圆寂，未能亲见修筑后的庙貌。尔后，第二次世界大战期间，盟军夜袭台北，将龙山寺误判为总督府，因而猛力炮轰。在此之前，艋舺居民每遇空袭都会到大殿的神桌下避难。空袭当晚，附近居民却无人到神桌下避难。传言，这是观音菩萨显灵化现蚊蚋警示大众，让民众因蚊蚋不敢至其大殿而免除灾难。而龙山寺在空袭后，大殿全毁，龙柱俱裂，观世音菩萨除脸部熏黑外，仍安然坐于莲台。

1963 年 8 月 5 日，艋舺龙山寺成立财团法人，此后，艋舺龙山寺开始分批多次地积极进行周边商场的整顿，使之成为著名的景点。1985 年，艋舺龙山寺被公告为二级古迹。

目前，龙山寺正殿主要供奉观世音菩萨，两旁还有文殊菩萨、普贤菩萨、罗汉山和护法，后殿有华佗厅、文昌帝君殿、天上圣母殿、关圣帝君殿、月老厅等。天上圣母殿两旁奉祀城隍爷、土地公、水仙尊王、注生娘娘以及十二婆姐、池头夫人等神，是一座民间佛道融合的观音道场。注生娘娘旁所奉祀的池头夫人则是为了纪念旧时当地因漳泉械斗而牺牲的一位孕妇。据说咸丰年间，某日，漳州人正想夜袭艋舺，月黑风高的当下恰巧被一名在龙山寺附近洗衣的孕妇发现，因为她的通报才让当地避免一场械斗的灾难，不过这位孕妇也因此丧命。当地为了纪念她的义勇，遂为其刻像，奉祀在注生娘娘旁，并称之为“池头夫人”。

至于艋舺龙山寺的年历活动，除了每日早晚的日常课诵外，新春期间则有举办点灯、消灾祭解法会，农历二月十九举行观音诞祈福法会，四月浴佛节举办浴佛法会，五月为学子举办文昌祈福法会，七月中元举办三天的盂兰盆超荐法会，农历九月和十一月分别举办药师佛法会和阿弥陀佛法会。其中在新春期间，庙方会从除夕当天开始，到农历二月十九日观世音菩萨圣诞前举办花灯展。旧时

当地有“蹭灯脚”的习俗，意思是指已婚求子的妇女在新春灯会时在花灯下行走，借“灯”的吉祥以祈求“添丁”之意。除此，艋舺龙山寺于七月所举办的中元盂兰盆会于 2014 年 1 月 13 日被相关单位评定为无形文化资产。

旧时艋舺龙山寺是泉州三邑人的信俗中心，每到中元节时便秉持佛家慈悲的精神，举办盂兰盆法会超荐先人。法会通常会在农历七月初一先竖灯篙，到了中元节前的七月十三，庙方会在西厢前埕举行拜树兰花脚活动，十四日举行放水灯活动，十五日举行瑜伽焰口法会，普施九幽十类孤魂，令其往生净土。

除此之外，庙里也有免费为信众解签的服务，每年岁末也会举办公益的冬令救济活动，帮助当地的低收入户并进行相关的社会灾难救济。例如 1999 年南投“九二一”大地震、2009 年“莫拉克”台风等，艋舺龙山寺皆慷慨解囊，投入巨资帮助灾后重建。此外，艋舺龙山寺也会在观音菩萨成道日不定期地举办公益捐赠活动，借此发扬观世音菩萨救难精神。所以，信众认为能在观音菩萨成道日参访观音道场也算是受到观音菩萨的加持与祝福。

3. 鹿港龙山寺

鹿港龙山寺分灵自福建泉州安海龙山寺，随先民安海龙山寺住持肇善禅师从泉州前来，并于鹿港旧河道边结庐为寺。乾隆四十九年（1784），鹿港被清政府正式设立为与泉州蚶港对渡的港口，一时泉州来台人民剧增，遂有信士提议建寺。乾隆五十一年（1786），由当地相关士绅、头人、商贾等人将现址迁建为龙山寺。《彰化县志》卷五《祀典志》记载：“龙山寺：前大殿祀观音、佛祖，后祀北极上帝，在鹿港。乾隆五十一年，泉州七邑士民公建。”尔后，龙山寺于乾、嘉年间多次修建，道光九年（1829），当地日茂行与泉厦八郊发起重修，重修竣工后龙山寺主体格局有山门、五门殿、戏台、拜殿、正殿、后殿等。

日本侵占台湾时期，鹿港龙山寺成为日本真言宗本愿寺分院。原先供奉的观世音菩萨等神像自正殿完全迁出，改供奉御授阿弥陀佛像于正殿。随后，龙山寺先后受到祝融与地震之灾，寺庙建筑与神像几近全毁，1936 年开始重建。光复后，国民党军队来台，龙山寺被作为临时驻军场所以及鹿港中学教师的临时宿舍。后于 1960 年成立龙山寺管理委员会，1961 年组织鹿港龙山寺修建委员会展开重修，并于 1964 年竣工。

1983 年，鹿港龙山寺被列为一级古迹，后续也进行多次古迹的修整，目前鹿港龙山寺仍保留四通相关的历时碑记，分别是道光十一年（1831）重修龙山寺记、泉厦郊商捐题缘金碑，道光二十七年（1847）观音菩萨寿费碑，以及 2008 年鹿港龙山寺修复碑记等。

目前，鹿港龙山寺除了主祀观音菩萨外，相关陪祀的还有十八罗汉、境主公、注生娘娘、三世佛、地藏菩萨、北极大帝、太岁星君、文昌帝君、大圣公、龙王神尊等，每年法会有正月十五起灯脚，二月有佛祖出家、涅槃、龙工诞、观音诞法会，四月浴佛法会，六月观音成道法会，七月盂兰盆法会，九月药师佛法会和观音出家法会，十一月阿弥陀佛法会，十二月等释迦牟尼佛诞等。

此外，鹿港龙山寺每年的祈福活动有农历正月十五起灯脚和五月的迎龙王，其中迎龙王的祈福活动为台湾之冠。该习俗保留了泉州安海和石狮的古例，如《泉州府志》所记载的："五月初一日，采莲城中，神庙及乡村之人，以木刻龙头，击鼓锣，迎于人家，唱歌谣，劳以钱或酒米。"

由于旧时龙王神尊是民间航海的守护神，所以鹿港当地民众相信迎龙王有祈福、赐福、纳福、求平安等作用。不过日本侵占台湾时期，鹿港龙山寺迎龙王尊神的习俗一度中断，直到 1976 年鹿港举办第一届民俗才艺活动，此习俗才又延续起来。

目前鹿港迎龙王绕境的时间是在端午节前的一个月，迎龙王绕境活动会与鹿港天后宫的水仙尊王的同时，并且前往龙舟竞赛场地举行龙舟开光点睛仪式，借此祈求活动平安顺利。值得一提的是，鹿港龙山寺的龙王尊神是 1966 年由鹿港雕刻匠师郭天来重新雕塑的。此尊龙王尊神只雕刻了龙头，并以真的鹿角作为龙王尊神的龙角。

鹿港龙山寺（林孟蓉拍摄）

（二）救世师父的平安面与幸福汤圆

救世师父是台湾苗栗地区大兴善寺法号福慧的无名比丘尼，其生前刻苦修行，终日禁语不言，且虔诚修持大悲咒水供给信徒饮用。据说，凡是到寺里喝到大悲水者皆可以得到观音菩萨的加持与祝福，且加持过的水盛传能治各种病痛，所以慕名前来者众，该寺也因此成为台湾民间另类祈福朝圣之地。大兴善寺除了主祀三宝佛外，还有供奉观世音菩萨及救世师父。由于每天到大兴善寺朝圣的香客非常多，寺里每天都会煮上热腾腾的素斋、平安面供信徒食用，让广大前来朝圣者都能获得佛菩萨的加持与祝福。

此外，寺里每年会有六次法会，法会前一天会有两三千位义工到寺院帮忙典座香积，分别帮忙挑菜、切菜、煮菜、分菜、洗碗，最重要的是信众会一同搓汤圆、煮汤圆、吃汤圆，其意就是让前来寺里的每位朝圣者都能分享到汤圆所代表的平安、团圆与幸福。

（三）水流观音的祝福

在台中潭水地区流传着一个民间流水观音的传说。据当地的耆老所述，水流观音的传说大约发生在清际康熙年间。当时潭水附近有两个牧童在“下潭子”区域戏水，其中一人因不善水性溺了水，就在九死一生之际，这位牧童抓住了一根树枝，并在树枝的帮助下钩住了水边的蔓草，因此化险为夷。牧童上岸后非常感谢树枝的救命之恩。不仅如此，牧童还逐渐发现，救命树枝的外形很像一尊观音。于是牧童便在河边用小石垒成简易的小屋，用以供奉救命的树枝，并称此救命树枝为“观音妈”。牧童单纯祈求观音妈保佑的诚心也影响了附近的同伴，并为之效尤，此后敬拜成习，相传礼拜观音妈有求必应。

第二次世界大战期间，美军轰炸潭子糖厂和茄荎角油库，当时有两枚炸弹，一枚穿梭过溪，一枚掉入民宅。相传当地有村民看见观音妈化现为一位数丈高的白衣大士，大士用身上的白衣素裙将炸弹移动到别处，而且这两枚炸弹也均未爆炸伤及无辜。另据当地一位每天到潭水观音妈亭换供水烧香的居民说，美军来袭前一晚，他梦见一位数丈高的金人在自家附近的田地绕行后消失。次日傍晚美军无预警前来袭击轰炸扫射，在枪林弹雨下，他与妻儿子女一家都来不及避难，只好躲在家中神桌下，口中称念观音菩萨圣号。当时只听见轰炸声音震耳欲聋，地动山摇，神桌晃动得非常厉害。但当他们一家人平安躲过这次灾难后才知道，潭子地区和糖厂都被炸得面目全非，但有一枚掉落在自家田中的炸弹未爆，也就是前一晚梦见数丈金人绕行的地方。灾难过后，他与家人深信，帮助他们躲过危难的就是梦中所见的金人，即是潭水亭的观音妈。

传说潭水亭的观音妈经常化现为穿白衣的老妇在当地助产、施药、骑马阻番出草（杀人）、救难、救苦，大慈大悲泽被当地众生，闻声救苦，解除苦厄，普度福佑众生，故当地以“潭有光辉显化慈航可渡，水无私泽应教法雨遍施”称颂潭水亭水流观音妈对地方百姓的福祐与祝福。

三、半年节——开天补运与天赦祈福

半年节是福建闽南地区一个感恩的节日，半年节的时间大约是

从农历六月初一到六月十五日。旧时，闽南有做半年节的习俗。所谓“做半年”是民众在这段时间会因季节农作物丰收，生活无虞而以象征福气圆满的圆仔（汤圆）敬拜天地和祖先以示谢恩，所以民间会有搓圆仔的习俗，当天搓的汤圆被称为“半年圆”，其意是感谢天地三界神明以及家中祖先的庇佑。所以，在这个六月节有象征丰收、圆满、团圆的美好寓意，例如漳州、同安、南澳等闽南多处区域仍保留吃“半年圆”的习俗。“半年圆”原先的寓意是将汤圆和牲醴祭拜神明及先祖，借以感谢神明和祖先默默的庇佑，祭毕后全家一起共食，借以象征平安团圆的美意，所以做半年和半年节又称“半年圆”。在惠安渔村，每年的农历六月初七或初八日，家家户户都会准备“敬天公”，敬拜天公的目的就是以感恩的心向上苍表达感谢，借此作为象征“做半年”。

另外，较早的《台湾府志》也有关于“半年圆”的文献记载：“六月一日，各家以米粉涂红为丸供神，俗呼为半年圆，亦颂祷团圆之意。”《凤山志》也有相关记载：“六月或朔或望，家杂红曲米粉为丸，曰：半年丸”。

上述两则文献记载了民间做半年节的习俗，文献中说“以米粉涂红为丸”和“家杂红曲米粉为丸”就是指圆仔（汤圆）的制作。一般汤圆的米团以糯米磨成浆，沥干水分后，取其一小部分煮熟，后混合揉成米团，接着将一部分的米团拌成红色，搓成红色汤圆，另一部分搓成白色汤圆，红汤圆和白汤圆分别俗称为“金汤圆”“银汤圆”。“半年圆”做好后要先祭拜家中神明，后祭祖先，有感恩和祈求团圆的意思。

由于圆仔的黏性强，所以也有凝聚力的象征，代表家庭的和乐团结、团圆、圆满等深意，而且圆仔因为搭配着甜汤食用，所以也有象征“甜甜蜜蜜”的寓意。因此，半年节是一个甜蜜、团圆又热闹的幸福岁时，如《风物吟》所述：“六月家家作半年，红团糖馅大于钱。娇儿痴女频欢乐，金鼓叮咚嚷暑天。”

（一）开天补运福气来

每年农历六月初六或六月十五日，漳州人会制作红圆（汤圆）和佳肴祭祀祖先、神明，象征过小年，妇女也会准备很多圆丸，将其堆栈成山，然后在顶端放置桂圆借以象征平安、富贵、团圆，在祭祀后还会举“小围炉”。但在泉州，就没有这种习俗。

此外，在闽台的习俗中，老人家在这一天也会“张长衫”“晒霉”，“张长衫”的意思是晒寿衣，“晒霉”是指将家中的书籍、衣服等拿出来曝晒。这样的“张长衫”“晒霉”，在相关府志中被称作“半年福”。

《燕京岁时记》记载，京师于六月六日抖晾衣服、书籍，可不生虫蠹。《帝京岁时纪胜》对此有更详细的说明：“内府銮驾库、皇史宬等处，晒晾銮舆仪仗及历朝御制诗文书集经史。士庶之家，衣冠带履亦出曝之。妇女多于是日沐发，谓沐之不腻不垢。”①

上述六月六的“曝晒”遗俗又可溯及传统的天贶节。传说天贶起源于唐玄奘自印度取经，因为过海时不慎将佛经浸湿，后来在六月初六时将经文拿出来曝晒，此后，这天便成为吉祥日。皇家在此日也效其法，即将皇帝的龙袍拿出来曝晒，传闻民间后来家家户户也在此吉祥日曝晒衣服，其他地方称此日为“晒经日”。

另外，六月初六这一天也是民间俗信中“天门开”（也称“开天门”）的吉祥日。“开天门”也是“开天仓”（也称为“天仓开日”），该吉祥日的缘由可溯自宋代对于上天恩赐之谓，即“天贶”的遗俗。《宋史·卷八·真宗本纪三》记载：“丙申，诏以六月六日天书再降日为天贶节。”行文中说明天贶节是指六月六上天降下恩赐。另《晋书·乐志》也有“天贶来下，人祇动色，抑扬周监，以弘雅音”的记载。所以，在岁时里，“开天门”是指天界的天门大开，上天在这一天会赐下许多珍宝到人间，民众向上天祈求便会有好运降临。因此在这一天，民众会一大清早到庙里敬拜天地神明，

① 《帝京岁时纪胜》，第25—26页。

祈求上天消灾、赐福和补运。

（二）“脱壳脱离离”

由于六月初六是上天赐福的日子，所以在民间也有“补运”祈福的习俗。所谓“补运”就是向上天以及神明祈求好运，久病缠身者可以祈求健康平安，运气不佳者可以祈求赐福转运。闽台民间有相关的文献记载了“开天门”补运的习俗。文献中说“开天门”的清晨，天刚亮，东方甫白，可至寺庙参拜，借以祈福、息灾、“补运”。“补运”即在供奉的米糕上排福圆（龙眼干）、熟鸡蛋，祈福祭拜后，可将福圆和鸡蛋剥开，此称为“脱壳”，“脱壳”的意思就是指袚除厄运、招福吉祥，同时也有脱胎换骨、焕然一新的意思。

传统自助“补运”的方式是民众准备福圆、米糕、面线到庙里为阖家祈福祝祷。供品中的福圆、米糕、面线有福气、平安、长寿的象征。祈福时，将事先准备的福圆按照家中的成员，每人一粒，依序放在米糕上，中间为户长，家眷则放在周围，然后将准备好的米糕、福圆放在供桌上，最后上香向神明祝祷，祈求全家平安吉祥。

祈愿结束后，将米糕上的福圆剥壳，这个剥福圆的过程被称作“脱壳”，也就是把坏运剥除的意思，象征坏运从此离我而去，留下来的是光明无量的好运。祭毕后，米糕和福圆可和家人分享，闽南语称之为“沾福气”。民间信俗里相信吃了上天加持赐福的米糕、福圆可以获得好运，幸福满满，福气满满。

关于“补运”的方法，除了上述自行到庙里祭拜祈福外，有些庙宇会特别请道长或法师主持仪式。民众依照家中的丁口人数（男称“丁”，女称“口”）准备补运钱、敬拜的金纸，包括大箔寿金、寿金、刈金、福金、金白钱、水果、饼干、寿面、米糕、福圆（龙眼）等。按照需要备妥后，由庙里举行团体的祭拜仪式，祭拜过程中，民众可以求上天赐福，并祈求平安，仪式结束后，将金纸一起焚化掉，最后把上供的福圆剥壳。这样的“补运”习俗目前在台北的奉天宫、妈祖庙、关帝庙、城隍庙、保安宫等都相当盛行，所以每年六月初六日子时开始，庙里就会特别热闹，彻夜不关庙门。

（三）天赦日

一年之中除了六月初六是向上天祈求好运之日外，还有几天是可以向上天祈福忏悔免过的日子，也就是天地合德之辰，天地生心之所。在民间，这是指天帝赦免众生罪过的吉日，也就是天赦日。

根据《星命书》的记载，一般一年中会有四或五个天赦日，《星命书》上所记载的天赦日是指四季中春季的戊寅日，夏季的甲午日，秋季的戊申日，以及冬季的甲子日。所以，天赦日是四季当中根据天干地支的配合所产生的，所以一年四季各有一赦，分别是春赦、夏赦、秋赦、冬赦等。《通书》上说："天赦日宜祭祀、祈福、求嗣、斋醮、结婚、嫁娶、修墓、造葬，吉。"

所以天赦日在闽台的民间信俗中可说是上天开恩特赦好日，很多人会在天赦日这天特别准备金帛、水果去天公庙向玉皇大帝祈求添福延寿、补运、补财库，求忏悔赦罪。

（四）祈福的天公庙——台南天坛

台南天坛是台湾著名的天公庙，主祀玉皇大帝，当地民间称之为"天公埕"，是明郑时期祭天的场所。明郑时期结束后，该地便不再举行任何仪式，后留下了"天公炉"，当地士绅轮流值年，以炉主制的方式将天公炉请到民家接受供奉，并于每年农历正月初九以掷筊的方式选定炉主，后于清咸丰四年（1854）当地居民再次集资建庙。庙中最为特别的是高悬的"一"字匾，此匾是为纪念上苍的造化之功。除此，"一"字所蕴含的意义还有俗谚所说的"千算万算，不值天一划"，意思是说人算不如天算，凡事冥冥之中都有定数，所以"一"字匾有警醒世人的作用。

每年农历六月天门开，台南天坛都会举办开天门仪式。仪式中，由庙方举行诵经、诵列疏名，以及福疏禀文，借此酬谢上天的保佑与赐福，并祈求上天继续降贵降福人间。

福至心灵 秋之卷

本章从立秋开始，描述了孟秋瓜月、仲秋桂月、季秋菊月这三个月份的节气与岁时民俗。瓜月有立秋和处暑两个节气，“一叶知秋”说明了夏季已经结束，接续而来的是有点儿萧瑟的秋，所以立秋虽说秋色已近，却也象征着五谷丰登。从月令上来说，瓜月在闽南从七夕的浪漫爱情开始，随后延伸成为对妇幼平安的祈福，包括妇女对婚姻爱情的企盼与祝福，对孩童从小到大的平安祝福，所以七娘妈的保安之福是从浪漫的七夕传说开始，到民间的乞巧活动、小儿拜契、拜床母、出娘妈宫等，这些岁时习俗的祈福活动无一不是在刻画着对生命的祝福与企盼，以及对生命的终极关怀与祝福，因此，到了七月中旬有中元的赦罪之福。中元民俗进一步的寓意，其实就是指慎终追远、悼念先人，相关的活动包括宴请幽冥的普度、得渡彼岸世界的救赎与引渡。这些活动其实都是面对生命终结的一种人道关怀与祝福，人们透过信俗、习俗的仪式来展现对彼岸世界的祝福。

我们常说八月桂花香，所以，八月有桂月之说，当月月令有白露和秋分两个节气。白露是指秋天的露水凝露，秋属金，金对应白色，故为白露。白露之后，天气转为凉。秋分是指阴阳相半，昼夜、寒暑平均，所以有“平分秋色”之谓。仲秋之月的美好就如我们常说的“花好月圆人长寿”，这是对花好人常在、月圆人团圆的平安美好的祝福与期待。所以中秋，闽台各地也展开了各式各样的民间“做秋”“送秋”“佐秋”的祝福，人们还通过“祭月”“拜月”“秋报”等“祭”的形式来表达对美好未来的祝福与期待，通过中秋的特色食品以及食物的隐喻来表达对和谐美满的盼望，通过赏秋引出对美好生活的渴望。这些包含了生活中不同阶段的幸福感，例如结婚、入厝、祝寿、弥月等，而这些特定的生活仪式中也包含了闽南日常生活中满满的祝福。

秋祭末，菊月有寒露和霜降两个节气。在这个天凉之秋，露水会因寒气凝结为露、为霜，所以在这个季节有九九重阳，有登高、放风筝、插茱萸、饮菊酒、吃重阳糕等祈安、祈福、去恶禳灾的活动。在闽南，九月也是一个起风的季节，闽南沿海有许多王爷庙举行祈福祈安的送王船的平安祭活动。

综上，本章《福至心灵秋之卷》是针对瓜月、桂月、菊月三个月份在秋季闽台所展开的各式岁时福俗。其中，农历瓜月的祈福信俗活动包含了闽台“护子”祈安的祈福活动，借此体现了长辈对子女的爱与祝福。普度活动则体现了闽台百姓的悲天悯人、对生命的终极关怀以及对福的布施。满月中的“圆”则表现出闽南人一家团圆的期盼，以及对亲朋好友热情的齐聚之福。九九重阳则体现闽台民间对敬老延寿的企盼。

第一节　七月岁时与福俗

孟秋瓜月

立秋无雨最堪愁，万物从来只半收。

处暑若逢天下雨，纵然结实也悲忧。

“七月。莠藿苇。狸子肇肆。湟潦生苹。爽死。荓莠。汉案户。

寒蝉鸣。初昏织女正东乡。时有霖雨。灌荼。斗柄县在下则旦。”[①]

七月天，水岸边的莠草都长得和芦苇一样的高了，貍猫开始恣意行走，无根的浮萍在低地的水洼漫无边际地向前延展。微小的靡草、荓草、莠草开始枯败衰竭，可是天上的星斗依然灿烂，待时而鸣的寒蝉也开始歌唱。日落时分，东方的天边有着悄然无声又神秘的织女在守候。秋雨来了，这雨为地上的苦菜洒下甘霖。天就快亮了，天上的星斗也换了个方向。

一、立秋·处暑

立秋，指夏季已经结束，接续的是下一个孟秋时节的正式开始。所以到了立秋，树上的叶开始掉落，仿佛是为了向人们诉说秋天来了，“一叶知秋”抑或“落叶知秋”好像也都抹不去秋天的淡淡哀愁。

立秋之“秋”指“揫”，这是说物于此而揫敛。《月令七十二候集解》说：“秋，揪也，物于此而揪敛也。”《历书》上也说：“斗指西南维为立秋，阴意出地始杀万物，按秋训示，谷熟也。”

从文字上来说，“秋”字由“禾”与“火”组成，“火”字表示秋天禾谷熟，因此，立秋之“秋”也是指涉禾谷成熟的意思，正如《说文》和《月令章句》所记载的“秋，禾谷熟也”“百谷各以其初生为春，熟为秋，故麦以孟夏为秋”。所以，立秋揭示了一个百谷成熟的季节，《礼记·月令》有“孟夏麦秋至”之谓。因此，我们说成熟的禾稼为“秋麦”，收割麦子的时候为“麦秋”，秋熟的谷物为“秋禾”，秋天成熟的庄稼为“秋成”“秋登”。

孟秋，告别了夏天的暑气，转凉了的天似乎也多了点儿萧飒之气。大雨来了，尚未凝珠的雨茫茫而降，将金色的秋妆点成白露，也许这就是秋的颜色。在季节的催促下，寒蝉再也忍不住地低鸣起来。“凉风至”“白露降”“寒蝉鸣”正是《月令七十二候诗》里所

---

① 《夏小正疏义》，第37—41页。

描述的立秋三候景色。

《帝京岁时纪胜》记载七月有立秋雨，言立秋之日得雨，秋田茂盛。在当地，有立秋吃冰瓜、茄脯、饮香斋的习俗，如文所言："秋前五日为大雨时行之候，若立秋之日得雨，则秋日畅茂，岁书大有。谚云：骑秋一场雨，遍地出黄金。立秋预日，陈冰瓜，蒸茄脯，煎香斋饮，院中露一宿，新秋日阖家食饮之，谓秋后无余暑疟痢之疾。"[①]

立秋后便是处暑，"处"有"止"之意，意思是炎热的暑气停止，暑气离开的意思，所以处暑也称为出暑。《月令七十二候集解》中说："处暑，七月中。处，止也，暑气至此而止矣。"

所以，处暑预示着炎热的夏天即将结束。凶猛的鸷鸟在夏日已经学会了飞翔和捕食的技巧，秋天，鸷鸟选择性地击杀猎食，四面陈之而不食，如人示先，天地之气也变得肃穆了起来。草木因处暑的肃杀之气而渐渐颓败，百草的凋零也预示着粢、黍、稻谷的丰收，这是《月令七十二候诗》所说的"鹰始鸷""天地始肃""禾乃登"所描述处暑的三种象征。

二、七娘妈护幼播巧

农历七月七是七夕，也是中国浪漫的情人节，这个节日与一个浪漫且凄美的传说有关。织女是天上的仙女，排行第七，因为私自下凡与人间的牛郎邂逅了，然后痴情的织女又为爱违背了天规，王母娘娘知道后非常愤怒，便命天神将织女带回天庭，从此夫妻永隔。而织女的六位仙女姐姐因不忍人间牛郎辛苦抚养两名幼子，于是暗中帮助了织女遗留在人间的小孩顺利长大。因为这个浪漫又迷人的传说，所以民间就此相信七仙女是人间孩童的守护神，并以七星娘娘、七星夫人或七娘妈尊称。

在闽台，农历七月七也称为"七娘妈生"，七夕当天，家家户

① 《帝京岁时纪胜》，第 26 页。

户会在家中院子或天井隆重设宴，祭拜七娘妈，祈求七娘妈保佑宅中的未成年的子女平安长大。所以在这天，传统的祈福习俗有拜七娘妈、乞巧、悬豢、拜床母、“做十六岁”出娘妈宫等民间习俗活动。

所谓拜七娘妈是指七夕傍晚前，已婚妇女及家中未婚女准备七味碗、软粿（碗粿仔），以及象征多子的圆仔花、鸡冠花、胭脂、水粉、红丝线、铜钱、麻油鸡酒、油饭或芋油饭、牲醴等祭拜七娘妈。供品中的七味碗是指准备七碗软粿，软粿就是碗粿仔，这是一种貌似汤圆的米制食品，形状像汤圆，大小如掌，制作时先搓成汤圆状，再用指头将其押出一个凹陷状，煮熟后加入蜂蜜即可。祭拜七娘妈的胭脂、水粉在祭祀结束后，一半抛向屋顶，一半留为自用，据说祭祀后所留下来的胭脂水粉受到了七娘妈的加持，女性使用这些剩下来的化妆品可以貌美如仙。

另外，按照泉州敬拜拜七娘妈的习俗，需事先准备七娘轿或七娘亭，亭内有七个仙娘之像，陈列的供品有咸油饭、果蔬、甜糯米丸等，其中糯米丸需先用手捏压使之两面向内略凹，另外还需准备象征女性的用品，包括生花、胭脂、花粉、剪刀、红髻绳等，祭拜结束后将七娘轿或七娘亭焚化送天。据《泉州府志》和《金门县志》[①] 的记载，闽南当地七夕的习俗有乞巧、陈瓜果、小儿拜天孙。所谓乞巧是指旧时妇女向往有一双操持家务的巧手，所以希望透过乞巧获得天上的加持。这种七夕“乞巧”之举由来已久，《荆楚岁时记》就有这样的记载：“是夕，人家妇女结彩缕，穿七孔针，或以金、银、石为针，陈几筵酒脯瓜果于庭中，以乞巧。有喜子网于瓜上，则以为符应。”[②]《风土记》解释说：“七月七日，其夜洒扫庭中，露施几筵，设酒脯时果，散香粉于筵上，以祀河鼓、织

---

① 《台湾文献汇刊》第五辑第五册，第 334 页。“七夕陈瓜果于屋檐前祭天孙，解去续命缕，别以五色丝系小儿臂，士子祀魁星。”

② 《荆楚岁时记》，第 59 页。

女。言此二生神当会，守夜者咸怀私愿。或云，见天汉中有奕奕白气，或光耀五色，以为征应，便拜，得福。”另《帝京岁时纪胜》讲述，乞巧也有造五生盆、丢针、设宴对银河拜的习俗，行文言：“七夕前数日，种麦于小瓦器，为牵牛星之神，谓之五生盆。幼女以盂水曝日下，各投小针，浮之水面，徐视水底日影，或散如花，动如云，犄如椎，因以卜女之巧。街市卖巧果，人家设宴，儿女对银河拜，咸为乞巧。”[①]《燕京岁时记》称乞巧为丢针儿：“京师闺阁，于七月七日以碗水暴日下，各投小针，浮之水面，徐视水底日影，或散如花，动如云，细如线，犄如椎，因以卜女之巧拙。俗谓之丢针儿。”[②]

由此可知，闽南地区的七夕乞巧由来已久。例如，泉州妇女乞巧的风俗主要是在天井上搭一个彩篓，准备瓜果七盘，点七支香，用七根针和七根丝线在月光下比赛穿线，谁穿的线越多越快，就证明那位姑娘的手越巧，不过目前泉州地区这种风俗已经少见。另外，《漳平县志》也称七月七日为“乞巧节”，旧时妇女也会在庭院中穿针引线，向织女乞巧。所以七夕这天，闽南地区的妇女会对着月光穿针引线，此举称为乞巧，如能顺利在月光下引线穿针，并缝针数枚，则是乞到“巧”，也就是象征七娘妈（织女）赐予巧手，使之成为贤惠的主妇或者聪明灵巧的女性。不过随着当代妇女对“乞巧”意义的衍生，乞巧对现今已婚妇女而言，大多是象征着婚姻圆满的祝福，对未婚的女性而言，则是对未来美好爱情的祈求与企盼。

另外，在泉州当地，七夕习俗中的“小儿拜天孙”是指家中如果有新生儿，在新生儿出生后第一年的第一个七夕则要向七娘妈“拜契”。所谓“拜契”就是认七娘妈为“契母”，在泉州当地也称此为“拜新契”或“认新契”，意思是请七娘妈当婴幼儿的“契

① 《帝京岁时纪胜》，第 27 页。

② 《燕京岁时记》，第 74 页。

母”，守护保佑小孩平安长大，直到小孩“做十六岁”成年礼方才“洗契”或“脱絭”，就是解下“拜契”时所佩戴七娘妈“贯絭”的信物，自此脱离七娘妈的眷顾。除此之外，福建莆田称农历七月初七日为“长生节”，莆仙地区有用炒豆祭神，祈求平安、长寿的习俗，所以农历七月初七当地有炒糖豆、吃炒豆的习俗，具有“活老老”的美意。

（一）纤云弄巧，妇孺保安

闽南俗信将七娘妈视为妇幼保育神，民间祭拜七娘妈时会事先准备好七娘妈亭，将其摆放在供桌中间。七娘妈亭是一种传统的纸糊灯座，灯座上面有七娘妈相关的装饰，如果买不到七娘妈亭，也可以用七娘妈的神祃代替。

祭祀时，供桌上准备七碗软粿（碗圆仔），并摆上圆仔花、鸡冠花、胭脂、水粉、红丝线、铜钱、麻油鸡酒、油饭或芋油饭、牲醴等。圆仔花和鸡冠花象征多子，胭脂水粉象征貌美，红丝线和铜钱象征七娘妈的恩赐，红纱线被古人视为续命缕，铜钱为压胜之物，所以用供品上的红纱线绑上一枚铜钱并且挂在小孩子的脖子上，就成为七娘妈护子保安的续命缕，象征消灾解厄、保佑平安、长命富贵。像这样在七夕为儿童祈福，并且佩带七娘妈的续命缕则称为“悬絭”，意思是指请七娘妈保佑未成年儿童，使之平安长大，等到儿童满十六岁，做成年礼之后就可以将续命缕取下来，即脱离七娘妈的眷顾，此称作“褪絭”或“脱絭”。在台湾祭拜七娘妈的供品多为麻油鸡、油饭或芋油饭，这是因为家中若有妇女产子，大多以麻油鸡坐月子，而且弥月也多数分送油饭、鸡腿、红蛋，因此，民众便喜欢以月子餐中的麻油鸡、油饭或芋油饭来祭拜七娘妈，其中麻油鸡象征添丁、起家的美意，咸油饭或咸芋头油饭象征宜子之意。此外，祭拜七娘妈的时候，供桌下面需准备一盆水和新毛巾，以供七娘妈洗尘，并请七娘妈前来鉴纳。

（二）拜床母

床母就是床神，在闽南及台湾地区都是指孩童的守护神，这些地区的民间信众认为孩子从出生开始到十六岁成年前都需要一位亲昵的守护神，这位亲昵的守护神则是住在寝室里保护儿童的床母，所以在闽南地区，从婴儿出生开始便有祭祀床母的习俗。祭祀床母的日期通常是在每月的初一、十五，或者在小婴儿哭闹不休、孩童生病，以及重要的年节，例如除夕、元宵、清明、端午、七夕、中元及重阳节等。在这些日子里，家中有小孩的夫妻都会特别准备简单的供品祭拜床母，请床母护佑小孩平安、健康。

闽台民间也认为传统七夕是床母的圣诞，所以除了拜七娘妈之外，另一个重要的习俗便是拜床母。祭拜床母的供品较为简单，主要是麻油鸡和油饭各一份即可，然后将供品放到孩子的房间祭拜。除此之外，为了表示隆重的感谢，台湾地区在拜床母时会特别准备十二张金纸及床母衣（鸟母衣）烧化给床母，即焚帛，焚帛的意思是代表敬奉给床母的钱及新衣，用以表感谢。

在泉州，拜床母又称作“敬床母”或“敬铺母”，意思是指敬床铺神，特别是家中有小孩的人家都要敬奉，借以保佑孩子平安健康。而敬床母的供品为四碗咸饭，咸饭必须装满，而且顶端必须是尖的，然后在上方压几粒炒花生米。咸饭装好后，需摆在床的四个方向，东南西北都要摆上一碗，床的中间还要摆一碗汤。

祭拜床母的时间最好是傍晚五六点，祭拜地点则以宝宝睡觉的床为主。祭拜时祈求床母保佑孩子平安长大，一般会念“暗时好睏日时好七逃”的祝祷词，意思是说希望床母保佑小孩晚上睡觉安稳好睡，不夜惊，白天活泼好动，身体强壮。除此之外，在习俗上，拜床母不能拜太久，这是因为怕床母宠溺孩子让孩子容易赖床。除此，民间祭拜床母也有相关的禁忌，包括“拜床母不拜鱼”，因为怕床母挑鱼刺挑太久而疏于照顾宝宝。再则，拜床母不用酒和青菜，因为怕床母喝醉疏于照顾小孩，青菜则是有“青青菜菜”（随随便便）的意思。

（三）十六岁成年礼

幼童在十六岁以前因为受到七娘妈“悬絭”续命缕的保护与眷

顾，所以孩童十六岁的时候就要进行“褪綦”仪式，也就是出娘妈宫，其意象征孩童成年，脱离七娘妈的眷顾与护佑，所以台湾南部称之为“做十六岁”，也就是指成年礼。

由于旧时农工时代，十六岁的成年礼习俗相当重要，成年代表生命另一个阶段的启程，刚满十六岁的新成年人在守护神明七娘妈的见证下，开启了另一个生命阶段。而且旧时一些家境贫困的小孩如果到了十六岁，便可以帮忙承担家计，所以成年礼也象征着新成年人对社会责任的承担与宣示。

闽台民间十六岁成年礼一般选在农历七夕这天，家中在祭拜七娘妈时都会准备七娘妈亭，祭拜结束前由父母亲将七娘妈亭高举，然后满十六岁的新成年人先绕行七娘妈亭三圈，接着，蹭供桌三次，象征感谢七娘妈对孩子的呵护，从此脱离七娘妈的照顾。绕七娘妈亭和蹭供桌仪式结束后，便可将七娘妈亭焚化。另外，台南开隆宫主祠七娘妈，每年农历七月初七也会举行“做十六岁”的古礼，行礼时小朋友钻过供桌和七娘妈亭就算完成了成年礼，也是象征生命进入另一个阶段。

三、中元普度，消灾解厄

中元普度又称“庆赞中元”，其因主要源于“三官”信俗，即上元天官、中元地官、下元水官。民间传说，天、地、水三官为尧、舜、禹三位大帝所任，其圣诞分别为农历正月十五日、七月十五日、十月十五日，因此农历正月十五日又称为“上元”，有上元祈安天官赐福之说；相对于上元的则是农历十月十五日的下元，通常为行谢平安的酬神祭典，也有消灾解厄之说。至于农历七月十五日，为地官至人间考校罪福，亦是地官赦罪之期。《燕京岁时记》言：“中元不为节，唯祭扫坟茔而已。”[①]

《帝京岁时纪胜》记载：“中元祭扫，尤胜清明。绿树阴浓，青

① 《燕京岁时记》，第75页。

禾畅茂，蝉鸣鸟语，兴助人游。庵观寺院，设盂兰会，传为目莲救母日也。街巷搭苫高台，鬼王棚座，看演经文，施放焰口，以济孤魂。锦绍扎糊法船，长至七八十尺者，临池焚化。点燃河灯，谓以慈航普度。”①

从上述相关文献可知，中元是地官校阅人间阴阳与善恶之期，所以民间认为中元应该积极造福积德，故闽台地区称七月中元的普度活动为“庆赞中元”。福建漳平地区也称七月十五日的中元为“七月半”或“鬼节”。旧时有建醮普度，夜间各户在门前烧冥纸、插神香，以飨孤魂野鬼，新中国成立后，普度建醮、烧冥纸等活动已废止，仅保留祭拜祖先。福建漳平境内过中元日期各姓、各村时间不一，但通常以农历七月十五日为主，也有在十四日或十三日，甚至提前在十二日，各家各户敬备三牲、粿品祭拜。

中元在台湾也同样被称为“七月半”或“中元普度”，近年则称为“教孝月”，主要有慎终追远、追念先人之恩的意义。

《燕京岁时记》所记载中元日设盂兰会以度幽冥，行文中言：“中元日各寺院设盂兰会，燃灯唪经，以度幽冥之沉沦者。”②

由此可知“盂兰盆供养”的本意是一种对于过往亲人孝行的表现，也是对终极生命的一种关怀与祝福。所以佛教的救度精神与传统的中国孝道精神透过民俗与仪式被重新开展与诠释。例如《台湾省通志》的《礼俗》中说：“七月十五日，为中元，俗又谓鬼节。相传是日祖先归家，家无论贫富，发人子孝思不匮知念，咸具纸镪祭品祀之。此亦慎终追远，报本返始之意耳。”③《台北市志》的《风俗》里也有：“七月十五日，中元，‘地官清虚大帝’（舜帝）诞

---

① 《帝京岁时纪胜》，第 27 页。

② 《燕京岁时记》，第 76 页。

③ 台北市文献委员会编印：《中国方志丛书·台湾地区·台湾省通志稿·人民志·礼俗篇》，成文出版社有限公司，1983 年，第 4950—4951 页。

日，又称七月半，俗以是日祖宗归家，无论贫富，皆焚化纸钱、设牲醴奉祀。”①

也许是基于中华传统文化中至忠至孝的精神所宥，清际台湾岁时所记载的中元已经不仅止于农历七月十五日当天，而是从农历七月一日延续至农历七月三十日，而各寺庙所举行祭祀无主孤魂的建醮活动更是融合了佛教的“目莲救母”的佛教典故，将普施活动称为盂兰会或盂兰盆会，而且景象热闹，如《台湾省通志稿》所述：“七月一日至七月三十日，街衢巷里，多轮流延僧登坛施食，寺庙亦各建醮，二三日不等，以祭无祀孤魂，曰盂兰会。盂兰会者，大藏经云：目莲以母坐恶鬼中，佛令作盂兰盆，以珍果素食置盘中，供佛，而后母得食。故佛家称之为盂兰会。”②

普度活动在民间可分为庙普、街普、市仔普、弟子普。庙普也被称作“公普”，主要是由寺庙所主办；街普也被称作“私普”，主要是由社区或街庄所举办；市仔普则是由市场所举办；弟子普是由旧时乐社所举办。

盂兰盆会有救亡者倒悬之苦之意，“盆”有救护之器，因此，“盂兰盆”有“救倒悬”“解除痛苦”的意思。

在汉地，盂兰盆会最早始于梁武帝。据《佛祖统纪》及《释氏六帖》的记载，梁武帝每逢七月十五日即以盆普施诸寺，尔后，历代帝王臣民多效法其行，以报父母、祖先恩德。现今，佛教在每年农历七月十五日所举行的盂兰盆会皆结合“瑜伽焰口施食科仪”，科仪主要是用来超度历代宗亲及九幽十类等众，其仪式广泛地应用在民间及佛、道寺庙中。

---

① 台北市文献委员会编印：《中国方志丛书·台湾地区·台北市志·社会志·风俗篇》，成文出版社有限公司，1983 年，第 2309—2311 页。

② 《中国方志丛书·台湾地区·台湾省通志稿卷二·人民志·礼俗篇》，第 4950—4951 页。

（一）闻名龟湖大普度

在泉州，有这样一句关于农历七月的俗谚："七月半祭祖。"这是说每年的中元前后，当地民众会选择其中一天敬备鸡、鸭、鱼、肉、糖果、饼干、水果，甚至全猪（闽南语俗称"神猪"）等祭祀先人，或在门前普度孤魂。除此，"七月半"在泉州也俗称为"做半段"。所以农民会在夏收农闲之际举行祭田、祭祖仪式，酬谢土地神明、祖先，因此，普度也含有庆祝丰收的意思。闽南规模最大的普度之一是在石狮龟湖，该村落依生肖之顺序每年轮值一次，所以旧时有歌谣说："塘头鼠、亭下牛、塘边虎、苏厝兔、后宅龙、埔仔蛇、洪窟马、塘后羊、后垵猴、山仔鸡、鳌头狗、后头猪。"这是指村落中，鼠年由塘头乡来做东，进行普度与宴请，其他各村则是被邀请去吃普度宴的人。而后依序，下一年就轮到亭下，以此类推。

因为十二年才做东一次，所以当地与华侨社会都非常重视普度活动。普度活动侧重在旧历七月十三日至七月十五日，由于普度时家家都摆宴席，所以当地俗谚说"闻名龟湖大普施，刣鸡如鸟"，这是形容龟湖普度盛大的样子。

龟湖普度的特色是搭建"禾山"和"醮坛"。所谓"禾山"，就是戏台上布置的假山假水造景，然后搭配戏曲忠孝节义的人物与情节加以展示；"醮坛"，俗称"结坛仔"，"结坛仔"的意思是指立体所搭建的祭坛，坛上除了摆设设宴的各式家具、供品外，也有南管或北管的表演。

（二）莆仙地区"接公妈"

福建莆仙地区也同样称农历七月十五日为"七月半"或"鬼节"，当地有民谣唱念"初九初十，金水滴滴。十一十二，金粿赏味。十三十四，挑来挑去"，意思是指"七月半"前的初九日，家家户户忙着做薄荷糕和金粿。金粿的制作是用干的稻草和干黄豆枝叶烧成灰，冲水过滤使之成为含碱的"金水"，用碱水和磨好的糯米浆蒸制就成为金色的米粿。由于蒸制后色呈金黄，所以莆仙地区称之为“金粿”，因为金粿是莆仙中元主要应景食品，所以说“初九初十，金水滴滴”。另外，薄荷糕是以上等冬米舂细、过筛混合白糖压实后，加上少量薄荷蒸制而成的，故名薄荷糕。

“十三十四，挑来挑去”是指当地出嫁的女子回娘家祭奠已殁的父母。特别是至亲往生的第一年，嫁出去的女儿需用竹编织的篮子装丰盛的祭品回娘家拜祭父母，以表传统的人子之孝，这在当地称为“送头年纸”。

返娘家祭拜的妇女在返家前，娘家的兄弟需回送红灯笼和儿童坐用的车椅轿一只、饭碗十个、甘蔗一双作为回礼，象征添丁与家庭美满的祝福。

此外，在莆仙当地的七月十三日也会开始祭祀祖先，这称为“接公妈”，并持续到七月十五日中元这一天。不少旅居海外或在外省市工作的亲人都会在这天赶回家乡祭祖，全家族因祭祖共聚一堂。由于这个祭祖时节天气炎热，所以莆仙当地百姓俗称此气候为“公妈热”。

莆仙接公妈的祭品，一般以素菜、干果为主，主要祭品为金粿和薄荷糕。中元晚上，莆仙一些寺庙还举行普度和盂兰会，沿海民间有放水灯的风俗。所谓放水灯，即用将纸叠折成各种花朵、纸船，然后在中间点上蜡烛，后将其放在水上漂流。七月十六日，各家举行送公妈，各寺庙也会进行济孤的普度活动。

莆田忠门的中元是农历七月十三日至十六，当地民众以米糕、麦糕、金粿、糖炒豆为祭品祭祀祖先在莆田忠门当地，七月十三日、十四日同样称为“接公妈”，十五日、十六日则称为“送公妈”。出嫁的女子倘遇父母过世，则必须备办祭品回娘家祭祀。

第二节　八月岁时与年俗之福

仲秋桂月

秋分天气白云多，处处欢声歌好禾。

只怕此日雷电闪，冬来米贵价如何。

“八月。剥瓜。玄校。剥枣。栗零。丹鸟羞白鸟。辰则伏。鹿人从。鴽为鼠。参中则旦。”[①]

八月，瓜果已经在不知不觉中成熟脱落了，枣树上的枣子也成熟了，栗子静悄悄地裂开，可供捡食。暗夜里，蚊蚋被林间的萤火虫追捕，成了萤火虫的美味。银河里星辰此起彼落，当东边的水星渐渐隐匿起来的时候，西边猎户座上最亮的一颗参星便指向南方。这时，旭日开始东升，树林里的田鼠在觅食，传说中的九色鹿领着鹿群漫步林间。

一、白露·秋分

白露是指秋天的露水凝露而为白，这是因为天气转凉，夜里的水汽都凝结了，所以《诗经》里有“蒹葭苍苍，白露为霜”。诗里的“白露为霜”就是说下一个时节霜露的寒气将秋露凝结成细小的霜点。春去秋来的候鸟归队了，不论是南来抑或是北往，它们追随着季节的脚步储备能量，展开漫长的旅途，这就是《月令七十二候诗》所描述的“白露”三候“鸿雁来”“玄元鸟归”“群鸟养羞”。

秋分在汉董仲舒《春秋繁露》中的解释，即“阴阳相半”“昼夜均”“寒暑平”，所以，秋分有平分秋色之谓。在这个时节，秋气让雷声已经不再轰然作响，小虫子也开始将自己藏了起来，春夏丰沛的水汽也慢慢地干涸了，这些是《月令七十二候诗》所形容秋分的三个象征，即“雷始收声”“蛰虫坯户”“水始涸”。此外，秋分在《荆楚岁时记》里也是一个祭祀的季节，人们在仲秋之月的月圆时掷筊于神社，以卜来年，如文中所述：“秋分以牲祠社，其供帐盛于仲秋之月。社之余胙，悉贡馈乡里，周于族……掷教于社神，

① 《夏小正疏义》，第42—45页。

以占来岁丰俭。或折竹以卜。”①

二、花好人常在，月圆人团圆

农历八月十五日因居秋季之中，所以被称为“仲秋”，也作“中秋”，如《梦粱录》所载：“八月十五中秋节，此日三秋恰半，故谓之中秋。”②

中秋节始于唐盛于宋，尔后延续到明清之际，中秋节的活动已经非常丰富多元了。例如中秋月的传说就有嫦娥奔月、吴刚伐桂、玉兔捣药，这些古老的传说让我们对月亮有更多美丽的想象，这些美丽的故事也逐渐演变成赏月、祭月、拜月、吃月饼、赏桂花、饮桂花酒等各种民间习俗。尤为重要的是，中秋月圆象征了团圆与相聚，人们将月光化为思念亲人与故乡的情怀，同时也将满月作为祈盼丰收、幸福、美好的文化象征。

在仲月之秋，福建闽南各地也有各式各样的民间祝福、祈福、求福的习俗，例如莆仙地区，过中秋节称为“做秋”，亲友之间例行送礼叫“送秋”。“送秋”是当地一个隆重的礼尚往来的互动，相互馈赠的礼品大多是当地的特产米粉、月饼、香芋、板栗和日常用品等。出嫁的女子在“做秋”的互动中也要准备礼品孝敬父母，这在当地称为“佐秋”。除此，在中秋节前，莆仙地区还有祭拜灶公生的祈福习俗。

据传，在莆仙地区，中秋节前的农历八月初三日是灶公生日，莆田沿海地带有做灶公生的习俗。这是因为农历八月大潮，加上如果遇台风暴雨，往往会酿成严重的洪灾和海难，所以沿海居民都在这天用豆煎粿祭祀灶公，祈保阖家平安。所谓豆煎粿，即是以糯米稠浆搓成小饼状，撒上一层白糖和炒熟捣碎的花生和大豆制成的，

---

① 《荆楚岁时记》，第 38 页。

② ［宋］吴自牧，符均、张社国校注：《梦粱录》，三秦出版社，2004 年，第 48 页。

是沿海的风味食品之一。这个祭灶公的习俗与《清嘉录》的记载相仿，文献中说八月初三日要焚香燃烛，设斋供奉灶君，家户具香烛素馐祀于玉堂及福济观之灶君殿。

到了中秋月圆之夜，当地出外的游子都要尽量回家与家人团聚。在当地，传统的团圆菜宴被称作“芋群米粉炒”。“芋群”的主要食材是莆仙特产香芋，将其去皮，蒸熟切块，再佐以板栗、香菇、猪肉炖熟，所以芋群米粉炒是一道大杂烩菜肴。用完丰盛的晚餐后，便是赏月和吃月饼。

另外，《厦门志》也同样记载在中秋节这天会特别吃煮熟去皮的芋头。由于闽南语的“芋”与“路”音近，所以有俗谚说“食米粉芋，有好头路”之吉祥兆头。除此之外，厦门当地的渔民、船员在船上常备有番薯，除了番薯容易储存这个原因外，渔民认为番薯可生食或熟食，且吃些番薯能保安康。

此外，闽台当地在中秋节有杀（开）柚子的习俗，俗称“杀贼头”，借此象征去恶除邪保平安。当地在杀柚子前会在柚子的外表用墨笔画上鬼脸，象征“贼头”，在拜月后将其拦腰切开，并剥食果实，表示斩贼之头，食贼之肉，象征去除邪恶保平安。另外，当地也有祭拜月神来寄托“花好、月圆、人长寿”的美满愿望，拜月的供品多为瓜果、茶料、月饼、芋头等，家中经济条件佳者则设酒菜宴请宾客，一般百姓则赏月、喝茶、吃月饼。例如，厦门的名山胜地虎溪岩、醉仙岩、鼓浪屿的皓月园、万石岩水库、鸿山公园、金榜公园、白鹭洲、嘉禾园、南湖公园等都是赏月的好地方，其中“虎溪夜月”是厦门八景之一，醉仙岩的顶峰则可以欣赏到“海上明月共潮生，滟滟随波千万里”的美景。

（一）团圆拜月与祝福

1. 团圆节的祝福

文献中，《莆田忠门县志》和《福州志》称中秋节为团圆节。据《莆田忠门县志》记载，中秋节前，外出亲人多返家团聚，当晚家家户户吃炒米粉、芋头、鱼、肉、酒、月饼，此称为“做中秋”。

出嫁的女儿在中秋节前要“办盘担”或送节礼物给父母或兄长，此称为“做秋”。凡是第一年的中秋，即“头年秋”，娘家人则要回送秋粿、秋饼等。

在福州当地，人们家里会敬备供品祭祀祖先，夜设家宴，举家欢聚。当地民间还有尊老爱幼的习俗，晚辈馈赠大月饼给长辈，长辈则馈赠小月饼给晚辈，这是借此节日相互表达美好的祝福与祝愿。

《福建通志·风俗志》也记载着中秋各式各样祈福的习俗，例如福州的“走百病”，文献中说福州城内“中秋士女登乌石山进香，夜燃神光塔灯，是夜妇女连臂出游，谓走百病”。又闽清县有用瓦片砌塔相拜祝的习俗，《长乐县志》有中秋“摆塔”的相关记载。农村的“摆塔”活动是由农家小孩拾瓦片、砌瓦塔，到了夜晚以柴火点燃让火光四照，所以该活动又称作“烧宝塔”；城里的“摆塔”又称作“排塔”，这是将泥塑或陶瓷铸就的人物形象与烛台、花瓶、香炉等陈列展出，供人观赏。富贵人家则在家中的厅堂搭架“摆塔”，依序从低层摆上一双秧盆，青葱吐绿，以示丰收，中间各层则排列历代名人或戏曲人物的泥偶或瓷偶，最高层则摆以泥塔或铁塔。

2. 中秋拜月与祈福

中秋拜月是传统信俗中对月神的信仰，中秋的月神主要是指太阴星君，或称“太阴娘娘”“月光娘娘”“月宫娘娘”，或简称“月娘”“月光”，也就是指嫦娥。一般是依照民间古例在农历八月十五中秋节当夜举行斋月宫或拜月。

福建三明地区称中秋节为“团圆节”，当地的客家人有拜月、走月的习俗。宁化当地的妇女还有拜筷子神、请扁担神的习俗。拜筷子神，即新婚妇女或已婚未孕的妇女在中秋节的月光下求筷子神保佑自己早生贵子。

在湄洲岛，中秋节当晚于家中设置上香案，然后摆上供品，当空朝月燃香烧烛，阖家团圆依序而拜，礼毕燃放鞭炮。在湄洲岛，拜月有象征花好月圆、月圆人团圆的美好意象。

3. 状元博饼

中秋节当天，闽台两地都有博状元饼的娱乐活动，现在已演化为家人团聚的活动之一。这是源于旧时科举制度。读书人以参加科考为志，因此，在中秋当天，民间会集资做大大小小的月饼，月饼上的图案为“状元游街”，所以中秋月饼也称为“状元饼”。大家以掷骰子的方式看谁可以掷到状元，大小不同的状元饼用来象征状元、榜眼、探花……若能掷到状元就是“夺元之兆”，即博到好彩头。

因此，中秋博状元饼是秋报的民间娱乐活动，也有博得好彩头的意味，这个习俗现今依然在厦门当地颇为盛行。一家人围成一桌，通过六枚骰子来争取六十三枚“会饼”，“会饼”的名称为旧时科举制度的阶士名，分别为：状元设一饼，榜眼设二饼，探花设四饼，进士设八饼，举人设十六饼，秀才设三十二饼。六种类型的饼大小不一，状元的最大，然后依序变小。博饼掷骰的游戏规则分别视其掷出骰子的排列组合而定，例如，博出一个红四得秀才饼一个，博出两个红四得举人饼一个，博出三个红四得探花饼一个，其他复杂的排列则按约游戏的约定，有的还博出四进带一秀、四红状元、五子状元、状元插金花、状元王等，趣味的中秋博饼为中秋节增添了不少欢乐吉祥的气氛。

这个节俗活动也在《诸罗县志》的文献中可以得见，该文言：“中秋，……会饮赏月，制大饼以象之；士子朱书元字，用骰子掷四红夺饼，预取秋闱夺元之兆。”行文中说明用骰子掷出四个红点，就是博到状元饼。另《彰化县志》的行文则言，六枚骰子掷出四个或五个红点就算夺元，如文中所述：“八月十五日中秋节，士子制月饼，以骰子六枚掷得四，五红者夺之，取秋闱夺元之兆。”因此，博饼为中秋节增添了不少欢乐与吉祥的寓意。

（二）秋报祀土

1. 答谢土地的秋报

《周颂·良耜序》是一首描述周代先民秋报农耕与祭祀的农事

诗，“良耜”，秋报社稷也。整首《周颂·良耜》分为三个段落，第一个部分“畟畟良耜，俶载南亩。播厥百谷，实函斯活。或来瞻女，载筐及莒，其饷伊黍。其笠伊纠，其镈斯赵，以薅荼蓼。荼蓼朽止，黍稷茂止”是描述春耕夏耘的情景，第二个部分“获之挃挃，积之栗栗。其崇如墉，其比如栉。以开百室，百室盈止，妇子宁止”是描述秋收的样貌，最后“杀时犉牡，有捄其角。以似以续，续古之人”则是诠释秋冬报赛祭祀的情景。所以，春耕、夏耘、秋收、冬藏是农耕的时序，另四时中的春耕与秋收都有春祈与秋报祭祀土地的习俗。

所谓春祈就是在播种的时候祭祀土地，借以祈求丰收；秋报则是在收成的时候祈告土地丰收，有谢土之意。春祈是一般是在春季的农历二月初二祀土地神，秋报则是在秋季八月十五举行。旧时春祈与秋报的祭祀土地习俗都是重要的祭典，如《帝京岁时纪胜》所记载的“秋报”说道：“……云仪纸马，则道院送疏，题曰月府素曜太阴星君。至于先丁后社，享祭报功，众祀秋成，西郊夕月，乃国家明禋之大典也。”①

也有相关文献记载了福建闽南秋报祭祀土地的习俗：“中秋祀土地，盖古人春祈秋报之意。乡人做社事，财之社戏。儿女于月中，设果饼膜拜致词，谓之请月姑，置筐与盘，神降则筐自举，为剥啄声，视其数以卜灾。”这是《福建通志》记载漳州民间中秋祭祀土地的民俗活动，即做社、演戏、拜月。

另外，相关文献也说到闽台地方在中秋节傍晚有举行祭拜土地神活动的习俗。这一天，家家户户会准备三牲、米粉芋、年饼（润饼）、蔬果等供品敬奉。例如《台湾县志》就说道：“八月中秋，祀土地，张灯演戏与二月二日同。”

2. 土地公巡田水

闽台民间对于传统的“秋报”与农历的二月初二“春祈”一样

① 《帝京岁时纪胜》，第29页。

隆重，《诸罗县志》有云：“中秋祀当境土地，与二月二日，仿‘秋报’也。四境歌吹相闻，谓之社戏。”文中“祀当境土地”就是敬拜土地公，土地公是与民间最亲近的一位神祇，所以，中秋节当天除了拜月外，有些地方也会祭拜土地公。例如在台湾中南部的田头田尾也会用一根竹竿或甘蔗竖立在田头或田中央，上面系着土地公金和香条，用来酬谢土地公一年来的保佑，这是旧时社祭的遗俗。在台湾高雄称这样八月十五的社祭活动为“土地公巡田水”。

在高雄，“土地公巡田水”的习俗是农民在田头、田尾插上夹有金纸、香条的竹竿以谢后土，夹有金纸的竹竿称为“土地公拐”。农民在感谢土地公巡田水的同时，也会准备简单的供品感谢土地公代为看顾农田，并祈求来年丰收。

（三）魁星踢斗，独占鳌头

如前所述，状元博饼在旧时科举时代有卜“夺元之兆”的吉祥美意，因此，文人科考是否能独占鳌头就变得异常重要。所以，文人在中秋的习俗上非常崇拜魁星，魁星原本是中国古代天文学中二十八宿之一，也就是指北斗七星中的璇玑杓。

璇玑杓指的就是北斗七星中的天枢、天璇、天玑、天权的总称，这四星称为“魁”，其余三星称为“杓”。由于魁星居北斗第一颗天枢星，所以在传统神话里，魁星有出类拔萃之意，主掌文人儒士的文章、文运。

魁星在民间信俗中又名文魁夫子、大魁夫子、大魁星君士、绿衣帝君、魁星爷，民间信俗中有“魁星踢斗，独占鳌头”之说，这是用来表示文人儒士的文运与众不同，所以，魁星信俗在文人儒士心中具有一定的影响与地位。

如《台湾通史》的记载，旧时台湾的私塾、诗社会以羊头和螃蟹祭拜魁星，以羊角和红蟳象征解元，借以取其吉祥的寓意。文中说：“士子供祀魁星，祭以羊首，上加红蟳，谓之解元，值东者当持归告兆，以羊有角为解，而蟳形若元字也。”因此民间在农历七月初七或八月十五这两天会特别举行魁星会，以祭拜魁星的方式宴

饮，并以文会友。

不过在台湾，一般对于魁星的祭祀还是以在农历七月初七为主，这是因为台湾民间把农历七月七日视为魁星诞，所以各家各户除了祭拜七娘妈之外，文人士子则会举行魁星会，或演戏欢饮，或吟诗雅颂。如《台湾县志》行文所记载："七月七日，是日为魁星诞辰，是夜，各塾竞鸠资备祭品以祭，间亦有演戏者，欢饮竟夕，村塾尤甚，更有屠犬以祀者。"

巡台御史张湄《七夕》诗言，"露重风轻七夕凉，魁星高宴共称殇。幽窗还听喁喁语，花果香灯祝七娘。"诗中"魁星高宴共称殇"就是指夕宴饮的欢乐景象。由于科举制度被取消，所以这类诗社在台湾光复后便逐渐消失。

在福建，祭拜魁星则以农历八月十五为主，如《福建通志》对泉州府岁时的记载就说道："中秋，以月饼、番薯、芋祭魁及先神，前一、二日，亲友相馈。"

至于魁星的样貌，一般民间所供奉的造像是岐首、青脸、獠牙、赤身，一手持斗，一手执笔，一脚弯曲往后翘，一脚单立于鳌背上。魁星在台湾多以夫子称之，大多供奉于文昌祠中，是读书人士子膜拜的神祇，属于五文昌之一。旧时台湾于七夕当日，私塾都会举行魁星会，也就是以文会友，类似现今的读书会，文人雅士在这天餐聚，畅谈读书心得。台湾新竹文人曾以诗描述此景言："七月七日占星斗，胜友七人盛文酒。心香一瓣拜奎星，天上文衡主持久。相期云汉踏金鳌，山盘十五戴其首。愿尔努力各飞腾，上应列星同携手。神如首肯来默相，报赛年年荐蘩韭。"

三、民间日常的祝福

"贺"在《说文》的解释是"以礼物相奉庆"，也是"庆：行贺人也"之谓，又"庆"与"贺"二字互训，且"贺"为嘉赠之言，因此，以言赠之的祝福可称为"嘉贺""庆贺"。例如"飨贺"言送礼祝贺，"贺慰"指祝贺慰问，"贺饯"指升迁赴任置酒饯行；"赏贺”是指旧时新妇进门第二天送物给尊长亲戚。常见的“贺年”和“贺岁”“庆贺新年”是指新年的祝福，“贺元”为庆贺元宵节之谓，“贺寿”指对长辈的祝贺寿辰，“谢贺”为亲朋好友对结婚或喜事表示由衷的祝贺之意，“贺房”为庆贺迁居或新屋落成。相关的祝贺习俗和贺词是人们表达未来对美好生活的期待与祝福，也是日常生活中最实用且常见的“福”文化，今将闽台常见的闽南语的祝福贺词与相关习俗罗列于下。

（一）贺年的祝福

农历正月初一日，用闽南语称为“新正”，亲朋好友间的祝贺则称为“贺年”“贺正”“拜年”“拜正”，所以春节亲友之间互相到家中“走春”，相互祝福。贺年的吉祥语有“恭喜恭喜”“恭喜大赚钱”“新年快乐”等。而到亲戚朋友家中做客吃甜料、喝甜茶的时候，会用“吃甜甜”来祝贺，并且因应对象的不同而置换不同的称谓，例如对于经商的亲戚朋友可以说“食甜甜给你赚钱”，对于长辈可以说“食甜甜给你老康健”“食甜甜给你食百二”，对于求学中的小朋友可以说“食甜甜给你快大汉”，对于待嫁中的女性可以说“食甜甜给你嫁好尪”。由于新春期间的“甜食”有甜甜蜜蜜的美意，同时也有财源滚滚、发大财的象征，所以新春关于吃甜食的祝贺语最为应景。

除此，新春期间做客时，也可以通过不同的食物象征祝福彼此。例如常见的年节食品甜粿、发粿、瓜、果也衍生出不同的祝福语，有“吃甜粿乎你赚家伙”“吃发粿乎你发家伙”“吃甜甜乎你好缘归厝边”“吃咸咸做人做事无人嫌”“吃水果乎你日日好”“吃丸仔乎你现金开不完”“吃麻糬乎你年年大赚钱”等；又如祝贺语中的“万事大吉（鸡）昌”“吉（鸡）祥如意”就是取其年食中“鸡”的闽南语谐音，“年年有余”就取其“鱼”的谐音。另外，如“岁”音同“碎”，所以，新年打破器皿为吉兆，通常会说“岁岁（碎碎）平安”。

（二）谢贺的祝福

闽南传统的婚礼仪式分为纳采、问名、纳吉、纳征、请期、亲迎六个阶段。纳采和问名就是请媒人到女方家提亲，并询问女方姓名、八字，用来占卜吉凶、合八字，这在闽南称为“讲亲戚”，或称“提字仔”“提婚仔”。媒人到女方家提亲成功后，男女双方商定聘礼，并就选定吉日将聘礼送到女方家，也就是纳吉、纳征的两个仪式。纳吉在闽南被称作“吃定”，也就是定亲、定聘之意；纳征在闽南被称作“送定”，也就是送聘礼。订婚后，最后阶段就是确定结婚日期和迎娶仪式，也就是请期和迎亲。请期在闽南被称作“送日仔”，即确定双方婚期，迎亲在闽南被称作“嫁娶”，其中迎亲的烦琐过程与礼节则因各地风俗而异。现将具有闽南特色的婚嫁四句联的祝福语列举如下。

首先是“嫁女点烛”“娶媳点烛”的四句联：

天圆圆地圆圆，夫妻一对好团圆。
喜烛光礼烛明，富贵荣华万万年。
大厅礼烛来点起，爱女准备出大厅。
拜别列祖与列宗，百年富贵享荣华。

其次是祝贺“早生贵子”的闽南语四句联：

茶盘圆圆，甜茶甜甜。两姓合婚，冬尾双生。
茶盘四脚卿，中央排茶钟。甜茶不烧冷，子孙代代兴。
天赐良缘人人有，郎才女貌无卡轮。
琴瑟和鸣早结珠，早生贵子荫丈夫。

再次是结婚前夕，新娘要和姊妹手帕交餐聚，即“食姊妹桌”的四句联：

吃鱼丸，全家团圆。
吃香菇，头胎生查埔。
五谷吃乎春，赚钱年年春。
吃菜，夫妻恩爱，子孙昌盛，七子八婿。
烧酒饮乎干，新郎紧做阿爸。

最后是新人进大厅谒拜列祖列宗执事者祝福的四句联：

新娘大方，学问相当。汉语贤讲，腹内能通。
新郎才子，新娘高女。夫妻和好，诚实规矩。

（三）贺房的祝福

贺房是指庆贺迁居或新屋落成，“房”用闽南语称为“厝”，“厝”的概念泛指抽象的“家”和具体的“屋子”。例如“厝内”指家里，“厝地”指家宅，“厝顶”指屋顶，“厝主”指房东，“厝咖”指房客，“起厝”为建造房子，“搬厝”指搬家，“入厝”指乔迁入宅。闽台常用的贺房相关祝福贺语如下。

搬新厝发大财，新厝给你带财来。
良辰吉日来迁居，张灯吉彩迁安宅。
喜迁新居全家乐，德昭邻壑福气多。
喜迁新居喜洋洋，福星高照福满堂。
听说今日吉祥天照，搬厝有福有财到。
乔迁新居住新厝，弃旧迎新新气象。

第三节　九月岁时与年俗之福

季秋菊月
初一霜飞侵害民，重阳无雨一冬晴。

月中红色人多病，更遇雷鸣米价增。

“九月。内火。遰鸿雁。主夫出火。陟玄鸟蛰。熊罴豹貉鼶鼬则穴。荣鞠树麦。王始裘。辰系于日。雀入于海为蛤。”①

九月，夜空中心宿的大火星西沉，向人们揭示了入秋的时序。候鸟中的鸿雁和燕子在月令中纷纷飞往南方，群雁朝着远方的居地迁徙。林间里的草木虽已衰败枯萎，但勤劳躬耕的人们没有放火将这些枯槎落叶烧毁，因为，冬藏的小虫子还没准备好。野地里的熊、罴、豹、貉、鼶、鼬开始回到洞穴准备冬眠了。渐冷的时令让草木不再扶疏，只有黄菊花开，季秋举行献裘的典礼即将开始了。辰星伴随着太阳日出日落，大海中有个古老传说，它说，千岁雀化为蛤，百岁燕化为牡，这是真的吗？

一、寒露·霜降

寒露是菊月的第一个节气，《月令七十二候集解》说寒露是因为季秋露气寒冷而凝结为露，季秋尚有像宾客般停留的鸿雁还没向南飞去，千岁雀入海化为蛤的传说依旧，草木凋零，只剩下晚香中的秋菊依然茂盛灿烂。这是寒露的三候：“鸿雁来宾”“雀入大水为蛤”“菊有黄花”。

霜降就是指露水凝结成霜，《月令七十二候集解》说季秋露气寒冷，所以气肃凝露而为霜。故不论是在南方或北方，霜降即已经进入深秋，隐约中，似乎可以听到冬天的脚步声。有“祭兽”之称的豺开始展开猎食，草木因肃杀之气也都凋零，是伐木为薪炭的时候了。垂头向下、涂壁塞穴，防止肃杀之气的小虫子开启了冬眠的机制，它们再也不吃不动。这是“豺乃祭兽”“草木黄落”“蛰虫咸俯”，即霜降时节的三种现象。

---

① 《夏小正疏义》，第 45—48 页。

二、王船除瘟与祈福

福建位于我国东南沿海，由于面对台湾海峡的狭管效应，加上海风、陆风、山谷风的影响，所以福建沿海在夏、秋之季的风向复杂，故在起风的季节，闽台有一艘满载“平安”而来的王船扬帆而起。

王爷信俗在闽台可说是非常普遍，特别是在台湾南部，几乎随处可见王爷庙。台湾王爷由来的说法颇多，有的说是秦始皇焚书坑儒时受难的三百六十名读书人，有的说是唐代赴京科考，舍身救人殉难的五位进士，甚至有的说是唐代因故丧命的三百六十位进士，抑或是明末遗民中自尽身亡的三百六十位进士。

虽然王爷信俗众说纷纭，但民间相传王爷因受玉帝的赐封，所以具有“巡守”之职，而且可以“食四方”。农历九月下旬，台湾南部地区有许多王爷庙会举行王船祭，例如屏东东港的东隆宫、台南武英殿、湾里万年殿、小琉球三隆宫等。东港东隆宫每三年会举行一次王船祭，王船祭的科仪分别为造王船、游王船、烧王船等过程。整个仪式中，除了造王船是提前制作之外，其他科仪过程约一周。东隆宫的送王船通常选择在清晨举行，王船与神轿在街上绕境之后，到了午夜便将王船推到海边，然后在船四周堆放金银箔，王船上满载柴、米、油、盐、糖、豆等，然后以游天河的方式焚烧王船，借以祈求海陆两境平安。

台湾《澎湖厅志》里详细记载了台湾沿海拜王爷、做王船醮、迎王船、烧王船的习俗。据文献记载，台湾早期的王船大多是从大陆福建漂流而来，漂流而来的王船分为两类，分别是福科和龙林科。福科是指制作完整精致的王船，主要是游地河所用，所谓游地河就是王船随河海漂流；龙林科的王船则是指半纸半木的王船，主要是游天河所用，也就是焚烧后随河海漂流。

相传，有时候游地河的王船在无人驾驶的情况下会自动转舵入港，下帆下椗不差分寸，澎湖当地居民则会设席，欢迎稀客王船的

到来。祭祀结束后，由王爷决定继续游海或焚化。

《澎湖厅志》的相关文献记载如下："……大王庙，神各有姓，民间崇奉维谨，甚至造王船、设王醮，其说亦自内地传来。内地所造王船、有所谓福科者，坚致整肃，旗帜皆绸缎，鲜明夺目。有龙林料者，有半木半纸者，造毕或择日付之一炬，谓之游天河。或派数人，驾船游海上，谓之游地河。皆维神所命焉。……澎地值丰祟之岁，亦造王船，顾不若内地之坚整也。具体而已，间多以纸为之，然费已不赀矣。或内地王船偶游至港，船中虚无一人，自能转舵入口，下帆下椗，不差分寸，故民间相传惊以为神，曰王船至矣。则举众若狂，畏敬特甚，举众鸠钱，奉其神于该乡王庙，建醮演戏，设席祀王，如请客然。……祀毕，仍送之游海，或即焚化，亦为神所命云。窃谓造船宋王，亦古者逐疫之意。"①

（一）厦门钟山送王船②

1982年，厦门海沧、石塘、钟山等地根据三十多年前的传统俗例，恢复王爷在临值年习俗，举行造王船游境踩街的盛大庙会。厦门海沧的送王船主要是通过王爷的"代天巡守"祈求国泰民安、风调雨顺、社境平安、兴旺发达、百业昌盛。厦门的送王船科仪中包括仪式前的造王船、仪式进行中的游王船、仪式结束前的烧王船等环节。

2020年12月17日，由中国厦门与马来西亚联合报送的"送王船——有关人与海洋可持续联系的仪式及相关实践"联合申遗成功，列入联合国教科文组织人类非物质文化遗产代表作名录。

送王船起于明代，是闽南沿海先民作为抚慰并祭祀海难遇难者的仪式。闽南人称海难遇难者为"好兄弟"，称"代天巡狩"的地

① 《台湾文献汇刊》第五辑第五册，第592—594页。

② 林春茵、陈悦、吕明、李思源、张斌：这，就是送王船！中国新闻网，2020年12月18日，https：//www.chinanews.com.cn/cul/2020/12-18/9365458. shtml，2022年6月29日查阅。

方保护神为“王爷”。送王船时，人们预先在良辰吉时制作了王船，并竖灯篙召唤海难中的“好兄弟”，将它们从孤独漂泊的痛苦中解救出来，所以当地俗称送王船为“做好事”。送王船仪式开始时，民众以各种艺阵开道请王爷登船，后簇拥王爷巡查境社平安，并沿路召请“好兄弟”登上王船接受度化，随王爷一同出海远行，以保社稷平安。

所以，送王船是沿海渔港、渔村旧有的传统民俗，通过祭海神悼海上遇难的英灵，祈求海上靖安和渔发利市。

2004 年，同安区西柯镇吕厝村送的是第 148 任王爷，依四年一次推算，已有 500 多年的历史。又 2020 年 12 月 5 日至 6 日，厦门钟宅畲族社区、何厝社区分别举行了国家级非物质文化遗产送王船活动，钟宅送王船活动一般四年举行一次。当日送王船绵延数百米，巡游队伍从澜海宫观音庙出发，沿钟宅绕境巡游，途经钟宅南苑、钟宅新家园、王公庙，最后驶向钟氏宗祠，场面十分壮观。巡境过程中，钟宅居民纷纷摆上供品，虔诚祈求风调雨顺、出入平安。同时，巡游队伍中有不少年轻人参与。次日晚间，王船正式出航，祈佑何厝风调雨顺，钟宅居民护送王船到海边“化吉”。王船在烈火中化为吉祥的祝福，航向天际。①

（二）泉郡富美宫的“送王船”②

泉郡富美宫位于泉州城南、晋江下游的富美古渡畔，所以宫名为“富美宫”，该庙建于明代正德年间（1506—1521），在历史的长河里，富美宫在闽南和台湾具有“王爷总馆”的美名，是王爷信俗

① 唐光峰：厦门钟宅畲族、何厝社区举行“送王船”民俗活动，东南网，2020 年 12 月 7 日，http：//xm.fjsen.com/wap/2020-12/07/content _ 30566556.htm?page=pad，2022 年 6 月 29 日查阅。

② 影响深远的泉郡富美宫“送王船”，泉州网，2019 年 12 月 25 日，https：//www.qzwb.com/gb/content/2020-12/25/content _ 7070860.htm，2022 年 6 月 29 日查阅。

和送王船的传播源头之一，对台乃至东南亚国家的王爷信仰、送王船习俗都产生了深远的影响。

送王船在闽台地区也叫作“送彩船”“送福船”“送龙船”。其中“送彩船”之谓是因为所送之王船是仿泉州民用船所制作的，再加上华丽的装饰，所以民间又称之为“彩船”。

泉州的送王船具有悠久的历史。据《泉州府志》记载，“是月（指农历五月）无定日，里社禳灾，先日延道设醮。至期以纸为大舟及五方瘟神，凡百器皆备，陈鼓乐、仪仗、百戏，送水次焚之。近竟以木舟具真器用，用以浮于海者。”

旧时富美宫所制造的王船是仿真的民船，王船上的尺寸、开斧、竖龙脊、立桅、神明配置、起锚出航时辰等均由庙方卜筶决定，所以王船在正常天气情况下，具备了远程漂航的能力，而且王船上配备了各项神器仪仗及生活用品，一应俱全，包括仪仗队用的大牌、凉伞、旌旗，乐队中的锣、鼓管弦和法器用品刀、枪、剑、戟，以及生活用品中的床、柜、衣物，食物、炊具、调料，还有柴、米、油、盐、锅等。此外，还配有纸扎或泥塑的水手、兵卒、大役等。除了上述必备品外，王船上还会带上一只戴有耳环的活公鸡，用于在大海上为神明报时。

2019 年 11 月 30 日至 12 月 3 日，泉郡富美宫重启盛大的送王船民俗活动，王船名为“金和顺”，寓意和平顺畅。闽台信众和来自新加坡、马来西亚等东南亚国家的信众一共数百人，一起参加了送王船仪式。

泉州富美宫又名“阿爷公宫”，主祀汉代儒臣萧太傅。萧太傅随萧氏入闽后，由祖先的祭祀崇拜逐渐演变为地方神明崇拜，是闽南与台湾地区王爷信俗分灵、分香的源头，该王爷信俗遍及我国闽南、台湾地区和东南亚各个地区。

而萧太傅信俗从泉州传入台湾已经超过 200 多年，目前遍及台湾各地的宫坛 2000 余处，是台湾民间王爷信俗的重要神祇之一。富美宫在两岸开放以来，接待台湾近 14 个县市 90 座庙宇的进香团多达 200 批次，是两岸民俗文化的重要桥梁。

（三）王爷公的祝福：和平岛王船游江祭

社灵庙位于北台湾基隆和平岛，该庙又称“三府王爷庙”，主祀林、温、傅三王爷。和平岛当地居民称三府王爷为“王爷公祖”，称社灵庙为“王爷公庙”。据庙方表示，社灵庙三府王爷始于乾隆年间泉州游地河而来的王船，道光二十二年（1842）正式在当地建庙，并命名为社灵庙，目前殿内配祀有关圣帝君、福德正神、三太子。庙门前仍然供奉着旧时游地河而来的王船，供民众祭拜消灾祈福之用。每年社灵庙举行的王船祭有别于台湾南部的烧王船，该活动的特色是以不烧不送的方式把百年来从泉州游地河而来的王爷留在当地福佑百姓，并在每年固定的时间请王爷出巡游江。根据庙方的说法，和平岛社灵庙请王爷出巡游江已有 230 多年的历史，早年曾因故中断，目前庙方已在 2010 年开始恢复古例海上出巡游江。

基隆和平岛三府王爷庙的王船（林孟蓉拍摄）

2022 年，社灵庙举行王船海上游江活动从和平岛正滨渔港出发，沿途经碧沙渔港、外木山，下午从基隆港小艇码头上岸，接着前往护国城隍庙做客，然后再返回社灵庙。届时，和平岛社灵庙的王船将率领船队进行游港绕境，沿途将在海上抛撒金纸、用三牲祭品祭拜，祈求平安，保佑渔民海上作业平安丰收。

三、重阳敬老与祈福

重阳节又称之为暮节、登高节、敬老节、重阳日，简称重阳或重九。暮节是取其“九月”为暮秋之意，“登高”是因当日有登高之举，“重阳”或“重九”是因农历九月九日为重九，又因《易》以阳爻为九，所以“九九”为两九相重，故谓重阳。加上“重阳”日月皆为阳“九”，所以日月并应，宜于长久，宜享宴。

至于重阳节的相关节俗起于战国而成于汉，并在西汉的时候已经成为固定节日。据文献记载，重阳最早的习俗主要是避灾，尔后逐渐演变为佩茱萸、饮菊花酒、登高等。例如《西京杂记》记载，汉代重九有佩茱萸、食蓬饵、饮菊花酒、登高赋诗、游玂骑射等活动，该行文言“三月上巳，九月重阳，士女游戏，就此祓禊登高”，借此驱邪免祸；《荆楚岁时记》也有“九月九日，四民并籍野饮宴”；杜公瞻注此文言：“今北人亦重此节，佩茱萸，食饵，饮菊花酒，云令人长寿。”①

（一）九九登高祈安

古人以九为阳数，所以农历九月九日为重阳。旧时重阳日有登高、赏菊、饮菊花酒、佩戴茱萸等避邪、避灾、增寿的习俗。这样的习俗最早源于南朝，在吴均所撰写的志怪小说《续齐谐记》就有九月九日桓景登高避灾的故事。该故事云：“汝南桓景，随费长房游学累年。长房谓之曰：九月九日，汝家中当有灾，宜急去，令家人各作绛囊盛茱萸以系臂，登高饮菊花酒，此祸可除。景如言，举家登山，夕还，见鸡犬牛羊一时暴死。长房闻之，曰：此可代也。今世人九日登高饮酒，妇人带茱萸囊，盖始于此。”

---

① 《荆楚岁时记》，第 65 页。

由于九月九日有登高避灾的缘故，尔后遂演变为文人登高休憩的赏玩，《燕京岁时记》里就有记载："每届九月九日，则都人士提壶携榼，出郭登高。南则在天宁寺、陶然亭、龙爪槐等处，北则蓟门烟树、清净化城等处，远则西山八刹等处。赋诗饮酒，烤肉分糕，洵一时之快事也。"旧时也称此仲秋登高赏游为"辞青"。《帝京岁时纪胜》对此也有相关的记载："都人结伴呼从，于西山一带看红叶，或于汤泉坐汤，谓菊花水可以却疾。又有治肴携酌，于各门郊外痛饮终日，谓之辞青。"这种重阳登高去灾、祈福、延寿之习也保留在福建，闽南各地也承袭登高赏玩祈福的遗风，例《八闽通志》也有关于登高赏玩祈福的记载："重阳，郡人率以是日登高，饮菊酒以延年，插茱萸以避恶。"

《福州地方志》也有记载："九日登高，以大庙山与乌石山、于山为最多，儿童放纸鸢（风筝），士大夫则仿古遗事，相约游山饮菊酒。"由于福州无山丘可登高，故在重阳节以吃重阳糕为习俗，借由"糕"与"高"的谐音以吃糕替代登高消灾。

福州的重阳糕有两种，一种是用茱萸与米浆蒸制而成的九层粿，九层粿的颜色层层分明，是重阳应景的粿品。当地除自己食用外，也会互相馈赠亲友。另一种是重阳糕，又称为"花糕"或"栗子糕"，其制作方式是以粉面蒸制，粉面上铺有栗子、枣子、银杏、松子等，呈塔状，糕点的顶端会放置"小羊"两只，象征重阳，并插上茱萸和蜡烛，象征百事高的登高祈福寓意。

除此之外，莆仙地区也有登高的习俗，例如城厢东山岩、涵江青璜山、莆田黄石青山、仙游九鲤湖等都是当地登高的游览胜境。旧时在重阳日文人雅士都会借此登高雅吟。莆田在重阳节当天同样也会蒸制九重粿，不过莆田蒸制九重粿主要是为纪念妈祖重九羽化升天，另外莆田当地也有在重阳日以九重粿供奉祖先、祭祖扫墓的习俗，所以莆田当地蒸制九重粿有纪念妈祖羽化、祭祖、扫墓等多层的实用意义和目的。莆田九重粿的制作方式是以大米磨成米浆后加糖搅拌，拌糖后一层一层地蒸熟，每蒸熟一层就抹上花生油，后

继续第二层，连续重复九次，这就是所谓的九重粿。

《厦门岁时风俗琐记》记载："九月风高，节届重阳，或信步东篱，醉菊花杯；或遨游名山，效恒（指汉文帝刘恒）登高故事。儿童竞放风筝，跳跃欢呼，诚为快事也。"当地在抗日战争前，厦门各界曾举办过大型的登山和放风筝比赛，登高活动分青、中、老年三队，进行攀登五老峰竞赛。放风筝比赛则在南普陀寺前的空地举行，风筝式样繁多，有蝴蝶、蜜蜂、大雕、花篮、飞机等，五光十色，争妍斗奇，而且节日前后，也会分别举办赏菊展。

旧时的莆田忠门地区，当地乡民在农历九月初九日也有登高避灾之俗，当地宫社也会举行庆祝社公生日，以报庆秋收。除此，忠门当地在九月初九也会举办妈祖羽化升天日的纪念活动，乡民到港里天后祖祠或奉祀之宫庙祭祀祈福。1989 年，我国政府将九月九日定为敬老节，所以当地各村老人在当日也会举办老人文娱活动。

福建台江地区俗称九月九为登高节，当地大庙山有个天星台（旧址在现福州四中操场），台中一块圆石头相传是一块陨石，小孩登之可以长高。旧时，城乡群众在这一天都会带着小孩到此登高、放风筝，热闹非凡，登高者络绎不绝。大庙山龙岭顶上下及周围小巷排满了各种玩具地摊，市集里有状元帽，木刀剑，土制小石磨，白铁皮的剪成小锅、小鼎、小刀等，五彩缤纷。除此，还有为九月九专制的食品九重粿。其制作过程相对简单，即蒸时甜米浆倒九次，每层中抹一次油，蒸熟即成，食时可以层层掀开。卖时把它切成小块，上插三角形色纸小旗。

另外，旧时台湾的重阳活动主要是文人的登高休闲联谊，如《台湾县志》《诸罗县志》所记载的登高会就是一例。相关文献就说到，重阳日，登高载酒，或于景区寺庙游览。对于这样的休闲活动，人们称之为登高会。例如《台湾县志》所载："九月九日，各备酒肴，游于寺中，如海会寺、法华寺及小西天皆是也。是谓登高会。"又如《诸罗县志》所载："重九，载酒为登高之会。"这样的登高会后来也慢慢变成文人聚会的联谊活动，从南到北，都有文人雅士相关的活动，例如艋舺的龙山寺、板桥林家花园、北郭园、新竹潜园等，都是文人雅聚的场所，大家相约到附近登高、赏菊、宴饮、吟诗。

（二）重阳祭祖敬老

福建许多地方有“重阳必祭墓”的秋祭习俗。以登高和扫墓抒发思亲的情怀，将重阳与清明扫墓合称“春秋二祭”。

重九日又称为“敬老节”，提倡崇孝敬老的美德，唤醒为人子女的敬老孝亲活动。“九九”有“长长久久”的美意，所以，闽台各地都会在重阳节当天举办敬老的庆祝活动，借此表达传统“敬老尊贤，孝久久，福寿久久”的美德美意。

除此，在民间的传统中，重阳日也要祭拜祖先，特别是已故久远不知道忌日的先人，民间大多以此重阳日为忌。在过去，迁徙到台湾的漳州人也喜以重阳日作为所有祖先的总忌日一起祭拜，究其原因，主要是旧时生活物资匮乏，经济条件不佳，在物资有限的情况下无法为先人一一举行个别的忌日，所以就选择统一在重阳节祭祖。重阳日祭祖的供品中大多是丰富的牲礼、水果、菊花茶（酒）、五味碗、发糕、菜包粿等，菊花茶（酒）能补气延年，发糕取其子孙发达，菜包粿表示子孙财富满盈、包金包银。

（三）九月九，风吹满天哮

放风筝这个习俗据说是来自桓景与费长房的故事。一次桓景到深山里寻找费长房求取的除邪祛瘟的药，却在深山里迷路了，后来鸽子为他引路才找到费长房。后人为纪念此事，以纸糊鸽子，登高时带上山发放。

“风筝”，用闽南语作“风吹”，“九月九，风吹满天哮”是一句闽台放风筝的俗谚，谚语中的“风吹”就是纸鸢、风筝，“满天哮”的“哮”则是闽南语形容风筝飞上天所发出的“嗡嗡嗡”的声音。所以俗谚“九月九，风吹满天哮”是讲秋天的天气清爽宜人，风大适合放风筝，为此《诸罗县志》才会说：“重九，载酒为登高之会……童子制风筝，如鸢，如宝幢，如八卦河洛图书，竞于高原，

以高下为胜负，或系灯其上，夜以继之。”《金门县志》也有记载：“重阳放纸鸢，往啸卧亭登高。”[①] 所以，放风筝、登高也成为闽南九月九日一个特殊的幸福游艺活动。

① 《台湾文献汇刊》第五辑第五册，第 335 页。

第四章

福气满满冬之卷

“夫春生、夏长、秋收、冬藏，此天道之大经也”，这句话的意思是：天道的运行是依春、夏、秋、冬四时之序而行，四时之序的“春生、夏长、秋收、冬藏”同时也象征着农与时序的密切关系，特别是“冬藏”，其中蕴含着人们辛勤过后的盈满、丰收与储藏。所以《福气满满冬之卷》所叙述的就是在岁末隆冬这个时节人们所开展的各式各样的福俗。“福气满满”的“满”在《说文》中的解释是“盈溢”，也就是“盈实”的意思，所以，我们所说的充实盈溢即为“充满”“填满”，切合心意即为“满意”，充足美好即为“圆满”“完满”“满满”“幸福美满”“精神饱满”。“福气满满”指的就是人们的福气、好运充实盈满，达到了饱和状态。因此，在这盈满充实的美意下所开展的福俗首先是孟冬阳月的下元魃灾招福，各式祈福的民俗有点灯、解厄、补运等。其次是在“能吃是福”“大饱口福”“一饱口福”的意义下开展的闽南立冬补冬，吃补养生的“养藏”功夫。

仲冬葭月也称为“畅月”，所谓畅月是指一个盈满充足的月份。在这个月份有大雪和冬至两个节气，由于天地之间的天气变得更加寒冷，故在这个岁时中，雪的降临就成了丰收的吉兆，所以俗谚有“瑞雪兆丰年”之谓，加上畅月中的冬至是中国传统的重要时令与节气，所以冬至在闽南所开展的福俗便更加的多元丰富。

由于旧时民间有“冬至如年”的讲法，所以旧时闽南在外漂泊的游子都会在冬至返家团圆。因此，畅月的一连串的岁时福俗便在团圆、祀神、祭祖的序幕中展开，并在祭冬、贺冬、添岁的相关祈福活动中展望未来，期待来岁幸福美满，添岁延年。

最后是岁末年终腊月所开展的岁时福俗。由于腊月有“除月”“暮冬”“杪冬”“暮节”“暮岁”之谓，加上人们在“送旧迎新”“迎祥添福”“贺岁纳福”的岁时福俗中都有取其“吉兆”“吉利”“吉祥”的用意，所以，由腊月所开展的岁时福俗就在“送岁迎岁”“岁岁平安”的前提下展开，并在“年年有余”“年年有福”的福俗中迎祥、招财、纳福。

除此之外，腊月所开展的相关福俗中，祭灶、送灶、谢灶、迎灶也能间接表达出人们对上天的感恩之心，并由人们对“灶”诸多传说与拟人化，缩短了天人之际的距离，拉近了彼此间的关系，且在“除旧迎新”的福俗中期待“富足有余”“五谷丰登”的新年。因此，“辞年”“岁除”所准备的团圆饭在常民对于富足、吉祥的寓意下就显得别具特色，特别是在闽南语谐音的前提下，每一道年菜的菜品、菜色、食材都富含了“多子多孙多福气”的寓意，也就是说，团圆饭是一场民间透过饮食祝福自己福气满满的飨宴。

本章主要阐释岁末隆冬这个时节在福建闽南人中所展开的各福俗，例如孟冬阳月的下元的魃灾祈福、“大饱口福”的闽南吃补养生，仲冬葭月在祭冬、贺冬、添岁的相关祈福活动中展望未来，在团圆、祀神、祭祖的期待中祈福添岁、延年，最后在腊月的岁时福俗中展开送岁迎岁的送旧迎新、迎祥添福、贺岁纳福，借由腊月所开展的福俗表达人与自然的和谐关系。

第一节　十月岁时与福俗

孟冬阳月

立冬之日怕逢壬，来岁高田枉费心。

此日更逢壬子日，人民又受病灾临。

"十月。豺祭兽。初昏南门见。黑鸟浴。时有养夜。玄雉入于淮为蜃。织女正北乡则旦。"[①]

十月，有"祭兽"之称的豺狼开始捕猎，黄昏的时候南方有乌鸦乍高乍低地漫飞。冬日，鸷鸟动作敏捷地穿入水中化为传说中的蜃蛤，黎明前，天上的织女已经悄悄地来到北方的星海中了。

一、立冬·小雪

立冬是指冬季正式开始了，立冬之"立"就是指"建始"，"冬"是指四时之尽也，藏也，终也，所以《礼记·月令》说"冬"是指"天气上腾，地气下降。天地不通，闭塞而成冬"。从立冬开始，北方的天气开始变得更加寒冷，水泽也开始结冰，正是所谓的天寒地冻，天地之间的寒气、土地间的水汽也都因为寒冷而凝结。这是立冬三候所说的"水始冰""地始冻""雉入大水为蜃"。

另外，立冬也是象征农家丰收的季节，所以《月令七十二候集解》说立冬是万物收藏的季节，在北方立冬之际也开始进行冬菜的腌制与储藏，《东京梦华录》有文言："是月立冬，前五日，西御园进冬菜。京师地寒，冬月无蔬菜，上至宫禁，下及民间，一时收藏，以充一冬食用。于是车载马驼，充塞道路。"[②] 对于冬天的储粮收藏就是指各式时蔬的腌制储藏，举凡青梅、枇杷、小枣、葡萄、菱角、甜瓜、绿橙、橄榄、荸荠等果蔬都可以腌制储藏。另外时蔬中的茄子也可以用炉灰进行收藏，豆豉、笋片、生瓜则晒干收藏，所以，小雪有霜前收美菜以御冬之谓。

小雪是说冬天的天气变得更加寒冷了，空气中的雨滴也逐渐凝结变成雪花。《月令七十二候诗》说小雪的三个现象是"虹藏不见""天气上腾地气下降""闭塞而成冬"。

关于天空中的彩虹，古人说彩虹是天地间阴阳二气交感所产生

---

① 《夏小正疏义》，第48—51页。

② 《东京梦华录笺注》下，第878页。

的一种现象，古人也说彩虹只出现在三月到九月之间，这是因为古人认为三月到九月之间的天气属于天地阴阳交感所产生，所以气候中属纯阳之气抑或是纯阴之气是不会出现“虹”的。由于孟冬“小雪”的地气已凝结，在气候上是属于纯阴之气，因此，天边的“虹”便隐匿，不再出现，此现象为“虹藏”。正如《礼记·月令》所记载的：“季春，虹始见。孟冬，虹藏不见。”

小雪第二、第三个现象中的“天气上腾地气下降”“闭塞而成冬”是指一连串的气候变化，这一连串的变化正如《礼记·月令》上所说的那样：“天气上腾，地气下降，天地不通，闭塞而成冬。”“闭塞而成冬”的关键在于“天地不通”，所谓“天地不通”是因为古人将天气的运行分为天气、地气、阴气、阳气，阳气归于天，阴气归于地，天气上升，不近于物，地气下降，寒气逼物，所以上天下地的二气没有交集；加上阴阳二气各自进退，阴气凝固，阳气避藏，所以“天地闭塞”。另外，小雪的天气已凝结，有封地、封田之谓，大地成为封冻状态，所以“天地闭塞而成冬”，万物不宣，昆虫蛰于土中。

二、下元补运与添福

“三元日”是上元日、中元日、下元日的通称。由于三元日是指三官大帝的诞辰，因此在民间习俗上会利用三官大帝寿诞当天为自己祈福、补运、补财库，祈求自己未来生活幸福美满。

农历十月十五日是下元日，俗称“下元”，当天是水官大帝的圣诞，这一天民间举行祭祀，祈求消灾解厄。《梦粱录》有记载：“水官解厄之日，宫观士庶，设斋建醮，或解厄，或荐亡。”

在莆田，农历十月初一会举办“下元普度”，农历十月十五则于民间举行“哺孤”。“下元普度”和“哺孤”的活动都是对先人的一种追思与布施。

由于追求幸福乃人之常情，不论是顺境或是逆境，人们总是希望自己的未来越来越好，所以向上天祈福、求福、赐福，这成为人们常见的福俗。其中“补运”是台湾民间由来已久的岁时福俗，人们期待借此民间的补运仪式获得上天的加持与祝福，进而减少生命中的困难与波折，让平凡的生活更加顺遂，万事如意。

在闽台两岸，民间常见的“补运”形式和进行时间、地点相当多元，有的“补运”是在神明诞举行，有的是依照节日，如上元、中元、下元进行祈福补运，有的是在民间习俗特定的岁时习俗进行，例如前述农历六月六日天门开进行补运。除此之外，民间也有以祭解的仪式进行趋吉避凶的“补运”，借此方式提升自我的运势，获得消灾解厄、平安赐福。在闽南，还有两个常见的补运、添福的福俗，即年节点灯补运添福、神明的祝福与进钱补运。

其中年节点灯补运添福在民间象征照亮运途、元辰光彩的美好寓意，以灯的美好达到补运的效果。年节的点灯补运一般是配合岁时，尤其是闽台在民间习俗中有所谓“新年头旧年尾”的俗例，大多希望在年头迎新，有好的开始。

三、“立冬补冬补嘴空”

立冬是二十四节气之一，立冬后就意味着冬季正式来临，所以在民间有祭祖、卜岁、宴饮等相关习俗。祭祖的目的是后辈子孙尽人之孝，卜岁是祈求上天赐予来岁丰年，宴饮则是人们对于自己的犒劳。所以在闽南的俗谚中有“立冬补冬补嘴空”的说法，俗谚中的“补嘴空”是指民间在立冬之际有食补的福俗，其目的就是在这个入冬时节进行食补，借以补充元气。

福建三明称立冬为“送冬”，当地民众以打糍粑分赠亲友为俗，而且当地认为立冬是万物收藏的日子，也是开始进入冬季的节气，当地客家人有此日吃什么补什么之说，所以农村除了会打糍粑分赠亲友外，也会杀鸡宰鸭。

平潭在立冬前后，家家户户也会打糍粑，并将打好的糍粑赠送给亲友。如若丰收，就杀鸡、鸭以庆丰年，所以平潭地区称立冬为“做冬”。另福建闽南地区的漳平吾祠、灵地一带，当地同样在立冬日前后，农户会打糍粑“做冬”，并以此糍粑作为亲戚之间互探互请的习俗。

福建晋江深沪称立冬为“养冬”，所谓“养冬”也就是补冬的意思，补冬的用意主要是因为旧时生活条件有限，所以人们便借此节气公开吃好物，特别是环境不佳的民众在一年一度补冬的立意下，可以吃鱼吃肉。深沪当地的“养冬”则是源起于旧时当地有一对祖孙，由于祖孙的家境贫困，平常也三餐不继，更遑论读书。有一年，小孙子在补冬日看见家家户户都在吃鱼吃肉，于是，他便到大街上蹭食解馋。大街上有一位屠夫，那屠夫是一位落第秀才，他向那小孙子说：“我出个对子，你如果能对出下句，就赏你一只猪腿和一片猪肝。”于是，屠夫出了上联：“以牲命养人命以命养命。”过了一会儿，小孩便以附近的金纸店为联想，说出下联：“拿金钱买纸钱拿钱买钱。”该下联让屠夫拍案叫绝，小孩便拿了屠夫馈赠的猪肝和猪腿欣然而去。由于当地有这个温馨救济的传说典故，所以福建晋江深沪称立冬为“养冬”。

在闽台，民间在立冬日一般会以汤圆祭拜祖先，感谢祖先在一年中的护佑，拜完后会将汤圆吃掉，代表阖家团圆。另外，在闽台也有人在立冬日以吃甘蔗来替代进补，有“倒吃甘蔗”的立意。

除此之外，在立冬补冬“补嘴空”的犒劳美意下，闽台民间一般也认为吃补是一种口福，所以吃补既是一种养生同时也是一种福气。闽台常见的立冬补冬的膳食有麻油鸡酒或者是四物仔鸡、四物鸭、八珍鸡、十全大补等药膳，并借由少吃生冷的食物，早睡早起，借以“养藏”。

由于立冬日在闽台民间皆有补冬的俗例，其目的主要是借食补同源、药膳同功的原理，在适当的季节补充相关的营养，所以闽台对于秋冬季节的转换就发展出滋补的食膳，借由养生食膳达到滋阴补阳的功能。

一般闽台立冬常见的养生食膳有糕点、茶品、汤品，常见的糕品有茯苓糕、四神糕、桂圆米糕，茶品有桂圆红枣茶、绿茶、菊花茶、莲子心茶、茉莉花茶，常见的汤品有麻油鸡酒、四物仔鸡、十全大补鸡汤、当归排骨汤等。现挑选几个具有代表性的养生食膳，具体分述如下。

（一）**养生糕**

茯苓糕。茯苓糕也称为“复明糕”，是闽台常见的民间传统养生糕点，具有养胃、健脾、利水、安神的作用。茯苓糕之所以又称“复明糕”的原因有二，其一是“茯苓”与“复明”发音相近，其二是与明末清初反清复明的传说相关。相传明末遗民在起义前蒸制了茯苓糕，糕内藏入密信，但是反清复明的起义终究是没有成功，反倒是为茯苓糕增添了一段复明糕的传说。

四神糕。四神糕是将中药材中的莲子、芡实、淮山、茯苓按照一定的比例和糯米粉、糖混合蒸制而成的养生糕点，也是闽台早期常见的养生甜品，具有健脾养胃的功效。

桂圆米糕。桂圆又称为“福圆”，是福建沿海一带的水果特产，桂圆米糕是由龙眼干、糯米、糖一起蒸制而成的甜品。桂圆有益气补血、安神定志的作用，糯米本身味甘、性平，具有补中益气、健脾胃、通血脉等功效，因此，桂圆米糕也是闽台常见的养生糕点。除了平常食用外，闽台一些传统家庭也会以此糕点祀神祭祖，主要是因为桂圆也有“福圆”之称，象征福气圆满、步步高升。

（二）**养生茶**

桂圆红枣茶。桂圆红枣茶是一道民间常见的茶饮，适合在秋冬的季节饮用，长期饮用可以改善体虚、怕冷。另外，此茶品也适合腹胀、疲倦、干眼、失眠的人饮用。

绿茶。绿茶品种非常多，一般分为青茶和熟茶两类。青茶和熟茶的区别在于烘焙的时间，青茶烘焙时间较短，茶香味较浓，熟茶烘焙时间较长，所以茶色较浓。青茶一般有四季春、金萱等，熟茶以铁观音较为著名。两款茶品中，青茶较适合秋冬天饮用，主要是因为青茶可以缓解秋冬的燥气，具有润喉、润肺养阴的作用，而且青茶中的多酚类可以杀菌、消炎。

菊花茶。菊花茶具有清热、清肝、明目的作用，秋冬之际饮用菊花茶可养生。

莲子心茶。莲子心是莲子中间青绿色的胚芽，具有清热、安神、强心的功效，秋冬之际若因烦躁失眠，可以饮用此茶品解燥。

茉莉花茶。茉莉花茶是福建的特色花茶，具有理气开郁、辟秽和中的功效，常饮茉莉花茶，有清肝明目、生津止渴、抗衰老的养生功效，亦有使人身心健康、延年益寿的作用。

（三）养生汤

麻油鸡酒。麻油鸡酒是闽台传统滋补的汤品，由于麻油鸡酒具有滋阴补血、驱寒、除湿的作用，因此是闽台秋冬和妇女产后的滋补良品。传统做麻油鸡酒的材料有黑麻油、老姜、米酒、生鸡等。首先将生鸡肉氽烫去血水，其次用小火用麻油将老姜煸香至焦黄，然后放入氽烫过的鸡肉炒香，最后加入500毫升的米酒炝香，待食材滚沸后调味。

四物鸡汤。四物鸡汤是一道常见的家常汤品，主要的药材有当归、川芎、白芍、熟地、生地黄。食材中当归具有补血与活血的功能，川芎有行气活血的作用，白芍有柔肝、止痛的作用，生地黄具有养阴生津的功能，四味药材合而为汤，具有滋阴补血、增进血液循环的功效。四物鸡汤的做法是先准备一只生鲜乌骨鸡，然后入沸水氽烫备用；其次将药材洗净，放入布袋中；最后将鸡与药材一起投入砂锅中加水大火烧开，煮沸后捞去浮沫加入姜片转至小火慢炖，待鸡肉和骨骼软烂调味即可。除此之外，四物鸡汤的滋补养生食材也可以更换为老鸭或番鸭，同样具有养生滋补的功效。

十全大补鸡汤。十全大补鸡汤是一种常见的保健汤品，具有温补气血、治诸虚不足、治五劳七伤等功能，药膳的组成配方有人参、肉桂、川芎、地黄、茯苓、白术、甘草、黄芪、当归、白芍等。十全大补鸡汤的做法简易，首先将鸡洗干净，其次将备好的药材放入鸡腹中，接着放入砂锅中加水淹过全鸡，然后将水烧开，再以小火慢炖一小时，起锅时以少许的盐巴提味即完成。

当归排骨汤。首先将排骨洗净后凉水下锅汆烫备用，其次将排骨、老姜、当归、米酒放入砂锅后加水没过食材烧开，转小火慢炖一小时起锅。当归排骨汤是一款滋补的药膳，具有补血、活血、润燥的功能。当归排骨汤中的当归因为具有补益作用，在秋冬养生之际与排骨结合，具有调养的作用。

第二节　十一月岁时与福俗

仲冬葭月
初一西风盗贼多，更兼大雪有灾魔。
冬至天阴无日色，来年定唱太平歌。

“十有一月。王狩。陈筋革。啬人不从。陨麋角。”[①]

十一月，君王举行冬猎活动和阅兵，务农者不必随行，泽兽冬至得阳气而解角。

一、大雪·冬至

《礼记·月令》说十一月为仲冬之月，也称为“畅月”，畅月是指万物充足盈满的月份，在这个月份有大雪和冬至两个节气，大雪的意思是说天气变得更加寒冷了，《月令七十二候集解》说：“大雪，十一月节，大者，盛也。至此而雪盛也。”这句话的意思是大雪是一个下雪频繁、雪盛、易积雪的时节。雪的降临也预示了丰收的吉兆，所以有“瑞雪兆丰年”之谓，这是说适时的冬雪有着来年丰收的象征。

古人说“大雪日鹖鴠不鸣”，这是说鹖鴠在严寒的天气不再鸣叫，威风凛凛的猛虎在大雪中徘徊顾步，在万籁俱寂中迸发生命的能量。野地的香草也在严寒中挺立出生机，在大雪中绽放生命。这

① 《夏小正疏义》，第51—53页。

是大雪三候“鹖鴠不鸣”“虎始交”“荔挺生”的三种现象。

大雪过后，接着而来的是夜长昼短的冬至，冬至的三个自然现象是“蚯蚓结”“麋角解”“水泉动”。所谓“蚯蚓结”是说泥土里的蚯蚓有“阴曲阳申”的习性，所以冬至虽然已经阳气初发，但是天气仍然寒冷，这时候的蚯蚓仍然以卷曲的结状蛰伏在泥地里，属阴的泽兽在冬至因阴气渐退而解角。除此，在阴气渐退阳气渐升的同时，封冻的水泽也开始涌动，这就是冬至的第二候和第三候“麋角解”“水泉动”。

除了冬至的这三种自然特征外，古人说，冬至是“阴极之至，阳气始生，日南至，日短之至，日影长之至”。所以冬至是指天地间初发的阳气，也揭示着下一个季节的开始，因此，旧时有“冬至一阳生”之谓，也就是说从冬至开始，天地间的阳气慢慢回升。所以，民间认为冬至日是大吉之日。

冬至也称为“冬节”，是因为旧时民间有“冬至大如年”的讲法，意思是说冬至的饮食和年俗在四时中较为突出，民俗中有祭祀家庙、福祠、灶陉、设家宴、拜父母尊长、贺亲戚等岁时活动。在闽台，冬至同样被视为冬季中的大节日，旧时出远门在外漂泊努力打拼的游子在这个时节都要返家，正是所谓的“年终有所归宿”。

另外，冬至还称作“长至节”“亚岁”。所谓长至节是指日夜昼夜长短的演变，由于从冬至后，白昼日渐变长，所以称冬至为“长至节”。至于亚岁，是指冬至在四季中的重要程度稍次于年节，所以称为“亚岁”。再者，亚节之谓主要是因为周代历法以冬至月为岁首，随着历法的更迭，夏历中的冬至便在民间称为“亚节”，亦即仅次于春节。

传统冬至的习俗有祀天、拜冬、贺冬。所谓祀天，是指古代国之大典，天子至南郊祭天之举，如《史记·封禅书》所言：“冬至日，礼天于南郊，迎长日之至。”《帝京岁时纪胜》也有：“长至南郊大祀，次旦百官进表朝贺，为国大典。”另《燕京岁时记》也有“冬至郊天令节，百官呈递贺表”之举。冬至的前一天又称为“小至”或“冬除”。旧时因为冬至节仅次于春节，又春节前一天为“年除”，所以冬至的前一天便称作“冬除”。《岁时杂记》对于冬除的说法也是仿效除夕夜的岁除，如文所述，“冬至既号亚岁，俗人遂以冬至前之夜为冬除，大率多仿岁除故事而差略焉。”

此外，传统冬至在民间也有拜冬、贺冬的习俗。这是因为民间将冬至视为大节，所以尊长、同僚、君子、道长皆相互拜贺，故为拜冬、贺冬。

《帝京岁时纪胜》对于冬至的岁时福俗就说到，北方在冬至日除了祭祖外，也有吃馄饨的习俗，这是因为馄饨形似天地之太初，所以文中说：“绅耆庶士，奔走往来，家置一簿，题名满幅。传自正统己巳之变，此礼顿废。然在京仕宦流寓极多，尚皆拜贺。预日为冬夜，祀祖羹饭之外，以细肉馅包角儿奉献。谚所谓‘冬至馄饨夏至面’之遗意也。”[①] 至于北方冬至吃馄饨的缘由，据《燕京岁时记》引《汉书》的说法主要是因为馄饨之形类似于鸡蛋，像是天地混沌之象，所以在冬至日食之。[②]

除此之外，宋《东京梦华录》对于冬至的岁时也说到：仲冬的冬节活动在京师非常隆重，上至王官，下至平民，在冬至日这天都会换上新衣，备办酒席，祭祀祖先，庆贺往来。福建闽南则有句俗谚，“冬节不返无祖，过年不返无某（妻）”，意思是说，冬至日不返家过节的人是没有祖先的，除夕过年不返家过节的人是没有妻子家庭的人。所以俗谚的意思是说冬至和过年过节一样重要，家家户户出门在外的子子孙孙都要返家祭祖。因此，冬至在福建、闽南以及台湾的岁时福俗活动中包括了祀神祭祖、祭冬、贺冬、添岁、饷耗等习俗。

（一）祀神祭祖

古诗云：“有几人家挂喜神，匆匆拜节趁清晨。冬肥年瘦生分

---

① 《帝京岁时纪胜》，第 36—37 页。

② 《燕京岁时记》，第 91 页。

别，尚袭姬家建子春。”该诗以姬家说明冬节应循周代的行事，如《礼记》所说的“周之始郊日以至”，也就是说周朝在夏历举行拜岁贺冬的习俗沿袭至今，而后成了民间的祀神与祭祖。《台湾县志》对祀神祭祖的行文就记载说到，冬至日家家户户磨米做汤圆，祀神祭祖，祭毕阖家分食，此称为“添岁”。行文中言：“十一月冬至，致祭祠宇，张灯演戏，与二月十五日同，谓之祭冬。各家磨米为丸，祀先祭神，阖家皆食，谓之添岁。凡物各黏上一丸，谓之饷耗。”

福建晋江深沪地区在冬至时节的一项习福俗就是用米团制作十二生肖祭拜祖先。当地的妇女在冬至日会用米团捏制十二生肖，每一只生肖约半寸大小，并要点上眼睛、分出公母，凡是属于家中成员的生肖就染为红米团，其他的则为白米团。米团生肖完成后蒸熟，并摆在祖先神案前祭祖。

（二）祭冬

所谓祭冬，就是冬至当日做汤圆祀神祭祖，如果有宗氏祠堂的同姓宗亲，大多会举行隆重的祭祖典礼，同姓宗亲开宴齐聚一堂，并且演冬节戏。如《重修凤山县志》行文所记载，“十一月冬至，家作米丸，祀先礼神毕，卑幼贺尊长者，节略如元旦。有祖祠者，合族祭之谓之祭冬。家团圆而食，谓之添岁；即古之所谓亚岁也。门扇器物，各黏一丸，谓之饷耗”。该县志行文中说冬节如过年，当天以米丸（汤圆）祭祀神明和祖先，同氏宗亲举行宗族祭祀，是为祭冬。

（三）贺冬

所谓贺冬，就是祭冬后向长辈行礼，不过此习俗在闽台已逐渐淡化。根据文献记载，贺冬是明代的古例，《枣林杂俎》说道：“万寿节、元旦、冬至诸节，京省诸臣俱于进表日行全礼，至日，但行八拜礼，不舞踏，不呼嵩，此太祖所规定。”

（四）添岁

闽台民间在冬至会一家人围着桌子吃汤圆，此为添岁，也称作守义。《厦门志》记载：冬至，俗不相贺，谓之亚岁。各祭其祠，舂米为圆，谓之“添岁”。

《诸罗县志》记载，“冬至，糯米为汤丸，祀神及先祖毕；卑幼长者，节略如元旦。团圆而食，谓之添岁。古所谓‘亚岁’也。门扉器物，各黏一丸于上，谓之饷耗”。

另外，在平潭地区直接称冬至为“添岁”。当地在冬至有做汤丸和包菜包的习俗，在冬至日早上会以米丸煮姜糖祭祖，并用米团包冬笋肉丝馅做成菜包。

（五）搓䊀与送樹

旧时福建台江在时冬节前夕会在祖先神位前用大箩筐摆上水党菊、福橘、孩儿姆（泥制小孩形烛台），然后点上蜡烛，全家围坐搓糯米丸，搓好后煮熟，糯米丸用来祭拜祖先。祭祀结束后，全家分食，以此表示团圆。台江地区将冬节全家围坐搓糯米丸的习俗称为“搓䊀”，当地在搓䊀的时候，大人会带着小孩边搓边用福州话唱当地的民谣：“搓制痴搓搓，年年节节高，红红水党菊，排排兄弟哥，大人添福寿，伲仔（小孩）岁数多。”

（六）饷耗

在上述相关文献中都有在门户、门扉、门扇的器物上黏上汤圆的习俗，这种习俗称为“饷耗”。所谓饷耗就是在冬至日用汤圆黏在家中的门窗以及器物上，用以酬谢、犒赏门牖家具等神一年来的守护与辛劳。

不过有另一说：饷耗是饷虚耗。“饷”是敬奉的意思，“虚耗”是民间传说的小鬼名，“虚”是指小鬼对人的捉弄，“耗”就是扰人好事。根据《唐逸史》中对“虚耗”的记载，某日唐玄宗因病寐睡，梦中见一个小鬼，只见小鬼身披大红衫，着齐膝短裤，腰间挂着一只鞋子、插着竹扇，一脚穿鞋一脚跣足，在宫中嬉戏奔跑，还戏弄着玄宗，窃取宫中玉笛宝物和香囊玩要。玄宗呵斥问它来历，小鬼说他是“虚耗”，是专门捉弄扰人好事的小鬼。后来皇帝大喊，命武士前来，只见一个大鬼霹雳般地出现，将小鬼吃了。大鬼正是钟馗，由于他把“虚耗”小鬼劈食，所以流传民间便有挂钟馗图除

“虚耗”的说法。所以在唐代也流传着“照虚耗”的民间习俗。所谓“照虚耗”，就是除夕年夜饭祭灶后，夜里在厨房的灶台边点上油灯，象征去除秽邪鬼怪。到了宋代，“照虚耗”则演变为点灯照床底下，如《东京梦华录》所记载的十二月二十四日，夜晚在床底点灯，此称作“照虚耗”。因此，闽南与台湾地区的“饷耗”与旧时的古例“饷虚耗”“照虚耗”的用意相仿，有除秽去邪的目的。

（七）汤圆

冬至应景的食品米丸亦作汤圆，在闽南，汤圆象征团圆美好、福气的意思，不过从搓汤圆的根源上来说，就与节气和古俗例有关。首先，汤圆搓成圆形即是“象阳”之意，也就是象征“冬至一阳生”所以“汤圆”之“圆”是取“圆”为“阳”。其次，汤圆是取其“天圆地方”之“圆”，用以祭天，而祭天就是古人荐稻的福俗。《礼记·王制》记载：“庶人春荐韭，夏荐麦，秋荐黍，冬荐稻。韭以卵，麦以鱼，黍以豚，稻以雁。”

因此，冬至日用汤圆祭天即源于古代的冬荐稻，荐稻则是古代庶人冬天行荐礼时所进献的祭品。唐代颜师古的《匡谬正俗》有相关行文言：“本草所谓稻米者，今之糯米也；俗磨糯米，团而为圆，用之以祭天、祀神、祭祖，是亦冬荐稻之义也。”因此，冬至的应景食品汤圆在古例中实是用来祭天、祀神、祭祖的荐稻遗俗，同时也象征生阳、团圆的意义。

另外，福建晋江深沪地区在冬至的时候有制作冬至草丸的习俗。当地的草丸非常小，与湄洲岛上的冬至丸相似，大如鱼眼，所以当地的冬至草丸有闽南俗食一绝之称。

（八）客家的冬至糍

福建三明地区称冬至为“冬节”，当地在冬节有酿酒的习俗。当地居民认为冬节当日的水最好，所以酿的酒最香醇，当地客家人称冬节酿的酒为“冬酒”。另外，当地的客家人也有吃“冬至糍”的习俗，所谓“冬至糍”就是将平常晒干的地瓜、芋头、南瓜等做成菜肴来食用。

二、乞龟长寿之福

闽台民间有乞龟求平安的祈福民俗。特别是台湾各地，年头年尾有神明诞的庆典，各地庙宇会都会准备吉祥的应节食品“福龟”，让信众以乞龟的方式把其平安带回家。

由于民间对于龟有龟龄鹤寿的吉祥意喻，所以乞龟在闽南也算常见的祈福民俗活动，而且按照俗例，闽南语对于乞龟有“一年无讨，一日无缓（还）”的不成文规定，意思是说乞到神龟的幸运儿能得到神明加持一整年，而且庙方在一年内也不会追讨神龟。不过祈得神龟的人在隔年需以增加利息的方式增加新的神龟奉还庙宇，以此表示为庙里增加福气与人气。

乞龟，除了具有上述乞求平安的意思，尚有喜龟、丁龟、财龟。其中喜龟和丁龟是指向神明祈求子嗣或谓添丁，财龟是指向神明特别祈求财运。在祈求喜龟、丁龟、财龟时，庙方通常会在神龟上放置平安符，寓意着喜庆、平安、祥和。

闽台在传统制作神龟的乞龟材料大多以米、面为主，所以神龟的类型有面点型的面龟、米粿类的红龟粿，或者以米、面组合而成的面线龟、米龟，以及其他点心做成的红片龟、月饼龟、土豆糖龟（花生糖），甚至有以钱币所打造的金钱龟等。

以泉州天后宫为例。泉州天后宫有“温陵天后祖庙”之谓，建于南宋年间，是福建沿海中规模最大的妈祖庙，每年元宵，泉州天后宫会举行泉台祈米龟的祈福活动。早期泉州天后宫的乞龟是由庙方提供龟形的糕点给民众掷筊祈求，当民众掷出圣筊时便代表获得妈祖的允赐，民众可以将象征福气、平安的面龟带回家。后来，泉州天后宫与澎湖妈祖天后宫进行交流，泉州天后宫每年都会请澎湖的米龟师傅前来天后宫制作由大包米堆砌而成的大型万斤米龟，而且自 2007 年开始，泉州天后宫的米龟越做越大，乞龟也成为泉州和澎湖两地天后宫的重要交流活动。

泉州天后宫元宵乞龟的福俗后来也发展成民间摸米龟的祈福模

祈福面龟（林孟蓉拍摄）

式。当地俗谚云："摸龟头盖大楼，摸龟嘴大富贵，摸龟身大翻身，摸龟脚吃不干，摸龟尾吃到有头有尾。"①

澎湖居民因多以海为生，所以海龟自然也就成为澎湖居民眼中长寿祥瑞的象征。澎湖天后宫曾经在元宵节堆栈重达 36 万斤大包米龟，并且挑战全世界最大包米龟的金氏世界纪录。所以每年元宵

① 泉州天后宫"乞龟"民俗，炎黄风俗网，2017 年 6 月 28 日，http://www.fengsuwang.com/minjian/qigui.asp，2022 年 8 月 10 日查阅。

节到澎湖天后宫拜拜的人们可以参观庙方堆栈制作的米龟、过平安桥，凡是走过平安桥的信众都可获得一颗象征福气好运的红蛋。

由于澎湖的乞龟活动闻名海峡两岸，当地居民认为乞龟就是向神明乞求祥瑞之意，民众向神明乞求的平安龟就是象征把平安带回家，借以祈愿全家人一整年平安顺遂、财运亨通。所以在澎湖当地对于乞龟有这么一句俗谚："摸龟头，起大楼。摸龟尾，存家伙（家产）。摸龟壳，事业稳达达。摸龟脚，金银财宝满厝脚。"

福建漳州的"闽台乞龟民俗"也颇为著名。该活动由福建漳州平和县山格镇慈惠宫举办，平和县山格镇慈惠宫在当地俗称"大众爷庙"，每年农历七月为纪念明代抗倭名将戚继光会举办传承数百年的乞龟民俗，所以，目前福建漳州平和县山格镇的"闽台乞龟民俗"已成为省级非物质文化遗产，其中一年一度的"闽台乞龟民俗"也是慈惠宫七月的大型普度活动。活动当天，慈惠宫举行了各式祭仪，祭仪中有迎大龟、乞龟祈福的活动。其中，乞龟祈福活动中的香片龟是闽台乞龟活动中最为特别的供品。香片龟是由糯米制作而成的，信众可以通过掷筊乞得香片龟，而来年还龟时则须加倍奉还。[①] 除此之外，台湾其他地区也有著名的乞龟祈福活动。

首先是台北内湖区枧头福德祠夜弄土地公乞龟活动。台北内湖枧头福德祠已具有百年历史，元宵节在当地"夜弄土地公"的信俗活动之一便是乞龟。庙方在元宵节前两天会向信众开放，信众可以把向土地公祈求福气、平安、招财的神龟回家。

其次是东势地区的"赛新丁粄"。台湾东势地区是中部客家人的聚居地，当地每年在元宵节有"赛新丁粄"的习俗，客家话的"粄"是指用糯米制成的"粿"，"新丁粄"就是"红龟粄"。当地客家人在家中添新丁的时候会在元宵节以大型的红龟粿答谢当地的土

---

① 余丹：平和山格镇慈惠宫举办闽台乞龟民俗 普度求平安，闽南网，2015年9月2日，http：//zz.mnw.cn/pinghe/xw/976863-2.html，2022年8月10日查阅。

地公，感谢土地公的保佑，并在祭拜后将红色粿分享家族亲友。由于当地添丁者也会对于答谢的红龟板进行竞赛，互相较量红龟板的大小，其中最大最重者则可以获得奖励和赏金，所以本来以答谢神明的红龟板便成为当地“赛新丁粄”的俗趣。

最后是高雄米糕龟。高雄地区米糕龟的由来缘起于高雄盐埕区顶头尾仔地区。传闻该地区有一位卖杏仁茶的小贩，其妻子生产在即，但是因生产困难，故而忧心忡忡。未久，小贩梦见一位老翁指点他家灶孔有杂草塞住，只要将灶空清空就可以顺产。小贩依照梦中老翁的指示，将灶孔清空，其妻果然顺利产下一名男婴。为了表达对这位梦中前来指示的神明的感谢，小贩选择在元宵节用米糕做了一座米糕龟，并将米糕龟送到当地盐埕庙，以答谢在梦中帮助他的神明。尔后，米糕龟就成为当地盐埕庙乞龟活动的特色。因此，从米糕龟衍生出来的祈福谢平安就更多元、更丰富，所以有了土豆糖龟、云片龟等不同食材的神龟。

三、冬节迎福增岁

前述冬至也称作“冬节”“长至节”“亚岁”，由于亚岁仅次于年节，因此，在福建闽南都有迎福添岁的习俗，今将各地增福、增寿的福俗略述于下。

（一）福州“搓粬”添丁增福

福州当地在冬至节前一晚，全家会在厅堂中围坐案桌“搓粬”。所谓“搓粬”，就是用糯米团搓成小汤圆放入锅中煮熟后捞起，捞起的汤圆再放置到糖豆粉上裹上一层糖豆粉，这便是所谓的“粬”。在台江地区，“粬”称作“榭”，“搓粬”在福州有祈求添丁增福的美好寓意。福州冬至的“搓粬”仪式通常是在冬至前一晚举行，“搓粬”前需于案桌上准备红橘若干、筷子一束、纸花一对，红色瓶花一对、童儿姆一盒（泥塑男女孩童），然后开始搓粬，搓粬时需焚香点烛。

（二）莆田晾箔祈福

莆田当地的妇女会在冬至暝也就是冬至前一晚提前做好米团，然后在灶前或祖先牌位前“晾箔”。所谓“晾箔”就是在圆形的竹篾里放红橘若干，并在红橘上插代表福禄寿的“三春”纸花、红筷一双、板糖、生姜一大块，点燃一对红烛后全家聚在一起搓米丸，象征一家团圆、满堂喜气。搓米丸的过程中，可以用米团捏成元宝或聚宝盆的样式，借以象征人丁旺盛、有钱有粮；捏成小鸟或喜鹊的造型则象征喜鹊报喜；如果捏成小狗的造型，则象征狗子守门。最后，捏上一串“客鸟丸”，用竹枝插成串，并于冬至早晨放在屋顶上，让鸟雀啄食，表示喜鹊报喜。“客鸟丸”制作的数量一般为十二颗，如果是闰年，则必须多加一颗，为数十三。

另外，莆田忠门在冬至夜也是一样阖家团聚搓丸仔。搓丸前，同样需事先备好“晾箔”，搓丸时也会将糯米团成捏制元宝、银锭、杵臼、牛、小猪、小狗等形状，用以象征六畜兴旺、财源广进。另外，所搓制的丸仔分为大丸仔和小丸仔，大丸仔有内馅，内包红糖和炒花生；小丸仔则是实心的，没有内馅。冬至日清晨，人们会将前一晚搓制的各类米团和丸仔煮熟，并准备三小碗敬谢土地公、灶公、公妈，然后也取部分小圆仔糊贴或插在门框上，表示粮食有余。若家中有丁忧，则不能自制丸仔，需由亲戚赠送，此仪式在当地称为“捧果粉”。主人受赠后，需回赠生姜、白曲、红糖、筷子及五谷等物，象征送捧果粉的亲戚见白不忌，同时也是对馈赠者表示敬谢。

（三）湄洲圆仔丁

在湄洲岛，冬至又称为“冬节”。冬节早上，家家户户会在窗台、门扉、水井、橱柜、车窗、船头等贴上圆仔（汤圆），用以犒劳守护神一年的辛劳，同时也有祈愿祝福家户出丁、添丁的吉祥寓意。湄洲岛上冬节早上所吃的圆仔（汤圆）会制作成大小不一的形状，这在当地称为“公孙父子圆”，也有添岁的意思。另外，岛上也会将圆仔（汤圆）搓圆中间压扁，成元宝状，这在当地称为“圆仔丁”，有祈求发财、生财的美意。“圆仔丁”也会给小孩食用，有祈求小孩平安健康、添新岁的意思。

（四）冬至搓料与吃料

福建马尾地区称冬至为“冬节”，当地在冬至有搓料丸招财祈福的习俗。搓料丸是指在冬至前夕，全家人围坐在饭桌旁，桌上摆着大竹箩，中间放置一盒“孩儿姆”，并摆上红橘、红筷、四季花，然后焚香点烛，开始搓料。搓料是用事先准备好的糯米团包入尾梨（荸荠），捏成元宝形状，有大有小，随后放进竹箩中。福州话“梨”与“来”谐音，所以所搓的元宝有“时来运转”“金银财宝滚滚而来”的寓意。隔日清晨，可将包好的搓料煮好敬奉祖先，敬奉祖先后全家食用，这个全家食用的过程称为“吃料”。

（五）福清冬节祭祖搓圆

福清地区的冬至也叫“冬节”。当地在冬节的前一天晚上，全家会围坐在一起会进行“搓圆”。开始“搓圆”的时候，需插上搓圆花、点上红烛、燃放鞭炮，然后才正式“搓圆”。糯米团被捏制成各式各样的元宝、官印、状元帽、家禽家畜等吉祥物，借以象征五谷丰登、六畜兴旺、万事如意等。次日清晨，将捏制的各式糯米团煮食，食用前还要选择两三粒圆黏在门框两边，表示阳气旺盛。如果家中有新嫁女儿的人家，第一年冬节应送冬节花、红楠、搓圆花给女婿、女儿，表示祝福；反之，如果家中不幸有人去世，则不搓圆，由邻居赠送。

（六）闽南冬至丸

闽南冬至丸的福俗在很多地区都有，这里以深沪渔区的为例。深沪渔区的妇女在冬至时，除了搓制冬至丸也会用米糕捏制十二生肖。深沪渔区当地妇女搓制的冬至丸非常特别，丸子大小比龙眼核的要小很多，很像小鱼的眼珠。另外，在深沪渔区的妇女捏制的十二生肖中，凡家庭成员的生肖会用红色米糕制作，非家族成员的生肖则用原色米糕制作。每只生肖的动物身子约半寸，制作完成后摆放在厅堂上以此祈福。

第三节　十二月岁时与福俗

季冬腊月

朔日西风六畜灾，棉丝五谷总成堆。

最喜大寒无雨雪，太平冬尽贺春来。

“十有二月。鸣弋。元驹贲。纳卵蒜。虞人入梁。陨麋角。”①

十二月，雪霁风霜之晨有鸢与杜鹃的鸣叫声，阳气生起时，夏居山之阴冬居山之阳的蚍蜉、木蚁、元驹开始行走于地，这是启蛰之兆，根部如卵的小蒜、大蒜也纷纷可以开始收藏了。季冬之月，也是命渔师设网罟捕鱼的时候了，泽兽得阳气而解角，这是因为它知道冬至的阳气也开始萌动了。

十二月是腊祭之月，腊月也称为“除月”“暮冬”“杪冬”“暮节”“暮岁”等。腊月是农人忙里偷闲的时候，农人们在这个时候修修农具准备春耕。腊祭又称为“蜡祭”，腊者，猎也，言田猎取禽兽以祭祀其先祖也。《礼记·月令》言：“是月也，大饮蒸。天子乃祈来年于天宗。”又“腊”者，接也，或言，新旧交接大祭以报功。古以“腊”者为岁终大祭，借以报百神以宴享，并祈庆丰年，所以，旧时腊祭也称为“嘉平”“清祀”“大蜡”或简称“蜡”。

清代皇家在腊月的第一天便有帝王写福的典制，一来写福挂福为自己祝福，也就是“自求多福”之意；二则是为臣民祝福，有“赐福苍生”的用意，所以清廷自清圣祖开始便有此一习俗。清档案在《养吉斋从录》记载：“十二月初一日，有开笔书福之典。溯其起源，自圣祖时已书赐近臣。”该行文说皇家写福的风气甚早，而且雍正对于写福、赐福的意义也有特别的诠释。他认为所谓的“福”就是从个人的言行而来，正如周易所说的“积善之家必有余

① 《夏小正疏义》，第53—55页。

庆”，所以，人的福德善庆皆由人之自取，因此，雍正每年写福、赐福就是希望诸臣时时存获福之心，行获福之事，冀百姓有福，然后君臣有福。而清皇家写福自乾隆开始在每年岁末十二月初一月由皇帝挥笔写福，而所写之福皆悬贴在各宫殿。[①]

自腊月初一后，腊月另一个重要的岁时福俗便是腊月初八日。自南北朝开始，便以农历十二月初八为祭灶日，北方有煮粥之俗，例如《荆楚岁时记》言，“十二月八日为腊日”“其日，并以豚酒祭灶神”。[②]《帝京岁时纪胜》也有文记载：“腊月八日为王侯腊，家家煮果粥。皆于预日拣簸米豆，以百果雕作人物像生花式。三更煮粥成，祀家堂门灶陇亩，阖家聚食，馈送亲邻，为腊八粥。”[③] 所以明清之际，民间与宫廷腊八煮粥已成习俗，而且有过了腊八就是年之谓。

据清档案《养吉斋从录》的记载，在清代皇家，腊八粥是由喇嘛熬制，大臣监视，熬制成的粥品一部分供佛，一部分施于百姓。宫廷熬制八宝粥的用料为：陈粳米、大黄米、黄小米、红枣、核桃仁、栗子、松仁、建莲等。[④] 民间腊八粥的用料则更为丰富多元，除了怕伤味不用莲子、扁豆、薏米、桂圆外，其他坚果、江米、枣子、瓜仁、瓜子、松子等各类杂粮皆可，可根据自家口味增减。腊八粥在腊八节的意义中，也有亲友互相馈赠祝福的目的。除此，在皇家，腊月初八也有祈福“送岁”的活动，该活动由喇嘛念经掸拭皇帝的衣冠，象征除秽，也就是净除过去一年中所有的不吉利。

---

① 任万平：《贺岁迎祥：紫禁城里过大年》，故宫出版社，2022 年，第 1—17 页。

② 《荆楚岁时记》，第 71 页。

③ 《帝京岁时纪胜》，第 26 页。

④ 《贺岁迎祥》，第 23 页。

一、小寒·大寒

小寒和大寒是冬季最后的两个节气，也是冬季最寒冷的时候。小寒的三个特征是“雁北乡”“鹊始巢”“雉雊”，所谓“雁北乡”是说大雁得气之先，开始往北而归乡，留鸟喜鹊在小寒这个时节却开始筑巢，野鸡雉鸟也开始鸣叫，这是因为雉知时节，阳气萌生而发声。

大寒是二十四节气中的最后一个节气，《易经·系辞》言：“寒往则暑来，暑往则寒来，寒暑相推而岁成焉。”所以大寒是指岁之末“冷”的极致。从文字的意义上来说，“寒”是一个会意字，是由“宀”“人”“草”“冰”四个形体所创造出来的字，“宀”是指房屋，“人”在中间，“人”的上方有“草”覆盖，下面两横表示“冰”，《说文》言：“寒”为“从人在宀下，从茻荐覆之，下有仌。仌，水也。”因“寒”为冬时，也有日月运行，与“暑”相对，所以“寒来暑往”。另外相关的词语有“寒冬”“寒天”“寒夜”。除此，形容寒冷肃杀之气为“寒肃”，形容冬天里萧瑟的山景为“寒山”，形容冷冷清清的月光为“寒月”，形容寒冬凋零的树木为“寒树”，对自我的自谦之词有“寒门”“寒舍”“寒第”，形容人与人的相互问候为“寒暄”。

《三礼义宗》言：“大寒”之所以为“大”，是因为上形于“小寒”，而且阴气尽出，寒气在上且逆极，所以称为“大寒”。“鸡乳”“征鸟厉疾”“水泽腹坚”是“大寒”三候。“鸡乳”是指“鸡始乳”，也就是说大寒时节六畜中的鸡开始准备孵化小鸡，这是因为古人观察到鸡能知时而鸣，能守时报信，所以“始乳”是指鸡知时，得其阳气，抱卵而善伏，故有“乳育”之谓。

大寒的第二候是“征鸟厉疾”。“征鸟”是指鹰隼猛禽，“厉”指严猛，“疾”为迅速，而“征鸟厉疾”是指在肃杀之气的寒冬中，鹰隼在天空中盘旋，迅速俯冲而下捕食。大寒的第三候是“水泽腹坚”。“水泽腹坚”是指“水泽”因大寒而凝结成冰，所以“腹”是形容冰冻方盛，“腹坚”则是指冰冻厚实入腹，冰层深厚结实，所以成语有“冰冻三尺非一日之寒”来形容“水泽”能有三尺，“腹坚”的厚实之冰并非一天的寒冷所造成。所以，大寒的第三个特征是指寒冷已经到了极致，水域中凝结的冰已经从表面延伸到水中央，凝结得又厚又实。

二、送岁迎岁

“岁”，指“越也，越故限也”。《周易·系辞下》云：“寒暑相推而岁成。”《书经·洪范》言，一岁为五纪，也就是一甲子六十年，所以，岁时指一年四季。《周礼·春官·占梦》言：“掌其岁时，观天地之会，辨阴阳之气。”因此，观察岁星的运行，用以占卜一年的吉凶称为“占岁”。除此，我们称丰年为“宜岁”，称人长寿为“永岁”，又“岁”谐音“碎”，所以新春年节时打破器物时，会说“岁岁平安”，借此吉祥语来象征平安无事。

另外，从传统年节岁末所开展的一系列的年俗有送岁、馈岁、踩岁、守岁、迎岁、压岁等。

所谓送岁，是指辞别岁月，迎岁指迎接新年。馈岁又也称为“岁仪”或“送年礼”，也就是年终岁末，亲友间相互馈赠酒果年货等礼品，借以取得好彩头。西晋《风土志》也有：“除夕之夜，各相与赠送，称为‘馈岁’。”北宋时，人们在年底互赠礼物，不计酒食、野鲜，馈赠风俗已非常淳厚。清际，皇帝对于臣民间馈岁所赠之物有文房、肉食果物、金银财宝等。在福建闽南，仍然保有馈仪送礼之俗，人们在年底习以果肴酒礼互相馈赠，例如有吉祥寓意的果品年柑，就有“年年如意”的意思，苹果有祝福“平平安安”之意。另外，综合水果篮的香蕉、水梨、旺来（凤梨）的就有闽南语“揪你旺”的美意，就是“来年旺旺”的意思。

踩岁又称为“踏岁”，意思是除夕夜预先将芝麻秸撒于庭院及居所附近，让进出居所时发出响声，据说，响声有逐疫祈福的意思。《燕京岁时记》有文载言：“除夕自户庭以至大门，凡行走之处遍以芝麻秸撒之，谓之‘踩岁’。”

守岁是指除夕彻夜不睡，灯火通明，大年夜遍燃灯烛等待天明，据说这样燃灯照岁可使来年家中家运更充实盈满。所以俗言“围炉守岁”即有送旧迎新之意，《东京梦华录》云：“是夜禁中爆竹山呼，声闻于外。士庶之家，围炉团坐，达旦不寐，谓之‘守岁’。”又守岁时家中灯火通明，所以守岁也称作“照虚耗”“点岁火”“熬年”“熬夜”等。福建闽南的守岁主要是指团圆吃年夜饭后点亮家中的灯火，让家里的灯火通宵不灭，所以守岁也称为“燃灯照岁”，即大年夜遍燃灯烛，据说如此照过之后，就会使来年家中财富充实。另外，守岁也是指除夕夜一家人团聚，熬夜迎接农历新年的到来。

压岁是指在除夕夜将糖果、饼干等应景细馐分给儿童，也称作“押岁”“压胜”“厌胜”，意指避邪祈吉。又压岁之“岁”与“祟”音同，因此也有“压祟”之意，意思是镇邪求平安吉祥。除此之外，长辈在年夜饭后会分赠钱币给晚辈，此称为“压岁钱”（压岁钱也有“压胜钱”“带岁钱”之称）。《燕京岁时记》有云：“以彩绳穿钱，编作龙形，置于床脚，谓之压岁钱。尊长之赐小儿者，亦谓之压岁钱。”

不过，现今闽台的压岁钱都以红包取而代之，红包也有“压胜”求平安的意思，同时也有惜时挽岁之意。目前闽南仍有长辈在除夕团圆饭后分享压岁钱给晚辈。以上关于“岁”的年俗活动都蕴含着人们对于未来的期待与祝福。

三、年市年货

年，谷熟也，岁也，《穀梁传》言：“五谷皆熟为有年。”又年者为禾熟之名。每岁一熟，故年以为岁名，《周礼・春官》谓：“正岁年以序事。”所以，从岁时年节上来说，年所开展的相关语汇与习俗就有过年、新年、拜年、年市、年货、年敬、年菜、年酒等。所谓年市是指岁末时出售相关年节用品所形成的市集，所以采买相关年节用品则称为“办年货”。由于办年货的时间大概从腊月初就拉起序幕，甚至在各地都有所谓的年货大街，所以办年货成为最有年味的采买。年货大街中的年货种类繁多，有日常吃的、穿的、用的，送的（拜年）礼物，还有南北杂货中的干货、生鲜、熟食等。年食就是指过年期间烹调的丰盛佳肴。由于年食的菜肴相对于平时的更为丰富，加上其具有全家团圆的美意，所以年食也称作“年夜饭”。除此，前述馈岁也称为“年敬”，新年期间因贺年邀请亲友前来共享的酒席则称为“年酒”。

此外，关于年的岁时福俗中尚有贴年对，所谓年对就是指春联，所以贴年对也称作“贴春联”或“贴桃符”。《燕京岁时记》有谓：“春联者，即桃符也。”相传桃符为神荼、郁垒二神，由于该二神能捉百鬼，所以人们在除旧迎新的时候就会在大门两旁贴上神荼、郁垒的图像用以驱鬼避邪。

因贴年对也称作“贴春联”，加上春联也称“春贴”“门对”“对联”，是人们通过精简的文字对未来期望与祝福的描绘，并将美好的愿望贴在自家门口，所以，从贴春联的美好寓意上也能开展出不同的福俗，例如贴福、贴年笺、贴门笺、贴门神等。

贴福是民间传统的年节福俗之一。年节前，家家户户都在方形的红纸上写上各种字体的“福”字，用以象征招来好福气。人们会将“福”字倒贴，象征着“福到”以及“福到人间”，另外，贴福开展吉祥的连体汉字有“黄金万两”“日日有财见”“日进斗金”“日日是好日”等，人们将这些拼字写在红纸上，然后贴在家中，除了有增加年节气氛的作用外，也取其一年四季财源滚滚、四季常有、日日平安的吉祥美意。

除此之外，闽南民间的岁时福俗中还有贴黄钱。黄钱是明清之际由铜币演变而来的吉祥图笺，也称为“长钱”，上面印有“天官赐福”“招财进宝”等字，取其吉祥如意、财源广进之意。

另外，闽台还有贴门笺的传统年俗。贴门笺也称为“挂门笺”“挂门钱”“过门笺”“挂钱”“喜钱”等，古时对此福俗简称为“门彩”或“斋牒”。

古今门笺是一种纸制的吉祥图，上面镌有钱形或“福”“禄”“寿”“喜”“国泰民安”“风调雨顺”等吉语，并以彩笺五色为一堂，中门缀以连钱纹贴在门楣或房梁上，有厌胜的作用，是民间岁时年俗中的吉祥装饰。因此民间也称门笺为“封门钱”“挂钱”“喜钱”“挂笺”“吊钱”“花纸”等。

四、祭灶送灶与迎灶

祭灶为五祀之一，源于古夏，汉改为腊祭，民间则习于农历十二月二十三或二十四日祭祀灶神，汉《白虎通德论》有“夏祭灶者，火之主，人所以自养也”的记载，而祭祀之灶君在民间被称作“灶王爷”“灶君”“灶君司命”，或被尊称为“九天东厨司命灶王府君”。传说灶君是人间烟火的管理者，也是各家各户的守护者，所以厨房的炉灶象征一家人的食禄。据文记载，传说两汉之际有南阳阴子方积善好施，又喜祀灶，某腊日晨饮时见灶君显身，时以黄羊祀灶，尔后，子孙数十人皆为官吏，其后子孙常用黄羊于腊月祭灶。

祭灶也称作“送灶”“谢灶”。送灶是指灶君在小年腊月二十三日上天禀报人间善恶，而谢灶更多是指人间对灶君的感谢之谓，感谢他保佑家家户户灶火不断，饮食平安，并为他上达天厅践行。

明清之际，腊月二十三被称为“送灶供饧”，二十四日为焚灶马，意思是指送灶上天。与此同时，民间也开始惯以酒糟涂抹灶门，目的是使灶神醉不成言，或以糖甜其嘴，使其报喜不报忧，所以俗谚有“上天言好事，下界保平安”之谓。

在闽南，福州的祭灶的习俗分为祭荤灶与祭素灶。祭荤灶为官家祭灶之日，在农历十二月二十三日举行，所备办的供品主要是鸡、鸭、鱼、肉、灶糖、灶饼、美酒等。祭素灶是在农历十二月二十四日，一般是普通民家的祭灶之日，其祭祀的供品主要以灶糖、灶饼、甘蔗、荸荠、红枣、花生、金针、木耳为主。另外，如果是当地的水上居民，则于农历十二月二十五日祭灶。

而福州祭灶中的灶糖、灶饼是用蔗糖和麦芽糖熬制成黏稠状，再加以揉搓拉丝而成的糖酥，类似于台湾的传统甜点糖葱。灶饼又称为年饼，是由多种具有吉祥寓意的小点心组合而成，包括金钱饼、小杏仁酥、小礼饼、寸枣、万字糕、白雪条、花生片、芝麻片、小猪油糕、小真酥糕等。其他供品中的甘蔗象征灶君上天的梯子，荸荠的福州话为“尾梨”，象征美言的溢美之词。

闽南民间祭素灶用的灶糖、灶饼也称作“胶牙饧”，《清嘉录》称胶牙饧为“糖元宝”，南朝时胶牙饧为正月初一拜贺时的食品，宋时则为民间用于腊月祭灶或除夕祭祖的供品。旧时胶牙饧有祈求身体健康平安之意，现今则仍被用作腊月二十三日或二十四日祭祀灶君的主要供品，其目的除了祈求平安健康之外，还有另外一层意思，即希望灶王爷上达天厅后不要言人之过。所以，福州地区的祭灶仪式是将准备好的供品置于灶前，然后烧香，祭拜结束后将灶君图撕下来换上新的灶君图，即完成祭灶仪式，有送旧迎新的象征寓意。

此外，福清当地在农历十二月二十四日祭灶这天，家家户户开始准备灶糖、灶饼祭灶公或灶公妈。家中所置灶糖、灶饼是给灶君送行之用，祭灶在当地称为“送神”。待正月初四晚饭后，家中准备香烛果品，同时贴新灶君图或春牛图，象征将灶君再次迎回来。

另外，福建马尾地区的祭灶多为祭素灶，祭灶仪式结束后，要把旧的灶公符取下烧掉，贴上新灶公符，借以表示辞旧迎新。除此，当地的祭灶的习俗之一是外公、外婆要给外孙送灶糖、灶饼和花面壳。所谓花面壳，其实就是小朋友玩耍的面具，旧时当地人认为小朋友戴上面目狰狞的花面壳有避邪祛病作用。这种戴面具避邪除病的习俗的由来主要是因为旧时有些如天花、水痘的传染病危及小孩的生命，所以民间认为，戴上面目狰狞的花面壳能祛病除瘟，如清诗所言：“只为婴儿保出珠，狰狞花脸纸频粗。遮真面目防神鬼，理数殊知不可诬。”诗中的“出珠”中的“珠”就是指天花或水痘。由于旧时人们对这种病毒束手无策，所以戴上面具也有保持脸部干净预防感染的作用，所以民间才会有“遮面”防鬼神的习俗。

另外，关于送灶与迎灶的习俗在福建湄洲岛被称作“送年拜灶公，接年迎灶公”。湄洲岛的居民会在每年农历十二月二十二日至二十四日举行送年，也就是拜灶公，当地在送年拜灶公的时候喜以甜品如糖瓜、汤圆、麦芽糖、炒米糖、花生糖祀之，取其“美言”“上天言好事，下界保平安”“报喜不报忧”的多种含义，而且祭时需焚两匹云马作为灶公的坐骑。当地接年迎灶公的仪式比较简单，只要在灶公台重新贴上一张新的灶公神像或灶君像，并供奉斋菜祭拜，就算完成接年仪式。除此，湄洲岛居民认为农历十二月二十五日是“天官赐福”的日子，同时也是行善积德的好日子，所以宜积德培福，帮助乞者、贫困者，而且在这一天也忌向人讨债。

除此之外，祭灶在台湾称为“送神”。台湾有俗谚“大佛捋捋走，尪仔车畚斗（翻筋斗）”，这是形容台湾农历十二月二十四日送神的景象，俗谚中的“大佛”和“尪仔”是用来形容大大小小众神上天述职的情景，而台语“捋捋走”是形容大神快速奔走的样子，所以俗谚“大佛捋捋走，尪仔车畚斗（翻筋斗）”就是形容大神快速奔走撞飞小神，“车畚斗”则是用来形容小神被撞飞的样子。

台湾自清开始，都有腊月送神的习俗，如《台湾县志》中记载：“十二月二十四日，俗传百神以是日登天。凡宫庙家人，各备茶果牲醴以祭，是之谓送神。”

传统的习俗中，家家户户依例于农历十二月二十四日举行送神，待次年农历正月初四日再举行接神的行事。不论是送神还是接神，都需准备四果、牲醴，并于祭祀时烧化纸舆马。所以在台湾，传统的岁时中农历腊月二十四日是人间供奉的百神回天上述职之日，正月初四日则是众天神再返人间，而且送神与接神并重，如《诸罗县志》所说：“腊月二十四日，各家拂尘。俗传：百神将以是夕上阊阖谒帝。凡神庙及人家，各备茶果、牲醴，印幡幢、舆马仪从于楮焚而送之，谓之送神。至来岁孟陬四日，具仪如前，谓之迎神。”

另外，《彰化县志》和《澎湖厅志》也有送神和接神的相关记载。如《彰化县志》：“十二月二十四日，备纸舆马祀神，曰：送神。初四日，民家备牲醴，烧纸舆马，谓之接神。"《澎湖厅志》也有："腊月二十四日，是为小除。各家扫舍宇，备牲醴果品，又置纸幡幢车马舟楫之类与楮帛，同焚而送之；谓是日为送神节，言灶君于是日朝见天帝云。初四日为接神节，各家供牲醴祭品供俸，谓是日灶君与众神自天而回，故虔诚以接之。"

五、扫尘除残，除旧迎新

除旧迎新是中国农历春节前的传统习俗，意思是指推除旧岁更换新岁的意思，所以闽南自农历十二月二十四日祭灶后便可以开始进行扫尘。

扫尘是中国民间春节传统习俗之一，是古代驱除病疫的一种宗教仪式，后来演变成了年底的大扫除，即将屋子的里里外外、前前后后进行彻底的打扫，将积尘打扫清除干净，衣服、被子等生活日用品刷洗干净，然后准备迎接新的一年。所以扫尘也称为"除残""扫巡""献堂""清黗"（或"清屯"）。所谓除残是旧时吴中风俗之谓，言农历年底扫除屋尘，福建湄洲岛称年终大扫除为扫巡，扫巡日通常为农历十二月十八至二十四的双日。当天，一家老少合力动手把家宅打扫干净，特别是湄洲岛的居民会选择在海水涨潮的时候打扫，借以表示家运如潮水，不断提升。

在福建福清地区，扫尘被称作"宪堂"。当地在农历年底，即农历十二月二十三日至三十日之间任选一天，用新砍的竹枝捆成扫帚打扫，将家里面里里外外打扫干净，尤其是要把高处的灰尘、蜘蛛网扫除干净，并且洗涤家中的家具、器皿等用品。除此之外，当地会在宪堂日煮一餐猪血番薯粉当午餐，当地的习俗认为猪血有去秽除尘作用，可将宪堂时吸入人体内的尘污清除干净。

在台湾，送神过后所进行的大扫除称为"清黗"，有扫尘、扫舍的意思，也就是家中也可以开始进行大扫除。不过大扫除首先要针对家中的神案进行打扫，然后再进行其他房舍的大扫除。清黗的重点是清除神尊和祖先牌位的灰尘，再清理神案上的香炉、香灰、烛台，特别是香案上香炉的香灰要进行过筛后再重新放回。所以清黕在台湾的岁时习俗上有去除一年所累积的晦气、招祥纳福之意。

六、小年·大年

由于各地风俗不同，所以小年的时间和概念也不尽相同。在中国北方以腊月二十三为小年，而在闽南则以农历十二月二十四为小年，意思是祭灶、扫尘后开始准备年货，准备辞旧迎新、迎祥纳福。不过在闽南其他地方也有以除夕前一天为小年的。在台湾，人们在小年那一天通常会在门口谢天祭天香，晚上则备家宴与亲朋交谒。

大年一般是指年尾最后一天（岁除日）到正月十五日元宵节为止。大年的首日为除夕，也是指农历十二月的最后一天，所以除夕也称为“除日”“岁除”“除夜”“辞岁”“除夕夜”“大年夜”。

所谓除日是指农历十二月的最后一天，也是黄道吉日中的一个日子，俗称“年三十”。岁除同样也是指农历十二月的最后一天，由于岁除指“月穷岁尽之日”，所以岁除也称为“除日”。在闽南传统年俗里，除夕日家家户户都要辞年，敬神祭祖，所以除夕也称作“辞年”。福州马尾，一年的最后一天是十二月三十日（小年二十九日），那一天人们会举行辞岁仪式，俗称“做年”或“做晦”。福建泉州则称除夕为年兜，年兜前家家户户要准备各式年货，并且要炊煮各式各样的粿糕、准备馈赠的年礼等。台湾和闽南一样，在除夕也要敬神祭祖，辞年，并且备办丰盛的菜肴，阖家围炉吃团圆饭。

在福建闽南，除夕团圆饭也称作“年饭”“年夜饭”“留宿饭”“隔年饭”“延年饭”，有富足、有余、五谷丰登之意。

隔年饭是取其除夕多做的年食留在新正初一食用，也就是除夕荐岁时所预留的菜肴，取其“有剩余”，闽南语称之为“有春”（有剩），象征“年年有余”“隔岁有余”。闽南常见的年夜饭菜非常多元，而且也多有吉祥福气的寓意，例如全鱼象征“年年有余”，全鸡象征“起家”“发家致富”，鱼丸象征“团圆有余”，豆腐象征“富贵”。下面，笔者详述几道闽台常见的年菜。

（一）吉祥年菜

吉祥如意人参鸡汤。人参鸡汤是闽台一道常见的汤品，具有补气养生、健脑益智的功效，在年菜中也有吉利、祥瑞、称心如意的美好寓意。

人参鸡汤的主要食材有全鸡一只，以及人参等相关药材（多数是根据中药铺搭配），其他有香菇、枸杞子、红枣、生姜等辅料，调味料少许。制作方法是首先先将全鸡洗净，并涂上米酒稍加腌制，然后将准备好的辅料洗净与全鸡放入砂锅内加水烧开后改中火，炖上一小时左右再放入盐调味即可。

花开富贵麻油腰花。“花开富贵”在传统的寓意里象征着人们有着美好且富贵的生活期待，另外麻油腰花因料理的刀工细腻，而且完成的料理的品相宛如富贵花开，加上腰花具有补肾气、通膀胱、聪耳健脑、消积滞的功效，所以麻油腰花成为闽台人民逢年过节常见的年菜之一。菜肴的做法简易，首先准备猪腰一副，辅料为老姜、黑麻油、红标米酒。猪腰需去筋、泡水、切花、片成大薄片，浸泡 20 分钟后大火过水备用。其次用冷油小火煸炒老姜，待老姜煸出香味时开大火将过水的腰花倒入锅中一起拌炒调味，并炝入米酒提香即完成。

如鱼得水鱿鱼螺肉蒜。鱿鱼螺肉蒜是一道传统汤品，不论大宴或是雅饮小酌，都是最佳汤品。鱿鱼螺肉蒜的制作材料有：鱿鱼干一只，排骨适量，螺肉罐头一罐，沙拉笋、香菇、蒜苗、蒜头适量，绍兴酒、调料少许。制作方式相对复杂，首先需将鱿鱼干泡发，切成一寸大小的片状备用，佐料干香菇洗净泡发切片，泡香菇的水可以留存当高汤。其他沙拉笋、蒜苗、蒜头切片备用。食材备齐时先烧开水，水开加入香菇和香菇水熬制高汤。另外起一个油锅将排骨煎至两面金黄备用，接着继续用煎排骨的油锅将蒜片煸香后加入泡发的鱿鱼爆炒，然后炝入事先准备的香菇高汤，同时加入事先煎好的排骨、沙拉笋片和螺肉罐头的螺肉，待汤品滚沸时再加入螺肉罐头的汤汁调味，一般鱿鱼螺肉蒜口味偏重，起锅时撒上蒜苗，再用绍兴酒提鲜，即完成。

（二）福气一整年的飨宴

福气满满笋丝猪蹄。笋子在年节的食材上象征节节高升，所以，一般新鲜的嫩笋会被做成沙拉笋凉拌食用。除此，一般家常的食用料理也有竹笋排骨汤、竹笋炒肉丝等，至于有些盛产的竹笋则会被加工成笋干。猪蹄在闽台的民俗中象征着满满的吉祥与福气，例如猪脚面线是长辈生日做寿必备的食品，象征福气满满、福气绵绵；再如大病初愈、大难不死、躲过大灾难等，在闽台传统的习俗中，人们都会吃上一碗猪脚面线，象征去除晦气、添福、添寿。所以，猪蹄是一个非常具有吉祥寓意的食材，特别在年节期间，各家各户也会准备一个大蹄膀来做应景的年菜，来象征来年的福气与圆满。福气满满笋丝猪蹄的年菜做法分为两部分，第一个部分是处理笋丝，首先需将笋干泡软，然后剥成丝状汆烫备用；其次，将大蹄膀用葱姜水汆烫去腥备用。

福气满满笋丝猪蹄（林孟蓉制作、拍摄）

第二部分是起一个油锅将大蹄膀油炸一下，然后沥油备用。另起一油锅将砂糖炒出糖色，加入酱油后加水没过蹄膀烧开，汤汁烧开后可进行调味。最后取一个电锅的内锅，铺上笋丝，然后将刚刚的酱色猪蹄倒入，上锅焖煮约一个小时即可。若未实时食用完也可以继续加热，风味不减。

一团和气的封肉。闽南年菜的封肉是以五花肉烹制而成，由于猪肉是祀神祭祖的牲醴之一，所以猪肉成为年菜必备的食材。因此，祀神后的猪肉通常会再制成可口的年菜封肉祭祖。封肉象征着年节一团和气的吉祥美意。其最主要的制作食材是五花肉，闽南人一般称之为三层肉，带皮肥瘦相间。制作时，如果是用祀神过的牲醴则不需要汆烫，如果是生肉就必须先切成方块状再进行汆烫。汆烫后的猪肉需进行腌制，腌制需调制腌酱，一般家常的腌制调料有米酒、酱油、甜面酱、糖、盐、葱、姜、八角、茴香、桂皮、花椒、胡椒等。肉品腌制后上笼用中火蒸一小时左右便可将蒸好的肉取出切片，蒸制碗中的汤汁则可倒出，再勾水晶芡，将水淀粉淋在切好的肉片上，撒上香菜或葱花便完成了。

年年有余五味鱼。全鱼也是福建闽南过年必备的应景年菜，而且“鱼”与“余”同音，和闽南语“有剩余”意义相同，加上鱼也是家中祀神的三牲之一，因此，一般家庭在过年期间也多数会准备两条以上的鱼，在祀神祭祖后，一条摆放不吃，一条料理食用。其中五味鱼和糖醋鱼较为常见。五味鱼的制作方法相当简单，首先就是把鱼炸酥，鱼是否能炸酥的诀窍在于第二次高温回锅；其次，调味。该料理的精华在于五味酱汁的调制，五味酱的调制有酱油、乌醋、蚝油、番茄酱、米酒、糖、盐、蒜末、姜末、辣椒末、香菜末等，将上述佐料依照各家的口味适量调制后淋在炸酥的鲜鱼上，也可以用蘸酱的方式食用。

糖醋鱼的制作方式和五味鱼的相仿，其制作重点在于糖醋酱汁的制作。糖醋的调制有番茄酱、乌醋、糖、盐、胡椒粉、少许太白粉等混合均匀备用；另起一个油锅，用蒜末爆香，然后倒入事先调制好的糖醋酱快速拌炒，起锅前淋上香油提香，然后将酱汁淋在酥鱼上面，再撒上葱末，一道家常口味的闽式糖醋鱼就完成了。

吉祥如意全鸡。鸡是清代宫廷四月荐新的食材，又因鸡是膳食中较为普遍且滋补养生的食材，所以烹调方式非常多样。在闽台等地过年的时候，全鸡是必备的年节食品，因为闽南语“鸡”与“家”同音，所以全鸡有“起家”的意思，有家族兴旺、人丁兴旺、子孙绵绵的吉祥美意，所以，过年的时候每家每户必须至少准备两只鸡作为祀神祭祖的牲醴，祭拜后一只摆着代表有余，一只则料理食用。被食用的通常为完整的白斩全鸡，象征有头有尾圆满的美意。白斩鸡通常会用蒜泥酱油作为蘸料，用以增加美味。

子孙绵绵芋头米粉。由于芋头在台湾的民俗中属于厌胜之物，也有子孙绵延的意思，所以闽南俗谚中有“芋子芋孙”“吃米粉芋有好头路”的说法，因此，米粉芋头这道年节食品有福气绵绵、子孙绵绵的美意，也是祭祖的佳肴。家常芋头米粉的做法非常简单，首先将芋头去皮切成丝状，另外准备适量的香菇丝、肉丝和红葱头备用。随后，起一个油锅，用小火将红葱头爆香，然后依序加入香菇丝、肉丝、芋头丝大火爆炒，再炝入酱油提味，接续加入少量的清水，用大火烧开，并依序加入盐、胡椒粉、糖等佐料调味。最后加入事先准备的湿米粉，以中小火拌炒，让米粉把锅中的汤汁慢慢吸入，起锅前以香油点香，并撒入芹菜珠即完成芋头米粉。

芋头米粉除了以这种拌炒的方式烹调外，也可以做成米粉汤。即在爆炒过程中，炝锅后增加清水的量，然后减少湿米粉的量，同样起锅后以香油、胡椒粉、芹菜珠提香。

事事如意凉拌鸡丝豆芽。豆芽也称为“银芽”，因貌似如意，故也称作“如意菜”，象征着万事如意、幸福平安。推究豆芽的时蔬在战国时被称作“黄卷”，《本草纲目》称其具有解毒、解热的功能。闽南这道凉拌鸡丝银芽的年菜做法非常简单，其主要的食材为鸡胸肉和银芽，其他配料有辣椒丝、芹菜丝、黄瓜丝、香菜等，相关的调味料有糖、盐、胡椒、香油、陈醋等。制作方法是首先将银

芽和鸡胸肉氽烫备用，后将氽烫过的鸡胸肉剥成细丝。取一个干净的塑料袋将氽烫过的银芽、鸡肉丝，以及辣椒丝、芹菜丝、黄瓜丝等食材装进去，然后拌入相关的调味料混合均匀，最后倒出来摆盘，上面缀以香菜即完成。除此，也可将鸡丝改成素菜中的素茶鹅或者烟熏过的豆皮丝，一样味道极佳，一样有事事如意的吉祥美意。

鸿运当头草鱼白菜鲁（砂锅鱼头）。鸿运当头指人的好运气就在当下，好事连连。这道年菜是以草鱼和白菜为主的，白菜有“百财”的寓意，所以“鸿运当头”“好事连连”“财源滚滚”成为这道年菜最佳的写照。鸿运当头草鱼白菜鲁（砂锅鱼头）的食材有草鱼头一个、大白菜一个、豆腐适量。做法是先将草鱼洗净剖成两半，并以葱姜料酒腌制 20 分钟去腥，接着将鱼头煎至两面金黄，也可以用油锅炸至两面金黄备用。接着，起一个油锅将葱姜爆香，然后锅中炝入米酒，并且放入适量的清水，待水滚后铺上白菜和适量的豆腐，最后放入两面金黄的鱼头用大火烧开，待水烧开后移入事先加热的砂锅中小火慢熬，等到汤汁变成米白色的同时就可以进行调味，并撒入葱花，出锅前可炝入绍兴酒提香。

幸福圆满珍珠丸子。圆形的食品在闽南的年菜里象征着圆满、团圆、幸福，所以珍珠丸子在年菜里有着极为美好的寓意。其制作也非常容易，即先将糯米洗净泡水二到三小时，接着将葱姜剁碎，一部分拧出葱姜水，一部分备用。将备好的绞肉加入葱姜水、盐、胡椒粉、米酒等调味料搅拌，并将绞肉拌至黏稠拉丝状。随后，加入前面剁碎备用的葱姜末，轻轻拌匀，将肉泥分成适量等份，并搓成肉丸，接着裹上泡好的糯米摆盘，待水滚后，大火蒸上 20 分钟，幸福圆满珍珠丸子便完成了。

喜从天降四色烧卖。喜从天降是指喜事、好事从天而降，心中感到欢喜，旧时称久旱逢甘雨、他乡遇故知、洞房花烛夜、金榜挂名时为四大喜事，所以年菜中的四色烧卖就是象征四种喜事从天而来。四色烧卖的做法分为两个部分，一部分是内馅制作，另一部分是面皮制作。烧卖内馅的食材为猪绞肉，配料有葱花、姜末、米酒、盐、生抽、胡椒粉和少许清水。馅料的制作方式较为简单：首先将调制好的葱姜水等相关配料加入绞肉中，朝同一个方向搅拌成丝状备用。面皮的制作有两种，比较简单的方式可以用水饺皮代替，比较细工的话就自己和制面皮，而且和制面皮的过程中可以加入蔬果制成的调料，例如菠菜汁、火龙果汁、红萝卜汁、南瓜泥、紫薯泥等，让面皮呈现各式各样的颜色。随后，将面皮与肉泥组合，取适量肉馅放入面皮中，然后按照自己喜欢的烧卖造型进行上、下、左、右方向的调整，并整理成漂亮的四边形。用大火将蒸锅的水烧开，然后将多种颜色的四喜烧卖放入蒸笼，大火蒸制八分钟即可。

紫气东来紫菜豆包卷。紫气东来是比喻吉祥的征兆，所以年菜紫菜豆包卷就是取紫气东来的吉兆，其制作方式有二。第一款的制作食材有豆腐皮数张、紫菜数张，内馅材料有豆腐、香菇、马蹄、红萝卜、芹菜、香菜等。紫菜豆包卷的制作是首先需调制内馅，内馅的制作则是先将豆腐压碎，然后将香菇、马蹄、红萝卜、芹菜切成细末，后与压碎的豆腐混合，混合过程中加入盐、胡椒、香油、淀粉等佐料调味备用。随后将豆腐皮摊平，在其上方铺上内馅后盖上紫菜，然后再铺上一层内馅后卷起来，卷成长条后在界面处涂上淀粉黏合，入锅蒸十分钟后放凉。放凉后，第一种吃法是将紫菜卷切斜并摆盘，然后调制糖醋汁勾芡淋上，并撒上香菜。另一种吃法是将放凉的紫菜卷放入锅中过油，将紫菜卷炸至表面酥脆金黄，蘸糖醋汁食用。

另一种紫菜豆包卷的制作方法是取新鲜的豆皮和海苔，将它们切成长条状，然后豆皮铺上一层紫菜后卷起来，并用牙签固定。待所有的食材都卷好后放入锅中过油，炸至金黄备用。随后拿出一个容器，在容器内放入酱油、番茄酱、醋、盐、胡椒、太白粉等调味料调制糖醋汁。另外，准备半个凤梨并切丁备用，接着起一个油锅，放入少许冰糖炒出糖色，待炒出糖色后加入炸好的豆包紫菜

卷，快速拌炒后再加入前面调制好的糖醋汁翻炒，接着加入凤梨丁翻锅颠两下，起锅前用香油点香，这样糖醋凤梨豆包紫菜卷便完成了。食材中的凤梨可以依据每家每户不同的口味进行搭配，也可以更换成红黄甜椒或其他蔬果。

好运连连蜜汁莲藕。莲藕的“莲”与“好运连连”的“连”同音，加上“藕”有“藕断丝连”的特性，因此，好运连连蜜汁莲藕就是取自“莲藕”的谐音。蜜汁莲藕也称为“酿藕”，是清宫廷常见的花馔，而且莲子能养心补脾，荷叶具有清热解毒的功效，藕节具有收敛止血的功效，皆可入菜、入药。这道菜的做法是：首先将莲藕削皮洗净，用刀将两边蒂头修整一下，然后选择饱满的一边切去蒂头，随后填上洗好浸泡后的糯米，填制糯米过程中可以用一根细筷子将糯米搓实，然后将蒂头盖回原位，并用牙签固定好，随后放入高压锅。高压锅内可先调制糖水，甜度依照个人的喜好酌量增减，也可以按照需要加入红枣、黑枣等食材。接着，盖上锅盖以大火加热，然后改小火加热 40—60 分钟。煮熟后取出糯米藕晾凉，后将糯米藕切成薄片，锅中的甜汤可以用太白粉勾薄芡淋在装盘的藕片上，然后浇上桂花酿，好运连连蜜汁莲藕就完成了。

步步高升好彩头萝卜糕。白萝卜是秋冬之际的时蔬，具有活血化瘀的功能，也是福建常见的菜蔬，常见的菜品有排骨萝卜汤、萝卜炖肉、萝卜丝饼等。萝卜在旧时也称作“雹突”“莱菔”“罗服”“小人参”。在福建，萝卜的闽南语为“菜头”，菜头又是“彩头”的谐音，所以在年节之际经常被制作成具有好彩头吉祥寓意的菜头粿。其制作方法为：先将白萝卜洗净削皮，然后刨丝，加盐拧出萝卜汁，处理好的萝卜丝和萝卜汁分开备用；接着处理萝卜丝的馅料。馅料的制作是首先起一个油锅，将备好的香菇丁、虾米爆香后加入萝卜丝煸香，起锅备用；随后在拧出的萝卜汁中加入糯米粉，搅拌均匀成膏状，如果萝卜丝水不够可以加入适量的清水；最后将炒香的萝卜丝馅料加入米浆中拌匀，并倒入蒸具中，用大火蒸上一个小时左右即可完成。蒸制的时间也需视其分量加以调整，另外判别萝卜糕是否蒸熟可以用牙签或筷子插入萝卜糕内，抽出时没有沾到米浆就是代表已经全熟，就可以放凉脱膜。脱膜后的萝卜糕是闽南重要的年节应景食品，通常会先用来祀神祭祖，待年夜饭的时候取下，将其切成小方块加热，用油锅煎至两面金黄，然后蘸酱油膏或辣椒酱食用。

五福临门花生汤圆。汤圆也称作圆仔、团仔，具有“团团圆圆”之意，花生谐音“发生”。花生汤圆是福建闽南过年过节常见的甜品，象征着好事会发生、圆圆满满、福气绵绵。家常的花生汤圆制作分为两部分，第一部分是熬制花生汤，即首先将花生剥壳、去皮，后洗净泡水，随后用压力锅煮熟，并加糖调味。第二部分是汤圆的制作。早期的汤圆的材料必须是先用洗净泡好的糯米磨成米浆过滤后揉成的米团，然后将一部分的糯米用红曲染成红色，接着将红、白米团搓成小汤圆。搓好后的红、白汤圆放入大火烧开的锅中煮熟，待汤圆浮起便可将汤圆捞起加入花生汤内汤圆即完成。红、白汤圆在闽南传统的民俗与年节中代表具有吉祥福气的金、银，所以举凡结婚嫁娶、入宅、庙会活动、喜事、年节等都会煮制红白二色汤圆，用来象征圆满、福气。

结语

本书是以四时为章，十二个月为节，以时间为序，将各章节中的岁时特征与祈福文化相结合，为福俗进行阐释。相关岁时与福俗的内容主要包含三个部分，一是岁时特征，二是祈福的信俗，三是月令中的祈福文化。所以，本书的结构分为春、夏、秋、冬四章，每一章以三个月为一季，每一节首先阐述月令的节气特征与物候，其次阐释闽台民间祈福的相关信俗，最后阐释闽台在岁时月令的祈福活动。本书依照上述之序，阐释了闽台一年四季的岁时祈福文化。

一、岁时之福

人，是天地之间的自然一分子，人与自然的关系是非常密切且和谐的，是“循序”的自然法则，所以，四时之序成为人们顺应自然的重要生活智慧。闽南有一句“人不照天理，天不照甲子”的俚语，这是用反向思考来形容人、天关系的失序与失衡。换句话来说，也就是人必须“顺天”，即顺应自然规律才能完成天人和谐，所以《周易·革卦》讲“天地革而四时成”，又言“顺乎天而应乎人，革之时大矣哉”。文中所言的“天地革”就是指自然运行规则中四季时序的变化。同样的，人的运行规则也和自然法则一样，即“顺天”“依序”而行，所以常言道“顺天者昌，逆天者亡”“顺天者逸，逆天者劳”，意思是人顺从天道运行变化的生存法则，因此，人们通过祈安、祈福、春祈、秋报来展现对“天”的敬畏，从而在四季的时序中开展春耕、夏耘、秋收、冬藏，然后“五谷不绝”。

那么，人与四时的关系又是什么呢？

前述“天地革四时成”是自然的运行规则，其中“革”就是指“更也”“去故”之意，所以“四时”有更迭的变换法则。人如何应“天地之革”是很重要的生存法则，所以，在四季更迭中，人们通过观察时序、气象、天候、物候等各种现象制定“节”“气”，并且在春、夏、秋、冬四时与立春、立夏、立秋、立冬、春分、秋分、夏至、冬至等八个节气中展开一系列祭祝祈福的活动。例如，立春既是一个节气也是一个传统的节日，所以在传统中鼓励农耕的鞭春活动就演变为祈福活动，从春祈的敬天法祖则转变成迎春祈福活动。

又如冬季节气中的冬至是告诉我们寒冷的冬天即将来临，所以人们要开始做好御寒保暖的准备，同时，冬至也预告着岁末年关将近。所以人们在冬至如年的前提之下，也开展了祀神、祭祖、祭冬、贺冬、添岁、添丁、增福等相关祈福活动。因此，旧时的人们认为，冬至的重要程度并不亚于新年。

从人在时序中所展现的“顺天”之应可以发现，人与自然的关系非常密切，所祈天求福、祈天赐福就成了人们在顺应自然和谐中的一种联结。福从“示”，有“祐也”“备也”之谓，“祐”者“助之”，指从天而助，“备”者，指无所不顺，所以，福从“天人”发展为“人天”关系，因此，“福”文化当中的“平安”“健康”“长寿”“添丁”“添财”“功名”“爱情”“婚姻”“护子”无不与岁时相关联。例如岁时中的重数，即二月二、三月三、五月五、六月六、七月七、九月九等，都隐含了人们各式“祈福”“保安”的寓意。

“二月二”，在岁时中从春祈、春社延伸为祈求行商平安顺利的“做牙”祈福活动，而民间赐福求财的祈福活动遂应运而生。“三月三”是由旧时“上巳祓禊”转变而来的，从郊外的野溪沐浴祓除不祥转变为“古清明”先人与福荫子孙的祝福。“五月五”是传统的

“重五”端阳，所以包角黍、划龙舟、挂艾草、佩戴香馨长命缕都成为岁时祈福招福的福俗。

“六月六”是闽南的“做半年”，其目的是以感恩的心向上苍表达祈福与感谢；“七月七”有“纤云弄巧，妇孺保安”的祈福活动；“九月九”是源于避灾，然后逐渐演变为佩茱萸、饮菊花酒、登高禳灾祈福活动。因此，从岁时的天地之革，到四季的转变，再到八节的物候，人作为天地的一分子，“顺天应人”应该就是最大的福分。

二、四季之春：迎春纳福

春为四季之首，也是万物复苏的时候，《说文》对“春”的字义解释说“从艹屯，从日”“艹春时生”，《尚书》也说“春”是“万物之初”，所以，春象征着生命的萌动与希望，人们在这个充满生机的季节也希望有好的吉兆和开始，“迎春纳福”则成为人们在岁时祈福的开端。在福建，从冬至、小年开始便有许多岁末的祈福活动，例如馈岁就是护送年礼的一种祝福，守岁就是在照岁的光明中迎接新年的到来；另外，压岁或压岁钱也有厌胜祈吉镇邪保平安的祈福意味。

除此之外，我们也会把象征美好生活的希望贴在望眼所及的门上、窗上、穿堂、走道、农舍、猪圈等一切可见想贴的地方。例如米缸、菜厨就会贴上“满”字，借此象征不缺粮、不缺食；在冰箱的门上贴上“山珍海味”，象征吃食丰富；在窗棂上贴上“福”字，象征招福；在门楣上贴上“福星高照”“天官赐福”“福禄寿喜”“招财进宝”，象征好运到、财源广进、福气降临，或者在门楣贴上门笺或黄钱，象征迎富送穷，有“去祸得福”“送穷纳财”的寓意。所以像这样简单寄托美好生活的祈福方式则称为贴福、贴门对、贴门笺、贴门神、贴黄钱。

接着，我们也会在除夕夜当天通过美食，将一整年的祝福吃进肚子，所以除夕夜的这一餐年夜饭也被称作“团圆饭”“留宿饭

“延年饭”，象征富足有余、延年益寿。闽台的年菜都以吉祥的谐音来象征对家人的祝福，例如长年菜，就是象征福寿长长久久，全鸡象征起家，猪蹄象征福气、圆满，鱼象征有余，萝卜象征好彩头，芋头象征子孙绵延，豆芽象征如意，花生象征长寿，各式丸子象征团圆、圆满、幸福。这些丰富而平凡的日常食材在年节中皆化作不平凡的祝福，并成为闽台年饭中祈福、祝福的内容。

到了正月初一，天亮了，人们开始互相恭喜道贺，这就是最直接的祝福。访亲探友即走春聚福，所以闽南人也习惯用四句联的吉祥俚语来表示祝福。例如一句“吃甜甜”就可以有无限的祝福对象和延伸，面对老人就可以是“吃甜甜给你老康健”，面对小孩就可以变成“吃甜甜给你快长大”，面对未婚的女性就可以成为“给你找好尪”的祝福，所以，这样无限延伸的民间俚语的祝福成为人们在新春期间祈福、纳福最具体的一种表现。

俚语中的“甜甜”在福建、台湾都是指所有甜食的通称，包含各式糖果、传统糕点，例如传统的冬瓜糖、土豆糖、糕仔粒、寸枣、麻粩、米粩等。这些“甜甜”在福建、台湾都是属于年节吉祥细馐，象征财源滚滚，互相“葛福气”（分享和沾黏福气）的意思。

随着年的时序，来到了有“天官赐福”的元宵。在闽台各地，元宵的祈福活动也非常多元，例如福建莆田有祈求“财丁两旺”的尾暝灯和点烛山祈福活动。除此，也有闽西客家和台湾苗栗客家游大龙的祈福活动。

三、四季之夏：多子多孙多福气

多子多孙福气让笔者想到一幅名为《瓜瓞绵绵》的画作。这幅画一是由明末清初的画僧传棨所绘，他是清初四画僧之一，还俗后就以“八大”为名，这幅《瓜瓞绵绵》图有他对家国的企盼与思念，其苍白凄凉的画作中寄予了重振家族的冀望，期盼家族子孙能如瓜瓞一样绵绵不绝。从这个反向思考来看，原来“多子多孙”绵绵不断的传承延续也是一种福气。因此，传统的家族观念里也把儿孙满堂、人丁兴旺视为福气的象征，为此，求子、护子也成为闽台祈福文化中重要的一环，而且最为特别的是在不同的岁时举行不同的祈福活动。

例如元宵节也称为“灯节”，闽南语的“灯”与男丁的“丁”同音，所以已婚未孕的妇女就会借此灯节在灯下走动穿梭，也就是俗谚所说的“棱灯伡，生卵葩”，意思是指借由钻灯脚能赶快为家族添丁、添福气。南投紫南宫在农历二月二吃丁酒、吃福的习俗就是当地通过土地公的寿诞聚会分享家族添丁、添福气的福俗。

除此，清明“培墓”返家前点亮的“姓氏灯”和燃起的一盆炭火也是取其“丁”和“炭”的美意。在闽南语中，“炭”就是代代繁衍的“传”，所以“丁”和“炭”象征子孙绵延，祖先福荫子孙绵延不绝，代代生传（炭）。闽台共同的妈祖信俗中也有求子、赐子的福俗，例如湄洲岛上的妈祖花和莆田当地的妈祖鞋都是民间已婚未孕的妇女向妈祖祈福求子的祈福文化，所以请妈祖花和请妈祖鞋成为莆田当地非常具有特色的求子福俗。而且，莆田当地在举行各式吉庆的时候，妇女的头上也习惯插上有白花的柏叶或带有月季花的柏叶，据当地妇女的说法，头上所佩带柏叶象征多子平安。

另外，闽台还有一位司查人间子嗣的生育女神——注生娘妈，她不仅有“生育神”的称谓，还是孩童的守护神。久婚未孕的妇女可以向注生娘妈祈福求花赐子，未婚的女性也可以向注生娘妈祈福求姻缘，待产妇女同样可以请注生娘妈护佑产妇生育平安，家有新生儿的妇女也可用注生娘妈鞋的“避邪”物作为福佑未成年小孩平安健康的平安符。所以注生娘妈可谓是全方位妇幼的守护神，“三月二十人看人”这句俗谚就是用来形容注生娘妈的祈福之盛。

至于护子在岁俗中的祈福活动有黑面祖师公的“拜契”。所谓“拜契”就是请神明当契父母，让未成年的儿童在祖师公的福佑下得以平安长大。端午的长命缕在闽台也由除瘟祛病的象征转变成保护未成年儿童平安健康的祝福与象征。除此之外，民间护子的祈福活动还有拜床母，拜床母也称为“敬床母”或“敬铺母”。床母就是床神，是闽台民间孩童的守护神之一，所以家中有新生儿的父母在每月的初一、十五或者各式年节，都会准备简单的供品向这位床母表示敬意，并祈求她保佑孩子平安好带。另外，农历七月的七娘妈也是闽南护子的守护神，祭拜七娘妈供品中的贯豢就是护子的信物。贯豢是用红丝线串上一枚古铜钱，每年七夕祭拜的时候就换上新的红丝线，直到十六岁成年出娘妈宫，这个象征七娘妈护子的信物贯豢就可以还给七娘妈，象征成年脱离她的保佑。

岁末还有压岁的祈福习俗。“压岁”谐音“压祟”，象征去除厄运、去邪保平安。大人在除夕夜里会将糖果、饼干等应景细馐分给儿童，压岁钱也是由压岁演变而来，一样也是长辈在年饭后分赠给晚辈的祈安与祝福，有着吉祥平安的象征。

四、四季之秋：祀土秋报

秋是一个丰收的季节。古人说“见一叶落而知岁之将暮”，意思是从一片树叶的凋零即可知道秋天将至。所以，人们在这个丰收的季节就开始准备起秋报相关的祈福活动。首先是瓜月七夕对妇幼平安的祈福，其次为中元慎终追悼先人的一系列祝福，再次为桂月“花好月圆人长寿”的中秋祈福活动，并且从各式的祈福活动中导引出人们对于平安与幸福的愿望。所以，秋末菊月接续所开展的是“九九”祈福去恶禳灾的活动，人们通过登高、放风筝的赏玩体验美好生活，通过插茱萸、饮菊酒、吃重阳糕展开岁时节气与去恶禳灾的习俗。最后，人们在起风的季节，通过王船的送瘟祈福活动展开“平安祭”，让秋的祈福在“平安”中画下句点。

五、四季之冬：圆道周流的平安幸福

道家的宇宙观“生生”指的就是“周而复始”的概念，关于这种宇宙“循环”的概念，庄子用“方生方死，方死方生”加以说明，意思是说生和死是一如的，是开始也是结束，是结束也是开始。所以，《老子》用人世间具体的“祸兮福之所倚，福兮祸之所

伏”的“祸福”来隐喻这种圆道周流的宇宙观，而《庄子》中也有“安危相易，祸福相生”的描述。

因此，人间祸福相依成为传统先秦道家诠释宇宙运行原则——“道”概念的比喻，“祸福”“福祸”的诠释从思辨的角度来说是阐释宇宙运行的原理原则的形上概念，是“圆道周流”的思想，也就是宇宙“生生”运行的原理原则，这种“生生”之道如昼夜、寒暑、盛衰、生死、刚柔等，都是自然而然，是人无能为力加以改变的。所以，人之生死、岁之寒暑、日之昼夜，以及自然变化中的成、住、坏、空，都是由盛而衰，然后由衰而盛。

所以，天道如此，人道亦是如此。《老子》进一步阐述了人与自然必须是和谐的关系，在宇宙自然运行的法则中，人是顺从于天地，所以具体的循序之道就是“人法地，地法天，天法道，道法自然”。

因此，“祸福”是阐释道在形器世间的具体变化，人世间形而下的“祸”与“福”是一而二、二而一的相依关系。顺“道”而为就是指“福”，逆“道”而为就是指“祸”，所以，能明白天道运行的原理原则也就能明白人道的运行原理原则。如果人能于道中明白盛、衰、刚、柔、寒、暑、生、死之变，且能与道同进退，便能“知福”且不为“祸”所累。故《老子》在阐释治国之道时也指出了“祸”的根源来自“不知足”，其原文是“祸莫大于不知足，咎莫大于欲得意思”，即人世间形而下的“祸”是来自于人的“不知足”和“欲求”。另《老子》的其他篇幅中也说明“知足者富”“知足不辱”“知足知足，常足矣”，因此，从先秦道家的立场来说，“知足”无祸，“知足”是福，因此“福”在人间简言之即是顺“道”而行，“知足”“无欲”。

明代《菜根谭》中也说：“福莫福于少事，祸莫祸于多心。唯苦事者，方知少事之为福；唯平心者，始知多心之为祸。”这是说，人生最大的福气与幸福就是“无事”，而最大的灾难与祸患就是“多心”与“盘算”，所以俗谚有“人算不如天算”，闽南俗谚中也有“千算万万不值天一划”这么一说，意思是人过于斤斤计较，到头来可能也只是白忙一场。所以说，“天公疼憨人”“憨人有憨福”，人生最大的幸福也许莫过于知足和平安了。

那么，平安与幸福的关系是什么呢？从文字的意义上来说，“平”是一个“指事”字，从“于”从“八”，有“平舒”“正”“坦”的意思，所以形容平安顺遂为“平顺”，形容天下太平安吉为“平吉”，形容平稳充裕为“平裕”，形容平稳、安全、无病、没有危险则称为“平安”。

又“安”为会意字，从女，在“宀”下，定也，“好而不争”“心皆安下”，所以由“安”所延伸的相关词汇有“安心”“安定”“安逸”“安乐”等。因此，平安成为一种人生中身心最暇满的状态，在希望中得“福”、知“福”、享“福”。

所以，平安与幸福即是知福、惜福。所谓知福就是把握当下的美好，所谓惜福就是珍惜眼前所拥有的美好。另外还有造福，即对未来仍然拥抱希望。因此，把握当下，珍惜眼前，拥抱未来就是“福”文化最美丽的风景。冬季的岁时在闽台各地自立冬起便举行一连串“谢平安”的祈福感恩活动，这是人、天和谐的一种互动与表现。孟冬阳月有下元解厄、补运、点灯的祈福活动，同时也有立冬补冬的养生习俗。仲冬葭月有冬至祭冬、贺冬、添岁的各式福俗，以及有象征长寿的乞龟，借由四灵之一的龟来祈愿生命的无尽与福气。

自腊月开始，就有祭灶、送灶、谢灶、迎灶、送岁、迎岁等一连串的感恩福俗，人们通过祭灶、送灶、谢灶、迎灶的仪式表达对人间烟火守护神的谢意，以及在年尾年头“一送一迎”的过程来表达对上天保佑的感谢，传统的敬神、祭祖、岁火、岁饭在除夕里象征祖先对子孙的庇佑以及衣食富庶无虞、五谷满仓、吃用不尽。烹调后的厨房留着微弱的灶火，象征火种的绵延和福寿延年不断，光明的照岁祈福活动象征未来一年的光明与平安。最后，人们再次回到四季之春的祈福与冀望中，岁岁年年，迎春纳福。

主要参考文献

一、著作类

1.〔梁〕宗懔撰，〔隋〕杜公瞻注，姜彦稚辑校：《荆楚岁时记》，中华书局，2019 年。

2.〔宋〕吴自牧，符均、张社国校注：《梦粱录》，三秦出版社，2004 年。

3.〔宋〕孟元老撰，伊永文笺注：《东京梦华录笺注》，中华书局，2012 年。

4.〔清〕洪震煊：《夏小正疏义》，商务印书馆，1937 年。

5.〔清〕潘荣陛：《帝京岁时纪胜》，北京古籍出版社，1983 年。

6.〔清〕富察敦崇：《燕京岁时记》，北京古籍出版社，1983 年。

7.〔清〕刘良璧、钱洙、范昌志纂修：《重修福建台湾府志》，成文出版社有限公司，1983 年。

8.〔清〕曾作霖：《彰化县志》，成文出版社有限公司，1983 年。

9.〔清〕林豪：《澎湖厅志（一）》，载陈支平主编：《台湾文献汇刊》第五辑第五册，九州出版社、厦门大学出版社，2004 年。

10. 福建省漳平市地方志编纂委员会编:《漳平县志》，生活 · 读书 · 新知三联书店，1995 年。

11. 莆田市忠门镇人民政府编:《忠门镇志》，方志出版社，

1997 年。

12. 福建省漳平市地方志编纂委员会编：《莆田市志》，方志出版社，2001 年。

13. 三明市地方志编纂委员会编：《三明市志》，方志出版社，2002 年。

14. 马尾区地方志编纂委员会编：《马尾区志》，方志出版社，2002 年。

15.《金门县志》，金门县政府，2010 年。

16. 俞达珠主编，福清市地方志编纂委员会编：《福清市方志丛书》，福建人民出版社，2015 年。

17. 台北市文献委员会编印：《中国方志丛书·台湾地区》，成文出版社有限公司，1983 年。

18.〔宋〕廖鹏飞，镇前村五显宫、董事会重建圣墩顺济妈祖庙董事会编：《圣墩祖庙重建顺济庙记》，2022 年。

19. 莆田市民族与宗教事务局编：《莆田佛教寺院概览》，2019 年。

20. 彭一万：《闽南饮食》，鹭江出版社，2009 年。

21. 杨浩存、涂堤编著：《闽南民俗》，鹭江出版社，2009 年。

22. 周长楫编著：《闽南童谣 500 首》，鹭江出版社. 2017 年。

23. 徐维群：《客家物语：生活与民俗》，福建少年儿童出版社，2019 年。

24. 任万平：《贺岁迎祥：紫禁城里过大年》，故宫出版社，2022 年。

二、期刊类

1. 林孟蓉：《略述“北台湾妈祖文化节”》，《中华妈祖》2021 年第 6 期。

2. 林孟蓉：《台湾妈祖文化中“报马仔”的象征与意义》，《中华妈祖》2022 年第 1 期。

三、电子文献

1. 南平市方志委：闽北年俗，南平市人民政府，2020 年 5 月 17 日，2022 年 6 月 27 日查阅，https. //www.np.gov.cn/cms/html/npszf/2013-05-17/2046562874.html.

2. 中国新闻网：福建客家民众“犁春牛”闹元宵，台海网，2017 年 12 月 11 日，2022 年 5 月 29 日查阅，http. //taihainet.com/news/fujian/cbhx/2017-02-11/1961792.html.

3. 刘溪：福建石狮举行首届城隍文化节台湾传统民俗助阵，环球网，2012 年 7 月 23 日，2022 年 7 月 14 日查阅，https. //taiwan.huanqiu.com/article/9CaKrnJwkKw.

4. 泉州晚报：石狮举办第五届永宁古卫城暨城隍文化节(图)，闽南网，2016 年 10 月 8 日，2022 年 7 月 14 日查阅，http. //www.mnw.cn/shishi/news/1393671.html.

5. 林春茵、陈悦、吕明、李思源、张斌：这，就是送王船!，中国新闻网，2020 年 12 月 18 日，2022 年 6 月 29 日查阅，https. //www.chinanews.com.cn/cul/2020/12-18/9365458.shtml.

6. 唐光峰：厦门钟宅畲族、何厝社区举行“送王船”民俗活动，东南网，2020 年 12 月 7 日，2022 年 6 月 29 日查阅，http. //xm.fjsen.com/wap/2020-12/07/content _ 30566556.htm?page＝pad.

7. 影响深远的泉郡富美宫“送王船”，泉州网，2019 年 12 月 25 日，2022 年 6 月 29 日查阅，https. //www.qzwb.com/gb/content/2020-12/25/content _ 7070860.htm.

8. 泉州天后宫的“乞龟”民俗，炎黄风俗网，2017 年 6 月 28 日，2022 年 8 月 10 日查阅，http. //www.fengsuwang.com/minjian/qigui.asp.

9. 余丹：平和山格镇慈惠宫举办闽台乞龟民俗 普度求平安，闽南网，2015 年 9 月 2 日，2022 年 8 月 10 日查阅，http. //zz.mnw.cn/pinghe/xw/976863-2.html.

后记

2022年寒假，我留在莆田学院为自己的课题写书，所以整个寒假期间就是为了结题而努力。留莆期间适逢农历春节，严寒阴雨的天气丝毫未减“年”为人们所带来的欢悦与期待。

初一晨起，我踱步缓行至文峰宫祈福，心香一瓣，祈愿妈祖保佑，愿爱我的人和我爱的人平安健康，袅袅香烟，祈愿上达天听。眼前妈祖庙里熙熙攘攘祈福的人们让我想到裹着小脚的阿嬷，她虔诚地向上天祝祷，在记忆深处，她为后辈子孙祈福的身影依旧鲜明。至于阿嬷口中向上天倾诉呢喃的悄悄话已随记忆模糊不清，但她向上天祈福的心是那么的平凡而坚定：希望她的子子孙孙平安健康。而我，在阿嬷虔诚的心愿中平安健康成长，在祖祖辈辈的福荫与福佑中安身立命。

开学未久，莆田学院在新华书店召开了一场莆田学院“福”文化学术沙龙，妈祖文化研究院的同仁全员参加。会议中，我分享了在台相关“福”文化的体验。例如“福食”是指到庙里吃到的平安粥或平安面，“福圆”是指桂圆，其剥壳仪式具有去除坏运、厄运的象征；又如常见的猪脚面线，这是一道日常美食，但是在长辈生日的时候象征着增福增寿，也有象征“大难不死”“福大命大”的寓意。

会议结束未久，校领导又召开“福”文化小组会议。参会过程中，我建议以二十四节气和闽台岁时年俗进行“祈福”相关文化的撰述，会后，该建议成为闽台岁时“福”文化研究的撰稿缘起，而我也意外地成为撰稿人，并约定一周后提交书目大纲与样稿给统筹的方宝璋教授。对于这个突如其来的任务，我只能尽力，且忧欣交集。我极其感谢台湾的家人、朋友和学生无私的奉献和付出，他们陆续帮我找书、买书、印资料，然后一张一张地帮我拍照上传给我，让我在撰稿时能同步阅读相关文献。所以，在提交大纲和样稿后，我也不知道有没有通过审核就开始着手该书稿的撰写。由于适逢春节过后，我想起了一首耳熟能详的闽南童谣新年岁时歌，朗朗上口的新年岁时歌让我沉浸在童年过年欢悦的记忆里，就这样写着写着，好多小时候过新年的画面油然而生。画面中，阿嬷口中含着水在蒸年糕，家中长辈说年糕是敬神祭祖的供品，“年糕”蒸出来的成败象征一整个家族的年运，所以，为了博取吉兆，蒸年糕的时候不口出秽言、不打骂小孩，阿嬷为了这个蒸年粿的禁忌，每次在蒸年粿的时候一定会在口中含着一口水，目的就是生怕自己一不小心骂了小孩或说错话。紧接着，画面又出现了春饭和春饭上的花，闽南语的“春”就是“有余”的意思，所以过年的春饭象征着人们最朴实的愿望：五谷丰登，年年有余。这些深刻又鲜明的记忆在撰写中不断萦绕出现，记忆的画面越多我就越积极，一个月份接着一个月份，就这样，我将常民的祈福文化写了下来。

5月下旬，我校编写会成员和鹭江出版社编辑一同召开了《闽台“福”文化》开题及编研会，在会中，我们制订了出版计划。我分秒必争，竭尽所能。

6月中下旬，我开始将部分完成的书稿提交给出版社，并在一来一往中将书稿修改完善。转眼之间，这本书竟然也在仓皇之际几近完稿，再回首，无预期的“福”文化应该是今年最惊喜的开始，也许这就是所谓的“喜从天降”“福在眼前”吧！完稿之际，祈愿见者欢喜，随心满愿，福满人间。